Schönheitsgeheimnisse — Schönheitspolitik

Wendy Chapkis

Wendy Chapkis

Schönheitsgeheimnisse — Schönheitspolitik

Fotos von Gon Buurman
Aus dem Englischen von Margarete Längsfeld

Orlanda Frauenverlag

CIP-Kurztitelaufnahme der Deutschen Bibliothek

Chapkis, Wendy:
Schönheitsgeheimnisse — Schönheitspolitik / Wendy Chapkis.
Fotos von Gon Buurman. Aus d. Engl. von Margarete Längsfeld. — Dt. Erstausg.,
1. Aufl. — Berlin : Orlanda-Frauenverlag, 1986.
Einheitssacht.: Beauty secrets ⟨ dt. ⟩
ISBN 3-922166-24-5

Originaltitel: »Beauty secrets, women and the politics of appearance«
Deutsche Erstausgabe

1. Auflage 1986

Pohlstraße 64, 1000 Berlin 30

ISBN 3-922166-24-5
Fotos von Gon Buurman u.a., Amsterdam
Umschlag: An Dekker, Amsterdam
Umschlagfoto: »Dark Palace« von Paula Seifred, London
Layout und Satz: Limone, Berlin
Repro / Druck und Bindung: Caro-Druck, Frankfurt

Inhalt

Geheimnisse 7

1 Landschaftsveränderung 11
- Ann 25
- Paula 28
- Adena 30
- Cathy 32
- Kathryn 36

2 Weißer Markt 43
- Ans 58
- Saniye 60
- Rhoda 64
- Tanja 67
- Marième 70
- Zdena 73

3 Kleider machen Frauen 77
- Fran 91
- Dolores 94
- Lisa 97
- Diana 102
- Joolz 107

4 Sündhaft häßlich 113
- Betty 139
- Julia 143
- Kathay 148
- Janice 151
- Aurora 154

5 Aufbruch zu einer farbigeren Revolution 161
- Bibo 167
- Jean 168
- Keetje 171
- Annelies 174

Nachwort 179

Anmerkungen 183

Literatur 186

Widmung

Für Margie, Bob, Steve und Karen

Geheimnisse

»Es ist ein Mann, das erkennt man doch am Schnurrbart«, sagt er. »Es ist eine Frau. Sieh nur, die Ohrringe«, sagt sie. »Es ist ein Mann. Er hat einen Schnurrbart!« »Klar, das ist ein Schnurrbart, aber guck doch, die Kleider ...« Zwei amerikanische Kinder, mit ihren Eltern auf Urlaub in Europa. Sie halten Englisch wohl für eine Geheimsprache. Die Kinder besichtigen die Sehenswürdigkeiten, mich eingeschlossen. Ich möchte sie zum Schweigen bringen, mich aus dem Staub machen oder antworten. Aber ich bringe es nicht fertig, ich bin wie versteinert. Mir wird übel. Ich fühle mich total entblößt.

Auf einem Bummel durch eine griechische Kleinstadt ruft man mir zu: »He, Schnurrbart!« »Ist was?« brülle ich zurück. Das ist nicht die Antwort, die mir auf der Zunge liegt. Trotzdem, ich habe immerhin reagiert. Ich muß den Drang bekämpfen, still davonzuschleichen. Abends beim Essen mustere ich nervös eine Gruppe junger Männer am Nebentisch — genau wie früher in Erwartung sexueller Anträge, heute jedoch aus Angst vor Lächerlichkeit. Ihr Tisch ist voll besetzt, und ein neu Hinzukommender fragt mich, ob der Stuhl neben mir frei ist. Erleichtert, weil er sonst nichts von mir will, biete ich ihm lächelnd den Stuhl an. Er stutzt, schaut genauer hin und brüllt: »Sieh mal einer an, ein Schnurrbart! Ich dachte, du bist'n Mann, dabei bist du 'ne Frau, haha!« Nach einer passenden Antwort suchend, gebe ich zurück: »Ja. Und wie ich sehe, hast du auch einen.« »Aber ich«, und er schlägt sich wahrhaftig an die Brust, »ich bin ein Mann.«

Amsterdam, in der Straßenbahn. Ich sitze in ein Buch vertieft, bin auf dem Weg zu einer Party. Ich hab mich schick gemacht und vor ein paar Stunden sogar die meisten Haare aus meinem Kinn gezupft. Ich fühle mich schön und unauffällig. So angepaßt, kann ich in Ruhe lesen. Aber langsam merke ich, daß die drei Männer hinter mir nicht bloß widerwärtig laut sind; sie brüllen vor Lachen über *mich*. Ich blicke auf, als der,der mir am nächsten sitzt, seine Hand ausstreckt und mir übers Kinn fährt. »Ist sowas möglich? Eine Frau? Guckt mal, Jungs — mit 'nem Schnurrbart und 'nem Bart!« Mir wird ganz kalt, meine Feststimmung und -kleidung scheinen mit einemmal lächerlich fehl am Platz. »Verzieht euch«, und ich tu, als lese ich wieder in meinem Buch. So gehemmt bin ich, daß ich nicht einmal vergesse, in angemessenen Abständen die Seiten umzublättern. Und ich halte meine Tränen zurück. Noch Tage danach denke ich an die Szene und male mir einen würdigeren Schluß aus.

Ich kapituliere. Ich melde mich bei Dorothy an. Dorothy ist etwa fünfzig und professionell-mütterlich. Sie ist »Schönheitsspezialistin« und hat Erfahrung darin, Frauen wie mich schön zu machen. Oder zumindest erträglich.

Fünfzehn Minuten lang brennt Dorothy mit Stromstößen die Haare aus meinem Kinn. Mein Kinn. Noch jetzt schäme ich mich. Ich bin Feministin. Ich fühle mich so gedemütigt. Ich bin eine Frau. Daß ich mir so schäbig vorkommen muß! Ich habe in jeder Hinsicht versagt.

Jahrelang habe ich meine behaarten Unterarme und Beine mit trotzigem Stolz gezeigt. Aber ein behaartes Gesicht ist bei einer Frau unnormal und daher »unnatürlich«. Und häßlich. Meine Güte, auch ich finde es häßlich. Auch ich betrachte entsetzt alte Frauen mit stachligem Kinn. Sie stoßen mich ab; die behaarten Gesichter passen zu ihrer verknitterten Kleidung und ihrem scheinbar ungebundenen Leben. Ihre Gesichter drücken allzuoft Abwehr aus, nicht etwa Stolz, weil sie der Konvention trotzen.

Wir übrigen, deren glatte unauffällige Gesichter unsere Geheimnisse verbergen, schauen rasch weg. Der Anblick ermahnt uns, wie es uns ergehen wird, wenn wir nicht fortwährend auf der Hut sind. Ich stehe ohne Hilfe da, ohne Verhaltensmuster. Stehe da bei den verzweifelten Gesichtern mit ihren behaarten Kinnen.

Seit der pubertären Gehemmtheit habe ich mir nicht mehr so viele Gedanken über mein Äußeres gemacht. Nie zuvor hatte ich solche Angst vor Lächerlichkeit. Ansonsten bin ich in jeder Hinsicht passabel: Ich bin hellhäutig, groß und schlank. Sofern ich von der Norm abwich, war es immer Absicht, ein Akt selbstbewußter Rebellion.

Von der niedlichen südkalifornischen Blondine der 60er Jahre entwickelte ich mich Anfang der 70er Jahre zu einer radikalen Feministin. Diese radikale Feministin lehnte selbstverständlich die Schönheitsnormen ab, die ich einst kultiviert hatte. Ich übernahm den etwas tristen, aber politisch korrekten Look: Blue Jeans, kein Makeup und Haare, wo immer sie wuchsen.

Als ich die Geborgenheit des Feministinnengettos verließ, stellte ich zu meinem Schrecken fest, daß ich »häßlich« geworden war. Und ich hatte keine Ahnung, wie ich darauf reagieren sollte.

Statt gerechtem Zorn fühlte ich nur Scham. Als Feministin durfte es mich nicht berühren, wenn ich den Anforderungen nicht genügte. Wußte ich doch, daß sich meine Geschlechtsgenossinnen alle wohl in ihrer Haut fühlten, egal, welche Figur, Hautfarbe, Hautstruktur oder Größe sie hatten.

Dieses »weniger-feministisch-als-du«-Schuldgefühl hielt mich davon ab, mich in meiner Verwirrung an andere Frauen zu wenden. Meine Probleme blieben mein ureigenes, brennendes Geheimnis. Und als ich es nicht mehr aushielt, suchte ich den geheimsten aller Auswege: Elektrolyse. Nach jeder »Behandlung« verbarg ich mein geschwollenes Gesicht. Meine Lösung hielt ich ebenso entschieden geheim wie mein Problem.

Aber es nützte nichts. Wenige Wochen nach Abklingen der Schwellung, wenige Wochen, nachdem die Kruste verschwand, sprossen die Haare wieder. »Tja, so ist das nun mal«, sagte man mir. »Manchmal dauert es Jahre, bis sämtliche Haarfollikel zerstört sind ...«

Wieder begegne ich auf der Straße einem jungen Mann, der sich genötigt sieht, seinen Kommentar über mich abzugeben. Er bleibt vor mir stehen und starrt mich an. »He, Schnurrbart.« Und ohne zu überlegen packe ich seinen bloßen Arm und kralle meine Fingernägel tief hinein. Im Weitergehen nehme ich Fleischfetzen mit. Das hat gewirkt; Verblüffung und Angst ersetzen sein spöttisches Grinsen. Er guckt mir nach, als wäre ich verrückt. Gefährlich verrückt.

Ist das nun der würdige Schluß, den ich mir ausgemalt habe? Vielleicht nicht, aber es tut gut. Es tut sehr gut. Bloß, es hält auch nicht länger an als die Elektrolyse.

Ein individueller Gewaltakt ist offenbar zu persönlich, um eine echte Lösung zu sein. Aber über persönliche Lösungen hinausgehen hieße, das Schweigen brechen. Und ich meine immer noch, mein Problem dürfte so wichtig nicht sein. Nicht wichtig genug, um darüber zu sprechen. Es dürfte nicht so wichtig sein, daß ich Angst haben könnte, darüber zu sprechen.

Und doch weiß ich, es kann keinen wirklich würdigen Schluß geben, solange wir unsere Schönheitsgeheimnisse nicht mitteilen.

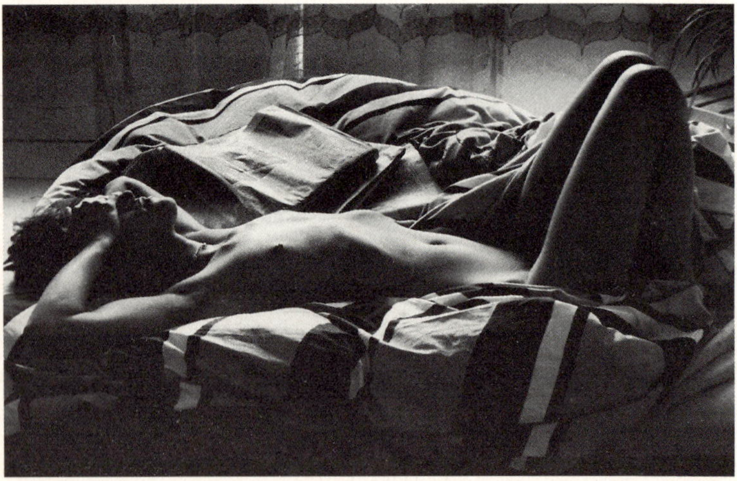

1 Landschaftsveränderung

»Mami, warum hast du einen Schnurrbart?« fragt das Kind in der Reklame für ein Haarentfernungsmittel. »Weil manchmal sogar die Natur Fehler macht ... Unerwünschte Gesichtsbehaarung kann peinlich sein ... Machen Sie Schluß mit den peinlichen Fragen. Sie werden sich wohler fühlen.«

Die schnurrbärtige Frau — wie alle Frauen, denen es nicht gelingt, sich anzupassen — ist nicht nur *anders*, sie ist ein *Makel*, und zwar sowohl durch ihr Versagen, ein normales männliches Wesen zu sein, als auch durch ihre Unfähigkeit, sich als normales weibliches Wesen zu zeigen. Obgleich dies eine an sich unpersönliche Beurteilung ist, wird sie selten so verstanden. Jeder Frau wird ein tiefes Schamgefühl für ihr »persönliches Versagen« eingeimpft. Sie glaubt sich allein in der Menge, die zur Kosmetikerin, zum plastischen Chirurgen strömt. Eine Firma, die Haarentfernungsmittel herstellt, weist ihre Händler darauf hin, wie lukrativ dieser Glaube sein kann:

»Haarentfernung ist zweifellos eines der schnellstwachsenden Spezialgebiete auf dem Schönheitssektor. Schätzungsweise 85% bis 90% aller Frauen haben unerwünschte Körper- oder Gesichtsbehaarung. Viele lassen nichts unversucht, um dieses oft peinliche Schönheitsproblem zu lösen.«

Wir sind wie Fremdlinge, die sich bemühen, sich einer feindlichen Kultur anzupassen, doch unsere Körper drohen ständig unseren Unterschied zu verraten. Jede von uns, die mittels akzeptabler Femininität ihre Rechte wahrzunehmen sucht, teilt ein Geheimnis mit allen, die bestehen wollen: Mein unverhülltes Ich ist nicht akzeptabel, ich bin nicht, was ich scheine. Um erfolgreich zu bestehen, muß man in die Schutzhülle der Konformität schlüpfen. Versagen heißt, sich der Verletzlichkeit der Außenseiterin auszusetzen.

Obwohl jede Frau weiß, daß ihre ausgeklügelte Verwandlung von weiblich in feminin künstlich ist, hegt sie die heimliche Überzeugung, daß sie mühelos vonstatten gehen müßte. Eine »richtige Frau« wäre nur maskiert natürlich-feminin. Für die Uneingeweihten — Männer — muß das Erscheinungsbild sein Geheimnis bewahren, deshalb müssen die Verwandlungswerkzeuge ebenso sorgsam versteckt werden wie die »Makel«, zu deren Behebung sie dienen.

Man betrachte den Unterschied zwischen der öffentlichen Zurschaustellung von Rasierapparat und Rasierseife für Männer und der sorgsam im Kosmetikkoffer der Frau versteckten Pinzetten und Haarentfernungsmittel. Bei der Entfernung von Körperbehaarung gibt es kein weibliches Gegenstück zu dem Ruhe ausstrahlenden Bild des Vaters, der mit eingeseiftem Gesicht, den Rasierapparat in der Hand, sich und seine Familie beim morgendlichen Ritual des Rasierens täglich auf seine Männlichkeit hinweist. Die Werbung macht einen beinahe heroischen Akt daraus, wenn ER dicke Stoppeln abrasiert, während SIE lustvoll bewundernd zusieht. Man stelle sich eine ähnliche Verherrlichung einer Frau vor, die ihre Augenbrauen zupft, ihre Achselhöhlen rasiert oder ihre Oberlippe wachst. Alle Werbespots, in denen Enthaarungsmittel für die Frau angepriesen werden, zeigen nur das Nachher; die Szenen »Vorher« wären wohl zu abschreckend.

Auch öffentlichere feminine Tätigkeiten, wie das Auftragen von Makeup, künden untergründig von weiblicher Unzulänglichkeit. Ein Problem ist zu korrigieren, eine gründliche Verbesserung zu erzielen:

»Probleme: 'Meine Augen wirken blaß und verwaschen. Meine Nase ist am Ansatz zu breit. Können Sie mir zeigen, was ich tun muß, damit meine Lippen nicht so schmal aussehen? Wie kann ich meine spitze Kinnlinie mildern?' Lösung: XY's auf Sie persönlich abgestimmte Hautpflege und dekorative Kosmetik.«

Wir Frauen bekommen schon früh im Leben das Gefühl, daß wir nicht ganz richtig sind. In der Kindheit leistet die Feststellung, daß eine Frau anders und minderwertig ist, die Vorarbeit für alle Arten von Ungleichheit. Aber das erste, bleibende Merkmal ist das Äußere. Sobald eine Frau ihren körperlichen »Unterschied« als Beweis für persönliches Versagen akzeptiert, teilt sie den Glauben der Gesellschaft, es sei nur recht und billig, ihr feindselig zu begegnen. Diese erlebte Unzulänglichkeit verbietet es der Frau zu sagen oder zu glauben: »Ich bin schön.«

* * *

In einem Workshop für Schriftstellerinnen stellt man uns folgende Aufgabe: »Sehen Sie die Frau zu Ihrer Linken an. Betrachten Sie sie einen Moment und notieren Sie dann ein Wort, das Ihnen dabei in den Sinn kommt. Geben Sie ihr den Zettel. Jetzt schreibt jede von uns drei Minuten lang über dieses Wort.«

Mein Wort ist »gold«, das meiner Nachbarin ist »Apfel«. Das Interessante an der Übung ist nicht, wie gut eine jede von uns schreibt, nicht die Wahl von Metaphern und schönen Redewendungen. Das Spannende ist der Inhalt. Nicht ein einziges der beschreibenden Worte ist auch nur entfernt kritisch. Wir sind alle sorgsam bedacht, einander nicht mit Worten wie »dick«, »dürr«, ja nicht einmal »Brille« oder »grau« zu verletzen. Wir nehmen nur Worte, die Kraft, Annehmlichkeit oder Schönheit ausdrücken. Aber was haben wir mit diesen Worten angestellt ...

»Gold.« Ich schreibe »Goldene Locken, vergoldet, was Midas berührt, es ist nicht alles Gold was glänzt.« Meine Nachbarin nimmt »Apfel« und schreibt »glänzend und hübsch anzusehen, aber man achte auf die Würmer. Schneewittchen und der vergiftete Apfel ...« Keine von uns konnte ihr Wort annehmen und verkünden: »Ich bin gut. Ich verdiene dieses Lob.«

* * *

Der zweiten Feminismuswelle in den Vereinigten Staaten gingen Demonstrationen bei der Miss-Amerika-Wahl 1968 voraus. Die Demonstrantinnen stellten eine »Abfalltonne der Freiheit« auf, in welche die Frauen BHs, Hüfthalter, Perücken und Lockenwickler werfen konnten. Aufgrund dieser Herausforderung an den Kommerzkodex von Schönheit und heimlicher Scham hießen die Frauen in den Medien allgemein »BH-Verbrennerinnen.«

Ein paar Jahre später schrieb meine achtjährige Schwester einen Schulaufsatz über mich: »Wendy ist Feministin. Wenn ich groß bin, will ich genauso werden wie sie, bloß daß ich mich dann besser anziehe.« Heute, nach mehr als einem Jahrzehnt, hat sie ihre Ankündigung wahrgemacht — nur, heutzutage ziehe auch ich mich besser an. Trotz meiner auf den neuesten Stand gebrachten Garderobe (meine Flanellhosen und Jeans teilen jetzt den Kleiderschrank mit Lederhosen, ein, zwei Kleidern und leuchtend pinkfarbenen T-Shirts), kommt es mir aber nach wie vor auf den politischen Aspekt der äußeren Erscheinung an. Heute blickt meine 20jährige Schwester betreten auf unsere behaarten Beine. «Ich habe keine Probleme mit Gleichberechtigung, sexueller Befriedigung oder Kampf gegen Rassismus. Aber, Wendy, wieso dürfen wir uns immer noch nicht rasieren?«

Vor zehn, fünfzehn Jahren durften wir keine Körperbehaarung zeigen und uns nicht für attraktiv und sexy halten. Und daran hat sich offenbar nichts geändert. Ein gutes Jahrzehnt nach der Verabschiedung von Resolutionen gegen die sexuelle Objektivierung des weiblichen Körpers und für die Aufhebung künstlicher Geschlechtsunterschiede, wenden wir uns wiederum mit Zweifeln und Verwirrung einander zu.

Wir wissen, wir versagen als Frauen, »hinreichend feminin« zu sein (absichtlich, wie wir uns gegenseitig versichern), und wir fürchten als Feministinnen zu versagen, weil wir uns immer noch Gedanken machen, ob wir »attraktiv« sind (ungeachtet, für wen). Was noch beunruhigender ist: wir hegen die Vermutung, eine geschlechtslose Schwesterlichkeit, mag sie auch heilen, Familienverhältnissen förderlich sein, ist nicht gerade der Stoff, aus dem erotische Fantasien gemacht sind.

Unsere Freude am Kampf gegen den Sexismus ist großenteils in grimmige Entschlossenheit umgeschlagen. Vielleicht ist es das unvermeidliche Resultat der zehn Jahre, in denen wir uns selbst schneller veränderten als die Welt um uns. In der Anfangszeit der Bewegung verhieß der Aufruf zum Widerstand gegen klischeehafte geschlechtsspezifische Vorstellungen vom äußeren Erscheinungsbild Aufstieg: Wir wollten unser eigenes Frauenbild schaffen, das nicht am femininen Ideal gemessen wurde. Diese Tage der begeisterten Verweigerung wirkten lange nach. Die Normen, nach denen wir beurteilt werden und uns kritisch selbst beurteilen, bleiben dieselben.

Der Feminismus hat die Art, wie die Frauen sich und die Welt betrachten, verändert; dennoch hat es oft den Anschein, die Welt habe den Feminismus in eine neue Art Lipgloss verwandelt. Die gewagte Behauptung früher Feministinnen, eine Frau sei schön, wie die Natur sie geschaffen habe, wurde kommerziell umgeschrieben und als »Naturlook« proklamiert. Die schreckliche Ironie dabei ist freilich, daß nur eine Handvoll Frauen von Natur aus den »Naturlook« hat. Die meisten von uns haben Makel, die übertüncht werden müssen, wenn wir den Schönheitsmodellen gleichen wollen, die den Maßstab setzen — eine Tatsache, mit der die Kosmetikindustrie rechnet.

Ohne Frage war es befreiend, Hüften vom einzwängenden Mieder, Brüste vom hochdrückenden BH, Gesichter von der Maske dick aufgetragenen Makeups zu erlösen. Aber das heutige Schönheitsideal bleibt die schmalhüftige, hochbrüstige Frau mit makelloser Haut. Während die Norm kaum mehr Flexibilität und Abweichungen erlaubt als früher, wird nun von den Frauen erwartet, daß sie dieser Norm ohne erkennbare künstliche Hilfsmittel entsprechen.

Diese Betonung der natürlichen Schönheit hat zwei neue Kategorien von »attraktiven« Frauen hervorgebracht: die Kindfrau, wie sie durch die amerikanische Filmschauspielerin Brooke Shields beliebt geworden ist, und die körperlich durchtrainierte Midlife-Schönheit über vierzig (Jane Fonda, Raquel Welch und andere). Diese Frauen, wiewohl eine Generation auseinander, verkörpern ein Fantasiebild von ungekünstelter (ohne Hilfsmittel auskommender) und unveränderlicher (ewig junger) Schönheit.

Ein Mädchen kurz vor der Pubertät hat einen von Natur aus unbehaarten Körper, der ohne Rasur, Wachsen oder chemische Mittel glatt ist. Sie hat die weiche, faltenlose Haut der Kindheit, die ältere Frauen nur mittels Operationen und sorgsamer Anwendung von Cremes und Kosmetika erhalten können, eine Haut, die ihre etwas älteren, mit Akne geschlagenen Geschlechtsgenossinnen mit Makeup und Adstringentien zurückgewinnen wollen. Ihr Körper ist von Natur aus schmal, geschmeidig und jugendlich.

Die Schönheit über vierzig hat mit der Kindfrau die Verheißung ewiger Jugend gemein. Um schön zu sein, scheinen sie zu sagen, muß man ewig wie zwanzig aussehen, ob man biologisch nun zwölf oder fünfundvierzig ist. Seit Korsetts und dick aufgetragenes Makeup (die die Illusion von Jugend vermittelten) aus der Mode sind, müssen ältere Frauen ihren Körper im Streben nach Schönheit buchstäblich neu gestalten. Wissenschaftliche Hautpflege, kosmetische Chirurgie und Fitnessprogramme verheißen, die sichtbaren Lebensveränderungen auf ein Minimum zu reduzieren.

Obwohl die Generation des »Babybooms« in die Jahre kommt, verharrt die Schönheit in der Pubertätsphase. Obwohl man immer mehr ältere Frauen sieht, ist ewige Jugend ihre auffallendste Eigenschaft.

Wie die Kolumnistin Ellen Goodman schreibt, stellen diese Frauen nicht so sehr unseren Schönheitsbegriff in Frage, vielmehr

»heben sie die Schwelle zum Selbsthaß rascher an als die Altersspanne ... diejenigen unter uns, die daran scheiterten, mit siebzehn wie Brooke Shields auszusehen, können nun scheitern, mit dreiunddreißig wie Victoria Principal, mit einundvierzig wie Linda Evans und mit fünfzig wie Sophia Loren auszusehen. Als Gloria Steinem fünfzig wurde, brachte sie ihren bekannten Ausspruch, den sie mit vierzig tat, auf den neuesten Stand und sagte: 'So sieht man mit fünfzig aus.' Gestatten Sie mir, mit der gebührenden Entschuldigung vor dem Kult der Midlife-Schönheit, zwei Worte: 'Nicht unbedingt.'«[1]

Die Midlife-Schönheiten werden höchstwahrscheinlich zustimmen. Es erfordert offenbar harte Arbeit und vielfältige Anstrengungen, Schönheit über vierzig zu erhalten. So manche Frau in diesem Alter verdient ein Vermögen mit Büchern, die sich mit diesem Thema befassen. Der Erfolg von Jane Fondas Fitnessbuch sowie den Schönheits- und Trainingsbüchern von Linda Evans und Raquel Welch beruht auf dem Versprechen, daß sie uns in Form bringen können — *ihre* Form. Daß die Schönheiten über vierzig solchen Nachdruck auf Körperertüchtigung legen, läßt vermuten, der sich selbst überlassene ältere Körper sei träge, undiszipliniert und unkontrolliert.

»Skin repair« (Hautverbesserung)-Annoncen trichtern einem unentwegt ein: »... Ihre Haut wird mit der Zeit immer träger. Sie produziert neue Zellen nicht mehr so schnell wie früher ... XY Zartcreme fördert die Wiedergeburt Ihrer Haut.« »Age-controlling Creme von E.L. regt jeden Hauttyp an zu tun, was junge Haut von selbst tut.«

Die Frau, die »sich gehen läßt«, und der man ihr Alter ansieht, hat dies ausschließlich sich selbst und ihrem Mangel an Disziplin zuzuschreiben. »Die unangenehme Wahrheit ist, wir werden alle älter ... Kein Grund zur Panik ... Unsere zellerneuernden Pflegepräparate mildern die sichtbaren Zeichen des Alterns.« »Schluß mit dem Aussehen über vierzig ... Sie können es spüren, wie Ihre matte, müde wirkende Haut auf Aktiv-Super reagiert.« »Es ist eine Tatsache: Von jetzt an ist schöne Haut ausschließlich eine Frage der Disziplin ... Sie werden belohnt mit einer geschmeidigen Haut ... einer Haut, die diszipliniert wurde. Es gibt keine Wunder, nur Disziplin.«

Die anerkannte Königin der körperlich trainierten Midlife-Schönheit, Jane Fonda, ist eine bemerkenswert disziplinierte Frau. Sie ist eine vielseitige Schauspielerin, Filmproduzentin, politische Aktivistin, Geschäftsfrau, Mutter, Partnerin und Fitness-Fanatikerin. Und sie litt 23 Jahre lang an Bulimie — zwanghafter Freßsucht, gefolgt von selbst herbeigeführtem Übergeben. Mit der für sie typischen Courage ging Jane Fonda mit ihrer Krankengeschichte an die Öffentlichkeit:

»Die Gesellschaft verlangt von uns, daß wir schlank sind. Zwar haben die meisten von uns ihr Leben nicht unter Kontrolle, aber wir können unser Gewicht kontrollieren, indem wir uns entweder zu Tode hungern oder aber essen, was wir wollen, ohne die Wirkung zu zeigen ... Ich habe für mein Leben gern gegessen, aber ich wollte herrlich schlank sein. Es dauerte nicht lange, bis ich unter schwerer Bulimie litt — ich fraß und kotzte fünfzehn- bis zwanzigmal am Tag! ... Bulimie war mein heimliches Laster. Niemand durfte es wissen, und weil ich stark und vollkommen sein mußte, konnte ich mir nicht eingestehen, daß ich Schwächen und eine schwere Krankheit hatte.«[2]

Ihr Bemühen, eine schlanke, junge Schönheit zu bleiben, stellte Jane Fonda vor die Alternative, sich zu Tode zu hungern (hübsch bleiben, jung sterben) oder Kontrolle über sich auszuüben (die Wirkung von essen und altern nicht sichtbar werden lassen). Wenn Bulimie Jane Fondas heimliches Laster war, so ist Fitness ihre öffentliche Tugend. Beides hat denselben Zweck: leben, ohne sich zu verändern. Ein attraktives Aussehen behalten durch disziplinierte Kontrolle über den Körper.

Damit soll jedoch nicht gesagt sein, daß zwischen Körpertraining und Sich-Übergeben kein Unterschied besteht. Fitness hat, anders als Bulimie, offenbar für Frauen einen positiven Nutzen. Körperkraft vermag bei einer Frau das Gefühl persönlicher Macht zweifellos zu steigern, so wie der Aufbau von Muskeln zu einem ausgeprägteren Selbstwertgefühl verhelfen kann. Das gilt besonders für Menschen — zu denen sehr viele ältere Frauen gehören —, die unter einem sozialen und physischen Identitätsmangel leiden.

Stephen Greco stellt fest, daß Bodybuilding auf homosexuelle Männer einen ähnlichen Reiz ausübt:

»Durch Masse und Kontur kann Amateur-Bodybuilding den Homosexuellen entschädigen für die Machtlosigkeit und Unsichtbarkeit, die uns, wie einige meinen, als Randgruppe der Gesellschaft zukommt ... dabei kommt es nicht so sehr darauf an, daß die Muskelpartien unter der Haut deutlich hervortreten, sondern darauf, daß der einzelne seine Anwesenheit auf der Welt deutlich zum Ausdruck bringt. Das ist Macht.«[3]

Wirklich? Daß frau es selbst in der Hand hat, sich der Welt mit der gewünschten Statur zu zeigen, *kann* erhebend sein — wenngleich es etwas kläglich scheint, die Figur zu wählen, die gerade Mode ist. Vielleicht kommt es mehr auf das atemberaubende Erlebnis an, jenseits bisheriger Grenzen vorzustoßen. Dies kann zu Selbstvertrauen führen, das eine Frau befähigt, dasselbe auf sozialem oder politischem Gebiet zu tun. Es kann, muß aber nicht unbedingt so funktionieren.

Fitnesstraining ist schließlich ein äußerst persönlicher Vorgang. Sie sind Ihr einziges Hindernis an der Kraftmaschine, niemand anders kann Ihnen helfen, die Gewichte zu heben. Aber Körpertraining eignet sich weniger zur Erlangung von Macht am Arbeitsplatz, zu Hause oder in einer Gemeinde, wo vereinte Anstrengungen erforderlich sind. Metaphorisch aber spricht Fitness eine Welt in der Rezession an: Beiß die Zähne zusammen und verausgabe dich, bis du nicht mehr kannst.

Tatsächlich kann es durchaus das Klima der Rezession sein, das die Idee, sich »in Form zu bringen« so attraktiv macht: Körperkontrolle als Ausgleich für mangelnde Lebenskontrolle, ein Körper, der Macht ausdrückt als Ersatz für wirkliche Autorität. Wenn das so ist, dann verkörpert Fitness nicht so sehr eine Revolution der weiblichen Schönheitsnormen als vielmehr die neueste Schönheitsmode, welche erhöhte Erwartungen und eine ebenso hohe Unsicherheit bei Frauen widerspiegelt und das uralte Versprechen wiederholt, Schönheit sei für beides die Lösung.

Fitness verspricht nicht nur eine bessere Ausgangsposition für den Sieg im Wettkampf, sondern bietet auch die Möglichkeit, das Rennen nach Punkten zu gewinnen. Ein durchtrainierter weiblicher Körper zieht das Wohlwollen der Kampfrichter auf sich. Die englische Ausgabe von *Vogue* versichert ihren Leserinnen:

»Fitnesstraining mag unisex sein, aber nicht ungeschlechtlich. Während die 60er Jahre lehrten, Sex sei gesund, behaupten die 80er Jahre, Gesundheit ist sexy ... Muriel Hemingway, die an der Startlinie kauert und ihre Nikes berührt, ist genauso feminin wie Jean Harlow, die sich im Boudoir bückt, um ihre Zehennägel zu lackieren ...«[4]

Muriel Hemingway selbst war offenbar nicht dieser Meinung. Auf ihr Leinwandbild einer muskulösen Sportlerin reagierte sie im wirklichen Leben mit einer Operation zur Vergrößerung der Brust, weil sie sich in ihrem alten Körper nie richtig weiblich gefühlt habe.[5]

Wer bestreitet, daß der große Reiz, den Fitness auf die Frauen ausübt, in der Verheißung zeitloser Schönheit und nicht etwa Kraft oder Gesundheit liegt, sollte sich vergegenwärtigen, daß die muskulösen Vorbilder Filmstars und nicht Sportlerinnen sind. Die amerikanische Ausgabe von *Vogue* stellte in einem Artikel über Fitness fest: »Wenn wir heute an einen schönen Körper denken, fällt uns nicht Marilyn Monroe ein, sondern Jane Fonda oder Jessica Lange ...«[6] Aber denken wir dabei etwa an Billy Jean King, die mit fünfzehn von einem Tennistrainer zu hören bekam, sie würde gut sein, nicht aufgrund ihres Könnens, sondern weil sie häßlich sei?[7] Oder an Jarmila Kratochvilowa, die siegreiche Läuferin aus der Tschechoslowakei, die in der westlichen Presse ständigem Spott ausgesetzt war, weil sie nicht feminin aussah: »Ihre Leistungen bei der Weltmeisterschaft ... wurden, schon während darüber berichtet wurde, geschmälert ... o Schreck, ihre Brust ist flach und muskulös ... Sie ist überhaupt nicht hübsch, und — du liebe Güte — ihre Beine sind muskulös und behaart.«[8]

Oder an Carolyn Cheshire, die Spitzen-Bodybuilderin in Großbritannien, über die bemerkt wurde: »Natürlich ist es ein Glück für sie, daß sie feine Züge und eine anmutige Haltung hat.«[9]

Sind weibliche Muskeln auch »in«, so ist doch klar, daß nur bestimmte Muskelpartien an bestimmten erkennbar weiblichen Körpern akzeptabel sind. Die jugendliche, körperlich trainierte Frau ist nicht so sehr Symbol für Macht als vielmehr für die lobenswerte Kontrolle über Appetit und Alter.

Lange Zeit war »sich dick fühlen« ebenso wie »sich unansehnlich vorkommen« unter Frauen eine Metapher für sich machtlos fühlen. Diät und Fitnesstraining können als Versuch angesehen werden, Kontrolle über sich zu erlangen. Im Februar 1984 führte *Glamour Magazine* eine Umfrage bei 33.000 Frauen durch. Mehr als zwei Drittel gaben an, sich zu dick zu fühlen, obwohl der Größen / Gewichtstabelle nach nur ein Viertel als übergewichtig bezeichnet werden konnte.[10] Diese negative Bewertung des eigenen Körpers ist teils dem Umstand zuzuschreiben, daß jede Frau ihren Körper mit dem gegenwärtigen untergewichtigen Medienvorbild vergleicht. Sogar Jane Fonda macht eine Radikaldiät, bevor sie einen Film dreht, weil sie glaubt, die Kamera lasse sie um fünfzehn Pfund schwerer aussehen. Aber es geht natürlich tiefer.[11] In der Umfrage von *Glamour Magazine* stellt die Psychologin Dr. Wooley fest:

»'Diät ist oft eine Eigenbehandlung gegen Depression und andere Übel. Sie gibt den Frauen das Gefühl, sich unter Kontrolle zu haben, etwas gegen Probleme zu unternehmen — Familie, Arbeit, Sex —, die nicht unbedingt etwas mit ihrem Körper zu tun haben.' Dr. Hilde Bruch, eine Kapazität für Anorexia nervosa (psychogen bedingte Nahrungsverweigerung, fast ausschließlich bei jungen Frauen) beschreibt bei Anorexiekranken ein mangelhaftes Identitätsgefühl, sie leiden 'an der alles beherrschenden Überzeugung, unfähig zu sein, ihr Leben unter Kontrolle zu haben ...'«[12]

Sie üben daher zur Strafe Kontrolle über ihren Körper aus. »Viele erfahren sich und ihren Körper als getrennte Einheiten. Es ist Aufgabe des Geistes, den widerspenstigen, verachteten Körper zu kontrollieren.« (ebd.)

Anfangs scheint die Anorexiekranke einfach dem zeitgenössischen schlanken Schönheitsideal zu folgen, doch bald wird ihr Körper zu einem grausigen Zerrbild von »schlank und rank.« Das extreme Verhalten der Anorexiekranken wirft ein Licht auf den viel universelleren Konflikt zwischen weiblichem Körper, Schönheit und Autonomie. Bis dieser Konflikt gelöst ist, führt jeder Versuch, weibliche Schönheit neu zu definieren, zu nichts weiter als einem Wechsel der Mode.

Mögen die Einzelheiten des Schönheitsbildes auch von Jahrzehnt zu Jahrzehnt wechseln — Kurven oder nicht, zarte oder gesunde Haut, zerbrechliche oder trainierte Figur — die Grundprinzipien bleiben dieselben. Körperschönheit liegt in der Verantwortung der Frau, auf ihr beruht ihre Macht. Sie wird danach bewertet und belohnt, wie nahe sie der Verkörperung des Ideals kommt. Wie auch immer die gegenwärtigen Grenzen der Schönheit beschaffen sein mögen, sie sind stets genau umrissen und äußerst eng gesteckt, und es ist die Aufgabe der Frau, ihnen zu entsprechen, solange es menschenmöglich ist. Während Schönheit an sich eine »zeitlose« Eigenschaft ist, ist die schöne Frau eng an die Zeit gefesselt. Weibliche Schönheit ist ein Zustand, den frau erwirbt *und verliert*.

Diese beständigen Schönheitsmerkmale sind tief in der westlichen Kultur verwurzelt. In der platonischen Tradition versteht sich das Schöne als einzigartige, einheitliche, unveränderliche, ewige Form jenseits des Physischen. Das Schöne, sagt Plato, ist etwas, »das erstens immer ist, weder entsteht noch vergeht, weder wächst noch schwindet, das weiter nicht in der einen Hinsicht schön, in der anderen aber häßlich ist, nicht heute schön und morgen nicht, nicht mit dem einen verglichen schön, mit dem anderen häßlich, nicht da schön, dort häßlich.«[13] Das Schöne ist somit gelöst von der sich ständig verändernden Welt der Lebenden; denn während das platonische Schöne beständig und einheitlich ist, sind Körper weder das eine noch das andere.

Das Verhältnis zwischen Schönheit und Körper ist somit überaus problematisch, insbesondere für Frauen, für deren Identität beides gleich wichtig ist. Als schön zu gelten, kann die Chancen einer Frau erhöhen und ihr zu Macht, Achtung und Aufmerksamkeit verhelfen. Als sie dies erkannten, haben die Frauen folgerichtig große Anstrengungen unternommen, ihr Aussehen zu prüfen und zu verbessern. Plato, und nicht er allein, verachtet diese typisch weibliche Haltung; dumm wie sie seien, scheine den Frauen nie klarzuwerden, daß der weibliche Körper niemals das Schöne an sich sein kann. Das Schöne, sagt Plato, kann nicht »erscheinen als ein Antlitz oder Hände oder sonst irgend etwas, woran der Körper teilhat.« (ebd.)

Es spielt keine Rolle, daß es stets Männer waren, die Schönheitswettbewerbe organisierten. Sie dienten als Moderatoren, Richter und Preisverleiher. Es spielt auch keine Rolle, daß sie es waren, die behaupteten, weibliche Schönheit sei in erster Linie eine Frage des Körpers. Dennoch ist es nichts weiter als eine vorübergehende Verirrung, wenn Männer wie Frauen einen ansprechenden Körper mit Schönheit verwechseln. Sobald die schöne Frau Anzeichen von Alter, Sterblichkeit und Veränderung zu zeigen beginnt, ist die Unterscheidung zwischen Körper und Schönheit wiederhergestellt.

Leben bedeutet, einen unvermeidlichen und unkontrollierbaren Prozeß physischer Veränderung durchmachen. Der Körper wächst, altert und stirbt ungeachtet menschlichen Willens und Eingreifens. In unserem Kulturkreis, der nicht imstande ist, den Tod zu akzeptieren, nimmt es nicht wunder, daß die Schönheit abseits von den Veränderungen des Lebens wahrgenommen wird.

* * *

Ich stehe am Waschbecken und sehe mir uninteressiert bei der Vorbereitung für das dreimal tägliche Ritual des Zähneputzens zu. Unmittelbar bevor die Zahnbürste meinen Mund erreicht, halte ich ein und starre auf meinen Arm. Lose Hautfalten sind in der Beuge meines rechten Ellbogens eingebettet. Ich bringe ein kurzes Lachen zustande und fahre resolut mit meiner Beschäftigung fort. Aber dieses neue Anzeichen des Alters macht mir angst. Kann das mein Körper sein, der da schlaff zu werden beginnt? Ich glaube offenbar noch nicht an meine Sterblichkeit. Diese Erkenntnis ist so beunruhigend wie die Hautfalten — ich weiß, alle meine forschen Aussagen über Schönheit klingen hohl, solange ich nicht akzeptieren kann, daß *dieser* Körper alt wird, solange ich mich nicht in den älteren Körpern rings um mich erkennen kann. Die Älteren als eine unterdrückte Minderheit zu sehen, ist ein feiger Trick: Wir sind alle die Alten, einigen von uns sieht man es nur noch nicht an.

* * *

Frauen wie Männer lernen, Furcht vor dem und Verachtung für den sterblichen Körper zu empfinden, und suchen seinen Grenzen zu entkommen. Um ihre Unabhängigkeit vom Körper zu betonen, identifizieren die Männer sich mit Seele oder Geist. Das Körperliche wird auf Frauen projiziert. In einem faszinierenden Aufsatz über die »Somatophobie« in der Philosophie Platos beschreibt E. Spellman die

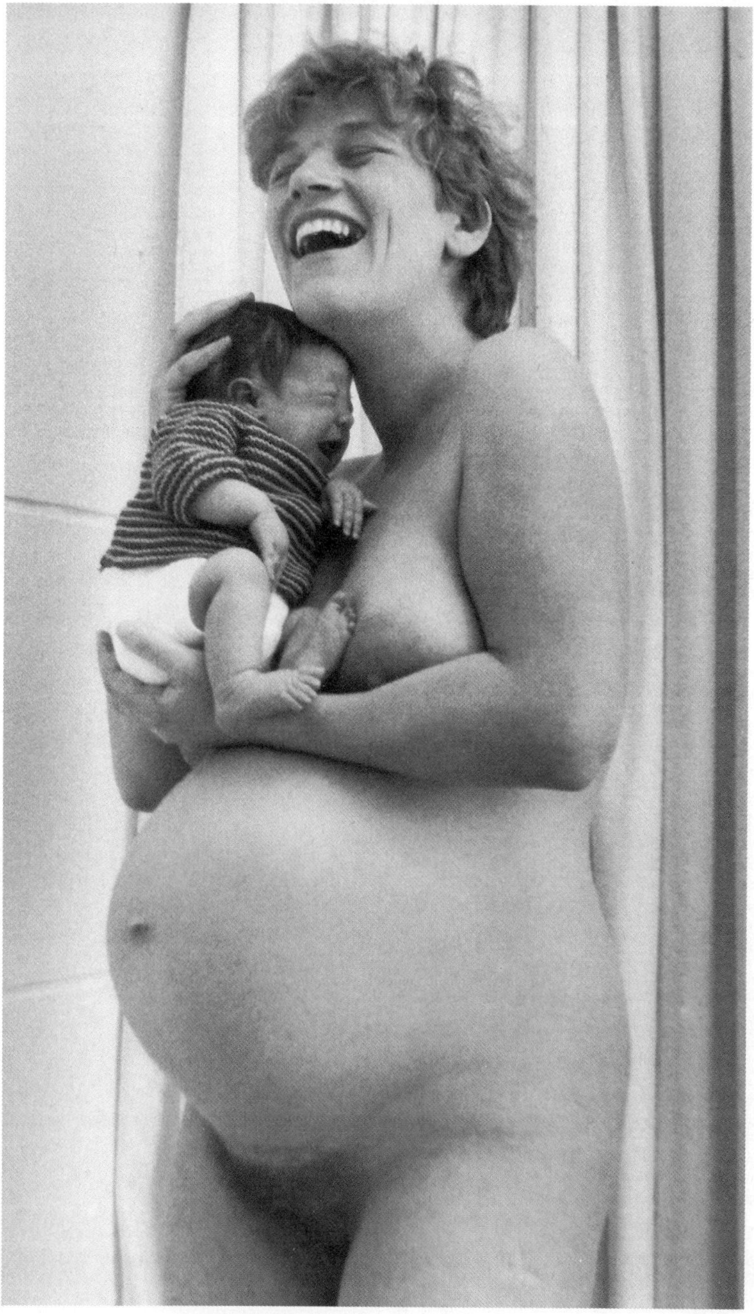

»Mischung aus Furcht, Ehrfurcht und Ekel in der Einstellung der Männer zur physischen Welt, zum Körper, zur Frau. Die Männer haben — in ihrem Bestreben, die rasende Immanenz, die sie in sich selbst sehen und auf die Frauen projizieren, zu leugnen, zu besiegen oder zu kontrollieren — versucht, einfache Fahrkarten zur Transzendenz zu kaufen.«[14]

Während die Männer damit beschäftigt sind, die Natur und die Frau zu erobern und zu kontrollieren, sind die Frauen davon besessen, den eigenen Körper zu kontrollieren. Ein Mann kann glauben, sich selbst durch seine bleibenden Leistungen zu überleben. Eine Frau ist ihr sterblicher Körper. Die Beziehung eines Mannes zu seinem Körper ist somit anscheinend weniger mit Spannung belastet als bei einer Frau. Der männliche Geist kann es sich leisten, ein nachsichtigerer Herr seines Körpers zu sein und sich in fleischlichen Genüssen zu ergehen. Ein Mann darf schwitzen, Narben bekommen und altern; keines dieser Anzeichen von Körperlichkeit und Sterblichkeit wird zur Definition des männlichen Ich herangezogen. Diejenigen Männer, die ein ungebührliches Interesse an ihrem Körper haben, gelten vielmehr als weibisch und vermutlich homosexuell. Ein Mann, dessen Körper als schön gilt, ist gezwungen, sich mit physischer Veränderung und Sterblichkeit abzufinden, womit er sich und seine Mitmänner zum Tode verurteilt.

Die Kontrolle über das Fleisch (Diät, sexuelle Selbstkontrolle, Disziplinierung des Körpers gegen die Zeichen des Alters) ist eine ausgesprochen weibliche Besessenheit. Obwohl Frau mit Körper gleichgesetzt wird, kann sie nie überzeugt sein, daß sie ihn beherrscht. Graue Haare, Falten, Gewichtszunahme, das alles erinnert daran, daß dieser Bereich der weiblichen Identität und Autorität nur geringfügig kontrollierbar ist. Der Körper verändert sich ständig, bis er schließlich ganz aufhört zu existieren, eine besonders beunruhigende Aussicht für diejenigen, die ganz auf ihren Körper reduziert sind.

Somit ist der sterbliche Köprer für eine Frau der traditionelle, wenn auch gänzlich unzuverlässige Schlüssel zum Erfolg im Leben und darüber hinaus zur Transzendenz. Die mit dem Titel Schönheit belohnte Frau entschlüpft vorübergehend in das ewige Ideal. Dennoch weiß sie, was jede Frau wissen muß, daß sie im Lauf ihres Lebens mal häßlich war oder als häßlich gelten wird. Schön sein heißt als Momentaufnahme existieren, eingerahmt von Erwartung und Angst. Auf der Jagd nach der perfekten Momentaufnahme versagen wir uns die Freude an den jeweiligen Herausforderungen und wechselnden Erscheinungsbildern von Kindheit, Jugend, Reife und Alter. Die fotografische Metapher ist treffend. Die Welt der schönen Bilder, aufgenommen für Modeberichte in Illustrierten sowie für Leinwand und Bildschirm, ist nicht nur unmöglich perfekt, sondern auch vollkommen statisch. Der internationale Erfolg von Serien wie Denver Clan beruht unter anderem auf der Unveränderlichkeit, gleichsam einer Aneinanderreihung von perfekten Momentaufnahmen. Das Leben der Carringtons stellt Schönheit und Erfolg als höchsten erstrebenswerten Zustand dar. Und diese Leute haben ihn zweifellos erreicht. Selbst die keimfreien Tragödien, die sie heimsuchen, dienen als Beweis, daß wahre Schönheit und wahrer Erfolg überdauern. Probleme, die minderwertige Geschöpfe entstellen, bezwingen oder zerstören würden, lassen die Stars absolut unverändert. Auch so wird Alter als Beweis für Erfolg und nicht als dessen Bedrohung hingestellt. Das Midlife-Trio Linda Evans, Joan Collins und Diane Caroll (alle über vierzig) beweist Woche für Woche, daß wahre Schönheit den Veränderungen der Zeit trotzt.

In Wirklichkeit aber ist der weibliche Körper eine sich ständig verändernde Landschaft. Unser Körper verwittert und verformt sich, von den knospenden Brüsten der frühen Jugend über den gerundeten Leib der Schwangerschaft, die üppigen Kurven der Reife bis hin zu der platten Brust nach einer Mastektomie (Brustentfernung) und den tiefen Altersrunzeln. Nur das Stilleben unveränderter »Perfektion« als Schönheit zu bezeichnen, ist kein Lob für so lebhafte, verschiedenartige Geschöpfe wie die Frauen.

Ann Foto: Deborah Hoffmann

Ann

Mit elf oder zwölf merkte ich, daß ich anders war. Ich fand es ehrlich beschissen, weil die anderen Mädchen anfingen, Strümpfe und Hüftgürtel zu tragen — und ich konnte nicht, weil meine Beine aufgrund von Zwergwüchsigkeit zu kurz waren. Mir wurde bewußt, daß dies fürs Erwachsenwerden, fürs Frausein entscheidend war.

Ich fragte meine Schwester geradeheraus: »Wie anders seh ich aus?« Sie log mich an, der kleine Teufel: »Du siehst aus wie alle anderen, bloß kleiner.« Daher bekam ich die Vorstellung von mir: »Klein. Kleines Mädchen. Feminin.« Das war okay. Aber ich erinnere mich an den Tag, als ich mir eingestand, daß das nicht stimmte. Ich war dreizehn. Natürlich muß ich es vorher schon gewußt haben, ich mußte gewußt haben, daß es nicht wahr war, denn ich wollte nie in den Spiegel gucken. Zwischen dreizehn und siebzehn habe ich Gedächtnislücken. Ich glaube, es war so beschissen, daß ich es verdrängte.

War ich in einer fremden Umgebung, mußte ich mich immer darauf gefaßt machen, verspottet zu werden. Kinder können richtig grausam sein. Wenn sowas passiert, hat man es als Erwachsene schwer, das vernünftig zu sehen. Auch wenn du genau weißt, »Es sind Kinder« oder »Sie wissen es nicht besser«, schwer ist es trotzdem. Noch heute gehe ich Kindern manchmal aus dem Weg. Gestern bin ich auf die andere Straßenseite gegangen, um einer Schar Kinder auszuweichen — es waren einfach zu viele an der Ecke, und ich wollte mich dem nicht aussetzen, bloß für alle Fälle.

Als ich jünger war, hatte ich nie Verabredungen mit Jungens. Bloß einmal, mit einem Behinderten. Meine Mutter war ganz aus dem Häuschen: »Oh, das ist ja wunderbar! Kommt Charlie jetzt öfter?« »Ich mag Charlie nicht, Mama.« Charlies Vater überlegte schon, wie wir es zusammen hinkriegen würden. Nach einer einzigen Verabredung — nun mal langsam!

Ausgehen und heiraten kam mir einfach nicht in den Sinn. Ich meinte, sowas käme nicht in Frage. Ich dachte, Jungens interessieren sich nicht für mich. Mein erster Mann mußte regelrecht Jagd auf mich machen.

Ich war in New York zweieinhalb Jahre verheiratet. Mein Mann war auch behindert. Dieselbe Behinderung. Die Behinderung hatte bei unserer Heirat den Ausschlag gegeben. Wir lernten uns kennen und — na ja, wir dachten wohl beide, jeder wäre für den anderen die letzte Chance.

Als ich nach Berkeley gezogen war und merkte, daß sich nicht behinderte Männer für mich interessierten, hab ich mich eine Zeitlang nach einigermaßen gutaussehenden Männern umgeguckt. Großartig: Ich konnte was Besseres sein als ein Krüppel. Herrgott, das zuzugeben fällt schwer. Ich bin nicht mehr so, Gottseidank, aber eine Zeitlang ist es tatsächlich so gewesen: Von »nie was andres sein als ein Krüppel« bis zu »nie wieder.«

Erst vor etwa einem Jahr hab ich wirklich gemerkt, wie ich aussehe. Wenn ich mich mal zufällig in einem hohen Spiegel anguckte, bin ich durchgedreht. Ich konnte nicht begreifen, wie Menschen ganz normal mit einer umgehen konnten, die so aussah. Auch war ich bis vor kurzem nie mit Leuten zusammen, die meine Behinderung hatten. Daher wußte ich einfach nicht, wie ich aussah. Und wie ich aussehe, das sieht wirklich sehr anders aus.

Vor etwa einem Jahr machte ich eine Therapie, denn wer will schon jedesmal einen Schock kriegen, wenn sie an einem Schaufenster vorbeikommt. Ich mußte das einfach miteinander in Einklang bringen, wie ich wirklich aussehe und wer ich bin. Du willst nicht andauernd mit deinem physischen Anderssein konfrontiert werden. Der Schock reicht aus, um dich umzubringen, wenn du dich immer davor versteckst.

Eine Freundin von mir geht zu den Versammlungen der »Little People of America« (Kleine Menschen Amerikas). Ich finde den Namen zum Kotzen. Er ist so verniedlichend. Sie sagt, du gehst in die Versammlungshalle und siehst 500 andere wie dich. Das ist zunächst ein Schock. »Seh ich so aus? Seh ich aus wie die da? O Gott, ich will nicht so aussehen.« Und dann kommst du darüber weg. Ich will mal auf so eine Versammlung gehen, bloß um das Gefühl zu erleben, irgendwo zu sein, wo alle sind wie ich.

Ich werde richtig aufgeregt, wenn ich einen Raum voll behinderter Menschen betrete, vor allem behinderter Frauen. Letztes Wochenende war ich auf einer Konferenz nur für Behinderte, es war gräßlich. Da waren zwei junge behinderte Frauen, die noch nicht ganz mitgekriegt hatten, was es heißt, behindert zu sein. Sie wirkten so zart. Sie bemühten sich, äußerst feminin auszusehen, sie waren wohl auf der Suche nach jemand, mit dem sie ins Bett gehen konnten. Sie wollten nicht bei uns rumhängen, wollten nicht mit den anderen behinderten Frauen identifiziert werden. Das legen die auch noch ab.

In der Gemeinschaft der Behinderten gibt es eine regelrechte Rangordnung, was als akzeptables Aussehen gilt, was schön und was häßlich ist. Ganz oben sind die, die im Rollstuhl sitzen, aber tadellos aussehen. Eine Freundin von mir hat zerebrale Lähmung. Sie sagt immer, zerebrale Lähmung ist der letzte Dreck. Die sabbern oder haben Sprachfehler, Bewegungsprobleme und dergleichen. Am oberen Ende der Skala stehen Personen mit Kinderlähmung, weil sie körperlich okay aussehen. Darauf müssen wir hinarbeiten.

Ich persönlich versuche, darauf hinzuarbeiten, ein bißchen mehr Spaß an meinem Aussehen zu haben. Ich hab Lust auf Klamotten wie noch nie. Wenn du dich nicht anguckst, denkst du auch nicht dran, wie du in deinen Sachen aussiehst. Ich will jetzt darüber wegkommen. Ich habe eine gefunden, die für mich näht — alle meine Sachen müssen extra für mich angefertigt werden —, und ich hab sie gebeten, mir ein Kleid zu machen. Ich trag sonst keine Kleider, weil ich mich wegen meiner Beine schäme. Aber ab jetzt tu ich's. Wird Zeit, daß ich mich ein bißchen amüsiere.

Paula

Ich gehe auf die Vierzig zu und nehme an, daß »mein Aussehen verloren« geht. Ich muß ein neues Bild von mir als attraktive ältere Frau formen. Früher war ich richtig hübsch — und unheimlich kokett. Aber es gibt nichts Gräßlicheres, als kokett und älter zu sein. Genau wie die komischen Fummel, die an jüngeren Frauen nicht wie absurde Verkleidung wirken, wohl aber bei älteren.

Eine ältere Frau mit starkem Augen-Makeup und eingefallenem Mund, die Konturen mit dunkelrotem Lippenstift vergrößert — das sieht grauenhaft aus. Und wenn sie dann noch ganz rosa angezogen ist und ständig kichert, o Gott. Für mich ist das eine richtige Jammergestalt. Eine jüngere Frau kann sich sowas erlauben. Zumindest manche jüngere Frauen. Ich konnte es, bei meinem Aussehen, aber jetzt sehe ich nicht mehr so aus. Oder jedenfalls nicht mehr lange. Um nicht eine richtige Kichertante zu werden, bleiben mir nur ein paar Jahre zum Abgewöhnen.

Ich habe mir eine Menge Sachen angeschafft, als ich jünger und kokett war, aber wenn du älter wirst, kannst du sie nicht mehr gebrauchen. Es sieht lächerlich aus. Bei meiner letzten Affäre habe ich gemerkt, daß mein Verhalten noch Reste von Koketterie aufwies. Die andere Frau war so eindeutig maskulin, so zurückhaltend, sie kehrte ihre männlichen Charakterzüge hervor. So eine Persönlichkeit braucht eine Ergänzung, eine, die lustig ist, witzig und lieb.

Meine ganze alte Schulung kam wieder an die Oberfläche ... sie ist immer da, wenn du sie brauchst. Noch unwohler wird mir dabei, wenn ich sie bei Männern anbringe. Das bedeutet zuzugeben, daß sie Macht haben und daß ich ihre Macht anerkenne. Ich zolle ihr Achtung, wenn ich die Kokette herauskehre.

Eine bestimmte Art mich zu kleiden, verringert die Wahrscheinlichkeit, daß ich mich so verhalte. Wenn ich praktische Sachen anhabe, bin ich kaum in Gefahr, kokett zu werden. Je männlicher meine Kleidung, umso weniger wahrscheinlich werde ich mich selbst damit überraschen, etwas zu tun, was ich gar nicht will. Aber das ist schrecklich heikel. Ich meine, was ist der Unterschied zwischen kichern und lachen? Ich fühle mich nie richtig angezogen. Kleide ich mich nachlässig, komme ich mir schlampig vor. Kleide ich mich adrett, Pullover ordentlich eingesteckt und so, komme ich mir wie ein Schulmädchen vor. Ich kann nicht gewinnen, so oder so. Es gibt so wenig Kleidungsmöglichkeiten, mit denen ich ausdrücken kann, daß ich mich in zwei Welten befinde, daß ich mich mit den rebellischen — soll ich es sagen? — jüngeren Leuten identifiziere und gleichzeitig mit den »anderen« Leuten, zu denen ich mehr und mehr gehöre.

Mein Problem ist, wenn ich mich zu schick anziehe, sehe ich aus wie einer Frauenzeitschrift entstiegen. Frau kann nicht 1,75 groß, schlank und glattgesichtig sein, ohne wie eine Modepuppe auszusehen, wenn frau sich elegant kleidet. Deshalb muß ich von diesem Bild Abstand nehmen. Auch Makeup ist für mich ein Problem. Es unterstreicht mein Puppengesicht. Ich gerate nicht in Panik, weil ich älter werde. Das habe ich mit siebenundzwanzig oder achtundzwanzig durchgemacht, in dem Alter, wo man merkt, daß man nicht vor dreißig stirbt, daß man weiterlebt und alt wird. Aber jetzt muß ich in bezug aufs Älterwerden ein paar praktische Entscheidungen fällen: soll ich Makeup auflegen oder nicht? Soll ich mich mit meinem Aussehen abfinden oder es ändern? Soll ich mir die Haare färben oder sie grau lassen? Undsoweiter.

Mein Vater hat immer gesagt, graue Haare mildern die Falten im Gesicht. Meine beiden Eltern sind frühzeitig grau geworden, und beiden gefiel es. So habe ich verinnerlicht, daß graue Haare schön sind. Ich habe beobachtet, wie meine Haare grau wurden, und mich an dem Silbereffekt erfreut. Und dann machte ich den Fehler, meine Haare mit Henna zu behandeln, und das Grau verschwand. Seitdem komme ich mir vor, als maße ich mir an zu sein, was ich nicht bin — jünger. Ich habe das Gefühl, mich des Merkmals der Reife beraubt zu haben.

Mir ist aufgefallen, daß Leute in deinem Alter deinen Schönheitsmaßstab bestimmen. Wenn ich heute Zwanzigjährige ansehe, finde ich sie ein bißchen fade, sie haben noch keine Tiefe, nichts, was sie interessant macht. Betrachte ich dann Leute in meinem Alter, sagen wir von fünfunddreißig oder vierzig, finde ich sie nicht jung oder alt. Ich finde, sie sind, wie sie sein sollen. Wie ich.

Wenn ich auf mich zurückblicke, die junge, hübsche Kokette der früheren Jahre, so basiert vieles von meiner Identität einschließlich Sexualität — mein Bewußtsein, »gut im Bett« zu sein — darauf, wie ich aussah und wie ich reagierte. Wenn ich das aber ablege und mich weigere, eine alternde Kokette zu sein, dann kann ich nicht mehr die Person sein, die sich hinlegt und alles mit sich machen läßt.

Adena

Seit ich zehn war, schwankte ich zwischen zehn und fünfzehn Pfund oberhalb eines Gewichts, das ich erträglich gefunden hätte. Dieses Jahr bin ich zu den Overeaters Anonymous (OA — Anonyme Eßsüchtige) gegangen. Das erste Treffen kam mir vor wie eine Kreuzung aus Heilsarmee und Mun-Sekte. Alle quasselten dasselbe Geschwafel — »wirklich lobenswert, daß du dich mir mitteilst ... du bist fantastisch ...« — und sie waren so hilfreich, ich hätte sterben können. Trotzdem hab ichs noch einmal versucht, und da war es besser.

Es dauert lange, bis du dich an das alles gewöhnt hast. Mein größtes Problem war, daß OA dich auffordert, dir deine Machtlosigkeit einzugestehen. Für eine Feministin, die so viele Jahre um Macht gekämpft hat — um Wissen über Macht zu erlangen und sich als Frau in der Welt persönlich mächtiger zu fühlen —, ist es hart, zu OA zu gehen und zu hören zu bekommen: »Du bist machtlos, sag es, gib es zu und gib es auf ...«

Für mich war es ein Lernprozeß. Ich lernte, daß ich in einer ganz speziellen Angelegenheit machtlos bin, ich lernte, die Kontrolle übers Essen aufzugeben. Was nicht heißt, daß ich die Kontrolle in anderen Bereichen aufgebe. Meine zwanghafte Eßlust hängt eindeutig mit einem Gefühl der Isolation zusammen. Wenn ich mit meinem Leben nicht mache, was ich will, kann essen regelrecht zum Mittelpunkt werden. Ich esse nicht zwanghaft, wenn ich eine Beziehung eingehe oder mich mit ganzer Kraft in politischer Arbeit engagiere. Wenn ich aus dem Haus bin, nehme ich ab, weil ich nicht von Lebensmitteln umgeben bin. Deshalb stellt sich für mich die Frage, soll ich zu OA gehen, wenn mich die Eßsucht überkommt, oder soll ich mich für El Salvador engagieren?

Die Gefahr liegt darin zu sagen: »Wenn ich eine Beziehung eingehe oder politisch aktiv bin, bin ich nicht zwanghaft eßsüchtig.« Weil ich es in Wirklichkeit bin. Ich esse nur gerade nicht zwanghaft. Die Gefahr ist immer vorhanden.

Die Einstellung der OA ist, du kannst nie damit aufhören. Sie versuchen nicht herauszufinden, warum du zwanghaft eßsüchtig bist, sie versuchen nur, dir zu helfen, damit fertig zu werden. Wenn du zwanghaft eßsüchtig bist, machst du dir nämlich ständig Gedanken über die Nahrungsaufnahme — wenn du nicht ißt, denkst du daran, was du essen wirst, und wenn du ißt, denkst du an das, was du gerade gegessen hast. Das alles kommt daher, daß du dich mies fühlst. Auf den Versammlungen sagen die Leute: »Mir war echt miserabel, und da hab ich vier Beutel Schokoladenplätzchen gegessen ...« Was ist zuerst da? Ich glaube, sich beschissen fühlen löst die zwanghafte Eßsucht aus.

Viele dieser Frauen sagen, sie stecken in einer Situation, wo sie keine Rechte haben: kein Recht zu sagen, was sie brauchen, ihre Bedürfnisse zu befriedigen, anderen zu sagen, sie sollen aufhören sie zu kränken. Deshalb essen sie. Und dann haben sie ein schlechtes Gewissen, weil sie unbeherrscht waren, und grämen sich, weil sie fett sind.

Obwohl Körperumfang bei den OA nicht die Hauptsache ist, wissen alle, wieviel sie abgenommen haben. Da spielt jede Menge Stolz mit. Trotzdem, der Schwerpunkt ist nicht das Gewicht, sondern wie man/frau mit dem Eßzwang fertig wird.

Manchmal fühle ich mich unter wirklich fettleibigen Frauen ausgesprochen unwohl. Dann wieder finde ich es fabelhaft, weil ich mir im Vergleich dünn vorkomme. Doch zuweilen denke ich, wenn ich in einer Gruppe richtig fettleibiger Frauen bin, sehen mich andere Leute auch so fett? Ich glaube, ich habe es unter anderem deswegen so lange aufgeschoben, zu den Treffen der OA zu gehen, weil ich mir ausmalte, wie ich mit 20 anderen, die alle 300 Pfund wogen, in einem Raum saß. Bei dem Gedanken bin ich richtig durchgedreht. Aber ich stellte fest, daß ich wohl die fetteste war. Ich glaube, die meisten Frauen waren am Anfang nicht richtig fett.

Mit der Bezeichnung »zwanghaft eßsüchtig« behaftet zu sein, das hilft. Es erinnert mich daran, daß ich nicht allein bin, daß andere dasselbe Problem haben. Woher ist der Feminismus letztendlich gekommen? Wir müssen darüber klar sein, daß wir nicht übergeschnappt sind, daß uns von draußen etwas angetan wird. Ich habe keine Strukturanalyse der zwanghaften Eßsucht ausgearbeitet, aber ich weiß, daß es eine Struktur gibt. Ich bin nicht allein.

Ich glaube, wenn wir die Verbindung zwischen Körpergewicht und Selbsthaß kappen könnten, das würde der nächsten Generation potentiell zwanghaft Eßsüchtiger vermutlich helfen. Aber das ist eben nicht das einzige Problem derjenigen, die heute zwanghaft eßsüchtig sind. Buchstäblich alle auf den Versammlungen waren zwanghaft eßsüchtig, seit sie Kinder oder Teenager waren.

Deshalb sage ich, tu, was du tun mußt, um die Gesellschaft zu ändern, um das Getue um äußere Erscheinung und Schönheit zu ändern. Aber komm mir nicht ausgerechnet jetzt damit, denn ich muß tun, was ich tu', um mein Leben unter Kontrolle zu bekommen. Das ist die Grundbedingung.

Cathy

Ich erfuhr erst 24 Stunden vor der Operation, daß ich Brustkrebs hatte. Ich ließ eine Biopsie (Gewebeuntersuchung) an einem Knoten vornehmen, von dem weder mein Arzt noch ich vermuteten, daß es Krebs sei. Als ich aus der Narkose aufwachte, fragte er einfach: »Wollen Sie die Mastektomie jetzt gleich, oder wollen Sie noch warten?«

Als ich hörte, es war Krebs, wollte ich es sofort. Ich wollte nicht rumsitzen und Nachforschungen anstellen. Ich wollte nicht darüber nachdenken. Es war nicht so sehr die Angst — jedenfalls reagierte ich nicht aus Angst. Ich hatte bloß vorher nachgedacht und war mir darüber klar, wenn es Krebs war, wollte ich ihn entfernen lassen.

Ich bekam starken Rückhalt nach der Operation, und offen gesagt, ich glaube, es lag unter anderem daran, daß ich Lesbe bin. Ich stellte fest, daß bisexuelle Menschen von mir mit meiner einen Brust stärker abgeschreckt wurden als lesbische Frauen. Vor allem Männer fühlen sich von »unvollständigen« Frauen abgestoßen.

Mein Chirurg war ganz empört, weil ich keine Prothese wollte. Am zweiten Tag im Krankenhaus, am Tag nach der Operation, redete der mir von Silikonimplantaten, damit ich normal aussähe.

Als ich ihm klarmachte, daß ich auf keinen Fall Implantate wollte, fing er an, von einer Prothese zu reden. Das Komische an diesem Gespräch war, daß ich ihn nicht zum Schweigen bringen konnte. Er erzählte mir freundlich, er habe schon »so manche Ehe über die Klippen einer Mastektomie stolpern« sehen. Wenn ich gesagt hätte, »ich brauche diese Diskussion nicht, weil ich lesbisch bin«, hätte sich das angehört, als sei es Lesben egal, wie sie aussehen. Ich war in der Falle und mußte ihm zuhören, wie er redete und redete. Aber eine Prothese habe ich mir nicht zugelegt. Warum auch? Für wen sollte ich sowas tragen? Seit der Geburt meines letzten Kindes habe ich keinen BH getragen, ich müßte also hingehen und diese ganze teure Unterwäsche und eine falsche Brust kaufen. Eine Prothese ist auch nicht gerade billig. Die kostet mehrere hundert Dollar, je nach Größe. Und der einzige Grund, sie zu tragen, wäre zu verhindern, daß die Leute sich von einer, die körperlich anders aussieht, abgestoßen fühlen.

Deena Metzger Foto: Hella Hammid

Jede sechste Frau bekommt irgendwann im Leben Brustkrebs. Es laufen eine ganze Menge Frauen mit nur einer Brust herum. Es ist gut, wenn die Leute wissen, daß es sowas gibt, daß es jungen Menschen zustoßen kann, und daß man nicht unbedingt daran stirbt.

Anfangs beschloß ich, nichts anders zu machen und haargenau dieselben Kleider wie vorher zu tragen. Das habe ich geändert. Ich habe mich sozusagen zurückgenommen, um die Leute nicht zu schockieren. Wenn ich schwimmen gehe, trage ich allerdings meinen zweiteiligen Badeanzug. Und ja, das sieht wirklich verrückt aus. Aber das ist mein Badeanzug — und das ist mein Körper. Aber auf der Straße trage ich keine Kleider mehr, in denen man es sieht. Darin fühle ich mich zu gehemmt. Ich glaube, ich habe einen Kompromiß geschlossen, wie gehemmt *ich* mich zu fühlen bereit bin. Ständig mit Sexismus konfrontiert zu werden ist anstrengend. Das schafft frau nicht pausenlos. Also schließt frau Kompromisse. Aber ich schließe Kompromisse, um mir selbst ein gutes Gefühl zu verschaffen, nicht anderen Leuten. Entweder nehme ich auf ihre Reaktion Rücksicht oder auf meine Gefühle. Ich will andere Leute nicht mit der Tatsache verstören, daß ich Krebs hatte und nur eine Brust habe. Warum soll ich mich um sie scheren? Ich bin diejenige, auf deren Gefühle man Rücksicht nehmen muß.

Die Mastektomie hat mir tatsächlich geholfen, mich von der bangen Frage zu befreien, wie andere Leute mein Aussehen finden. Früher fürchtete ich, ich sei dick und häßlich. Und ich meinte immer, ich müßte abnehmen. Jetzt brauche ich solchen Normen nicht zu entsprechen — ich meine, wie kann eine Frau mit einer Brust sich bemühen, sich den vorgeschriebenen Maßstäben anzupassen? Ich kann das nicht. Ich kann das Spiel nicht mehr mitspielen, und das hat mir sehr gutgetan.

Mein Selbstbild war viel schlechter in den vierzehn Jahren, als ich eine »normale« zweibrüstige Ehefrau war. Ich fand mich sexuell weniger attraktiv als heute. Eine der Annehmlichkeiten, wenn frau lesbisch ist, ist der Umstand, daß die Regeln viel lockerer (wenn auch nicht ganz verschwunden) sind. Indem du gegen die Norm verstößt, deine Sexualität von Männern bestimmen zu lassen, befreist du dich von etwas so Gewaltigem, daß es nur natürlich ist, wenn du dich dann auch von anderen Dingen befreist. Jedenfalls habe ich es so empfunden. Ich begann, alles in Frage zu stellen. Sämtliche Regeln.

Die Mastektomie hat meine Sexualität nicht beeinträchtigt, wie meine Geliebte und ich befürchtet hatten. Als ich eines Nachts kurz nach der Operation aufwachte, weinte sie. Sie hatte Angst, sie würde mich nicht mehr attraktiv finden. Es stellte sich heraus, daß das kein Problem war, aber sie hatte es befürchtet.

Als ich hinging, um den Verband entfernen zu lassen, nahm ich sie und noch eine Freundin als Beistand mit. Ich hatte noch nie eine Mastektomienarbe gesehen und hatte keine Ahnung, wie meine Brust aussehen würde. Ich war beunruhigt.

Es fing schon damit an, daß der Arzt mich zwanzig Minuten warten ließ. Hätte ich dort allein auf die Enthüllung meiner neuen Brust gewartet, wäre ich ein Nervenbündel gewesen. Zum Glück waren meine Freundinnen da. Schließlich sagte eine:

»Laß mal gucken, wie's aussieht.« Gesagt, getan. Ich hab' mir's angesehen, und es war gar nicht so schlimm. Und weil ich den Verband nicht ganz herunterbekam — und auch nicht gewußt hätte, wohin damit — habe ich ihn einigermaßen wieder hingewickelt.

Als der Arzt kam, war er aufgebracht, weil zwei Leute bei mir waren. »Sie müssen draußen warten, meine Damen.« »Nein. Ich bat sie, bei mir zu bleiben.« Ich wünschte, ich könnte mich noch genau an seine Antwort erinnern, aber er sagte so etwas wie: »Es wird so grauenhaft, daß Ihre Gäste womöglich ohnmächtig werden, und ich habe soviel zu tun, ich kann mich dann nicht um sie kümmern.« Sie können sich denken, wie mir zumute gewesen wäre, wenn ich nicht schon einen Blick drauf geworfen und gewußt hätte, was mich erwartete.

Kathryn

Außer mir kannte ich keine einzige Feministin mit Akne. Ich mußte einfach wissen, ob es noch andere gab, denen es erging wie mir. Vor fünf Jahren schrieb ich einen anonymen Brief an das englische Frauenmagazin *Spare Rib* und schilderte meine Verzweiflung und Scham.

»... Ich muß ja nicht hübsch sein ... ich wollte nur, ich könnte etwas gegen diese Akne tun, die so schmerzhaft ist und das Hautgewebe zerstört, die mich innerlich entstellt, da sie mein Selbstbewußtsein, mein Vertrauen, meinen Seelenfrieden und, was das Schlimmste ist, meine Liebe zu meinen normalhäutigen Geschlechtsgenossinnen zerstört ...« *(Spare Rib, Nr. 89)*

Ich erhielt dutzendweise Antworten, alle beschwichtigend, sie schilderten Erlebnisse ganz ähnlich wie meins. Es war eine regelrechte Offenbarung. Darauf schrieb ich an ein Dutzend gängige Frauenzeitschriften und bat sie, in einer kleinen Anzeige Frauen mit Akne aufzufordern, mir zu schreiben. Nur drei Illustrierte waren dazu bereit, die übrigen schrieben zurück: »Wir wissen, es ist schrecklich bedrückend, aber es ist einfach kein Thema für unsere Leserinnen.« Obwohl natürlich schon in der nächsten Ausgabe wieder ein Artikel stand, »Wie man reinere, glattere Haut bekommt ...«

Auf die veröffentlichten Anzeigen erhielt ich fast 2.000 Briefe. Bei der Lektüre wurde jede schmerzliche Einzelheit meines zwölfjährigen Kampfes wieder lebendig. Aber es war auch ungeheuer befreiend. Ich war nicht mehr allein. Die Briefe waren schmerzlich vertraut, unsere Erlebnisse sich so ähnlich.

Ich hatte keine Jugendakne. Meine Haut wurde erst schlimm, als ich achtzehn war. Wie die meisten Menschen nahm ich an, meine Akne sei durch meine Ernährung verursacht, und von da an achtete ich sorgsam auf meine Kost. In allen Artikeln und von den meisten Medizinern wird die Ernährung zum Feind erklärt. Speisen sind nicht mehr nahrhaft oder delikat, sondern die Ursache der Akne. Wenn eine Frau zum erstenmal liest, daß sie ein bestimmtes Lebensmittel meiden muß, hält sie sich daran. Es ändert nichts. Dann hört sie, ein anderes Lebensmittel sei maßgebend, und sie meidet es. Immer noch keine Veränderung. Sie verbannt beide aus ihrer Kost — ohne Ergebnis. Gleichmütig läßt sie immer mehr Speisen weg, stellt jedoch kaum eine Besserung fest. Unterdessen ist sie schon ganz durcheinander und weiß nicht mehr weiter, sie schreckt vor der Hälfte der üblichen Nahrungsmittel zurück und hat ein schlechtes Gewissen, wenn ihr eins über die Lippen kommt. »Sie dürfen keine Butter, Süßigkeiten, Kekse, Obst, Milch, Öl, Fleisch, Speiseeis, Fisch, Zwiebeln, Schokolade, Zucker essen ...« Sie beschließt, *alles* »Schlimme« zu verbannen.

Das Schema ist bekannt: Entzug verursacht Gelüste, den heimlichen Verzehr von mehr, als man normalerweise essen würde, gefolgt von überwältigendem Schuldgefühl und Selbsthaß und dem Vorsatz, diese Dinge nie mehr anzurühren. Kein Wunder, daß die Mehrzahl der Frauen, die mir schrieben, zwanghaft eßsüchtig und/oder anorexiekrank waren. Essen erlangt im Leben der an Akne Leidenden eine über jedes Maß hinausgehende Machtposition. Es ist der Verführer und der Bestrafer. Es lindert zudem die Qual und betäubt den Schmerz.

Essen war also für mich von überragender Bedeutung. Schuldbewußt benutzte ich es als Trostspender und Stütze — und wurde dick dabei. Vielleicht wollte ein Teil von mir mich sogar »dick und häßlich« haben, weil ich es nicht ertragen konnte, wie die Männer hübsche Frauen behandelten. Als junges Mädchen genoß ich sieben Jahre lang eine »Höhere-Tochter«-Erziehung, sehr akademisch und sehr, sehr gut. Dort habe ich gelernt zu erwarten, daß die Stimmen der Frauen gehört würden, daß Frauen intelligent seien und ihnen alle Wege offenstünden. Ich war völlig unvorbereitet auf die Realität der höheren Koedukation.

In demselben Jahr, als ich meine Erwachsenen-Akne bekam, ging ich auf die Uni. Es war ein regelrechter Kulturschock: Eine Vorlesung nach der anderen, wo man Männern zuhörte und Frauen nicht. Frauen wurden nach ihrer Schönheit beurteilt, nicht nach ihren Ideen. Es drangen so viele Dinge gleichzeitig auf mich ein, und essen war ein Teil meiner Reaktion.

Ein weiterer Grund, weshalb ich dick wurde, bestand darin, daß ich wegen meiner Akne das Gefühl hatte, ich verdiene keinen Platz in der Welt, ich sei zu häßlich, um weiterhin das Recht zu haben, zornig oder böse zu sein oder zu zeigen, wie mir wirklich zumute war. »Die Leute hassen mich schon, weil ich abstoßend bin, deshalb muß ich ein braves Mädchen sein. Ich muß lernen nett zu sein.« Um meine ganze Wut zu unterdrücken, aß ich.

Jeder Tag war ein zweifacher Kampf — ein Kampf gegen meine Figur, aber mehr noch gegen mein Gesicht. Es gab Zeiten, da ich schlank war und mein Körper einigermaßen attraktiv aussah. Wenn ich aber hübsche Kleider trug, kam ich mir völlig anomal vor. Auf der Straße wurde ich von Männern angemacht, und wenn ich mich umdrehte, erstarrten beim Anblick meiner Haut die Gesichter vor Schreck.

Kleider waren ein Problem. Hübsche, modische Kleidung erregte Aufmerksamkeit, aber mein Lebenszweck war, mich zu verstecken. Nachlässige Kleider ließen auf mangelnde Pflege schließen und vermittelten den Eindruck, meine verwüstete Haut sei ebenfalls die Folge von Schlamperei.

Als meine Haut so schlimm wurde, verwandelte ich mich von einem geselligen, beliebten Teenager in eine junge Frau, die jahrelang keine männlichen Freunde hatte. Heute sehe ich ein, daß ich an meiner Isolation selbst mit schuld war — was ich mir noch vor wenigen Jahren nicht hätte eingestehen können. Nette Männer machten Annäherungsversuche, aber ich bildete mir ein, ich sei so häßlich, daß keiner wirklich etwas an mir finden könnte; niemand könne mir nahe sein wollen oder mich gernhaben, niemals. Ich fand, ich hätte es nicht verdient, Freunde zu haben ... und verdiente erst recht keine angenehmen körperlichen Erfahrungen.

Ich hatte mit dem Mann, mit dem ich jetzt verheiratet bin, fast ein Jahr zusammengelebt, bevor ich ihm mein ungeschminktes Gesicht zeigte. Eines Abends ging ich ins Zimmer, ohne mein Gesicht mit Makeup verdeckt zu haben. Meine Haut war in einem besonders schlimmen Zustand. Ich brach in Tränen aus und sagte: »Mit so einem Gesicht kann ich nicht weiterleben.« »Mit was für einem Gesicht?« fragte er. Ich trat unter die Lampe. »Sieh doch.« Aber ich konnte den Kopf nicht heben. Schließlich hob ich mein Gesicht ins Licht. »Oh. Was ist das?« Ich konnte das Wort »Akne« nicht aussprechen. Es war für mich das häßlichste, obszönste Wort unserer Sprache. Darum sagte ich: »Pickel. Ich hab Pickel.« Er floß über vor Mitleid. »Weißt du, in *Spare Rib* steht ein sehr guter Artikel darüber ...« Es war mein anonymer Beitrag. Von da an war das in unserer Ehe immer ein großes Thema. Ich komme mir deshalb etwas ambivalent vor, wohl wegen des Verlusts der Romantik. Es war ein überaus schmutziges Geheimnis, und er weiß es. Aber sein Beistand war natürlich sehr wichtig. Und frau braucht Beistand, um mit dem Leiden fertig zu werden.

Akne ist gräßlich physisch. Frau muß so viele Kleinigkeiten machen, ewig diese blöden Cremes auftragen, oder was immer dir dein Hautarzt als neuestes »Heilmittel« verschreibt. Das Zusammenwirken von schmerzhafter Behandlung und Selbstverachtung führt häufig zu systematischer Selbstbestrafung. Frau wird zum Feind des eigenen Körpers. Frau sieht ihn als eine unberechenbare Sache, über die sie keine Kontrolle hat. Frau enteignet ihn. Er verdient keine Güte oder Liebe. Er verdient Strafe.

Du beginnst mit milden Strafen, die du deiner Haut auferlegst: Waschen mit siedendem Wasser, schonungslos mehrmals täglich brennende Salben auftragen. Du verschreibst dir eine Eigenbehandlung mit Essig. Dies alles unter dem Deckmantel der Wirksamkeit — die Haut muß so roh wie möglich sein, wenn die Salben eindringen und alle bösen Bazillen töten sollen. Je mehr es beißt, umso besser die Wirkung. Natürlich wird die Haut schlimmer, und dann beginnt die richtige Qual. Du sitzt mit dem Gesicht vor einem Vergrößerungsspiegel und zwingst dich, diesen gräßlichen Anblick zu betrachten — dich selbst. In ihrer Verzweiflung rücken die Frauen ihrer Akne mit Rasierklingen zu Leibe, sie versuchen sie mit konzentriertem Peroxyd aufzulösen, ja mit Zigarettenstummeln wegzubrennen.

Und das alles zu einer Zeit, wenn das Leiden am schlimmsten ist und frau bei jeder anderen Krankheit mit Recht erwarten würde, sanft behandelt und gepflegt zu werden. Cremes und Wässerchen für andere Hautleiden sind Balsam; sie deuten darauf hin, daß der Körper der Patientin — und damit die Patientin — Linderung und

Trost braucht. Aknesalben sind scharf, sie brennen und malträtieren die Haut und trocknen Hände und Lider aus.

Eine Zeitlang ging ich in ein Krankenhaus zu einer Prozedur, die beschönigend »Sonnenlichtbehandlung« heißt. Dabei wurden drei Hautschichten komplett abgebrannt, was schrecklich schmerzhaft war. Ich kam zehn Minuten unter eine Lampe, und nachher brannte meine Haut noch stundenlang, sie brannte und brannte.

Am Ende des folgenden Tages oder über Nacht schlugen Hunderte winziger Bläschen aus ... sie blieben etwa einen Tag ... Dein Gesicht ist knallrot, du kannst es nicht waschen, nicht anfassen. Dann ging die Farbe zurück, und zwei Tage sah ich tiefbraun aus. Aber ich konnte mein Gesicht nicht bewegen, weil es wie Leder wurde. Und dann riß die Haut, kaum zu glauben. Sie riß einfach und schälte sich.

Ich ließ diese Behandlung über mich ergehen, teils weil sie half, aber auch, weil es meine Strafe war. »Du bist eine abstoßende Person, du verdienst diese Schmerzen zur Strafe.« Die Haut schälte sich einen Tag vor der nächsten Behandlung, und dann fing alles wieder von vorne an. Ich machte das ein Jahr lang durch.

Als meine Akne anfing, benutzte ich zum erstenmal Makeup für mein Gesicht: Puder und Grundierungscreme. Das wurde äußerst wichtig. Ich experimentierte mit verschiedenen Arten von Gesichtsmakeup. Nein, das ist das falsche Wort, nicht »experimentieren.« Das Ganze ging äußerst heimlich vor sich. Ich konnte nie an eine Theke treten und mich beraten lassen, wie es andere Leute machen, weil ich dann gleich als erstes zu hören bekam: »Ja, Sie brauchen unbedingt unser Adstringens gegen Ihre Akne ...« Und du konntest nicht sagen, »Aber ich habe alles versucht, Sie verstehen nicht, ich kann absolut nichts dagegen tun, außer es zu verdecken.« Deshalb kaufte ich die Sachen aufs Geratewohl.

Akne läßt vermuten, frau sei nicht reinlich, und es kümmere sie nicht, wie sie aussieht. *Mein* Problem mit der Akne war jedoch unter anderem, daß ich dachte, sie ließe mich unintelligent aussehen. »Die Leute denken, ich bin doof, weil ich Akne habe.« Alle anderen werden ihre Teenagerpickel los, und du schaffst es nicht. Du weißt offensichtlich nicht, wie du dir das Gesicht waschen mußt. Selbst ich, Gott behüte, halte ein Mädchen mit schwerer Akne nicht für intelligent. Ausgerechnet ich!

Meine erste Stelle als Lehrerin fand ich wegen meiner Akne unerträglich. Ich habe alle Jobs wegen meiner Haut aufgegeben. Ich arbeitete, bis ich meinte, mein exzentrisches Benehmen würde zu auffällig — ewig in den Waschraum rennen, um mein Gesicht zu waschen, mich nie jemand anschließen, nie in die Kantine gehen. Ich bekam das Gefühl, die Leute hielten mich für übergeschnappt, und ich konnte ihnen nicht sagen, warum ich so war. Deshalb kündigte ich.

Seitdem es mit meinem Gesicht besser geworden ist, halte ich es tatsächlich bei ein und demselben Job aus. Ich nehme jetzt Tabletten — als eine Art Versuchskaninchen für ein Wundermittel aus den Vereinigten Staaten. Ohne die Tabletten hätte ich jetzt bestimmt Akne. Das Medikament hat anscheinend schwere Nebenwirkungen. Es kann sich in Leber und Nieren einlagern, es verursacht Knochenschmerzen und Bindehautentzündung.

Aber das ist es wert. Verglichen mit Akne ist es nichts. Hätte jemand vor ein paar Jahren zu mir gesagt: »Du kannst ein Medikament haben, das deine Akne heilt, aber dann lebst du nur noch zehn Jahre, oder du kannst hundert Jahre alt werden mit deiner Haut, wie sie jetzt ist«, ich hätte mich für die zehn Jahre entschieden.

Man muß bedenken, mehr als ein Jahrzehnt hatte ich schwere Akne. In dieser Zeit habe ich mich radikal verändert, ich habe alle Eigenschaften verloren, von denen ich dachte, sie machten mein Wesen aus. Ich war einst eine extrovertierte, lebenslustige, selbständige, willensstarke Person. In diesen zwölf Jahren habe ich mein Selbstvertrauen verloren, mein Selbstbild hat sich total verändert. Als Teenager war ich einigermaßen hübsch. Ich hatte nie Mangel an Freunden oder Freundinnen. Ich hatte kaum Probleme mit meinem Aussehen.

Die Aknejahre bewirkten, daß ich jede Minute des Tages vollkommen davon besessen war, wie ich aussah. Ich träumte sogar von Akne. Ich haßte mich so sehr, daß Selbstmord fast sechs Jahre lang ein echter Ausweg war.

Der Verlust meines Selbstvertrauens ist aber nicht allein die Folge der Aknejahre. Das scheint etwas Allgemeineres zu sein, es hängt bei Frauen wohl mit dem Erwachsenwerden zusammen. Offenbar verlieren Frauen mit dem Älterwerden oft ihr Selbstvertrauen, während es bei Männern eher wächst.

Ich werde vielleicht nie mehr so selbstbewußt, wie ich als Mädchen war, und das hat sowohl mit Sexismus wie mit Akne zu tun, aber ich bin auf dem richtigen Weg. Wenn du überlebst, gewinnst du eine gewisse Kraft und einen unglaublichen Einblick in andere Frauen.

Noch taste ich mich auf dem Weg zum »attraktiveren« Aussehen vor. Erst im letzten Jahr haben sich mein Gewicht und meine Haut stabilisiert. Ich bedauere bitterlich den Verlust der Jahre zwischen achtzehn und dreißig und den Verlust der Persönlichkeit, die ich sonst gewesen wäre, der Sexualität, die ich entdeckt hätte.

Aber die sind dahin, und langsam finde ich zu mir selbst. Ich habe angefangen, hübsche, ja sogar annähernd modische Kleider zu kaufen. Aber irgendwie habe ich auch ein schlechtes Gewissen wegen der Frauen in meinem Büro.

Sie sind alle im mittleren Alter und kämpfen mit ihrem Gewicht, mit Menopause und dem Verlust ihrer »attraktiven Jugendlichkeit«. Dauernd liegen sie mir in den Ohren, wie glücklich ich dran sein, so schlank, so jung, so attraktiv. Am liebsten möchte ich ihnen erklären: »Ich war nicht immer so, ehrlich. Ich bin zwanghaft eßsüchtig und habe schreckliche Jahre als Einsiedlerin hinter mir ...« Aber ich sage nichts. Ich weiß, was sie meinen.

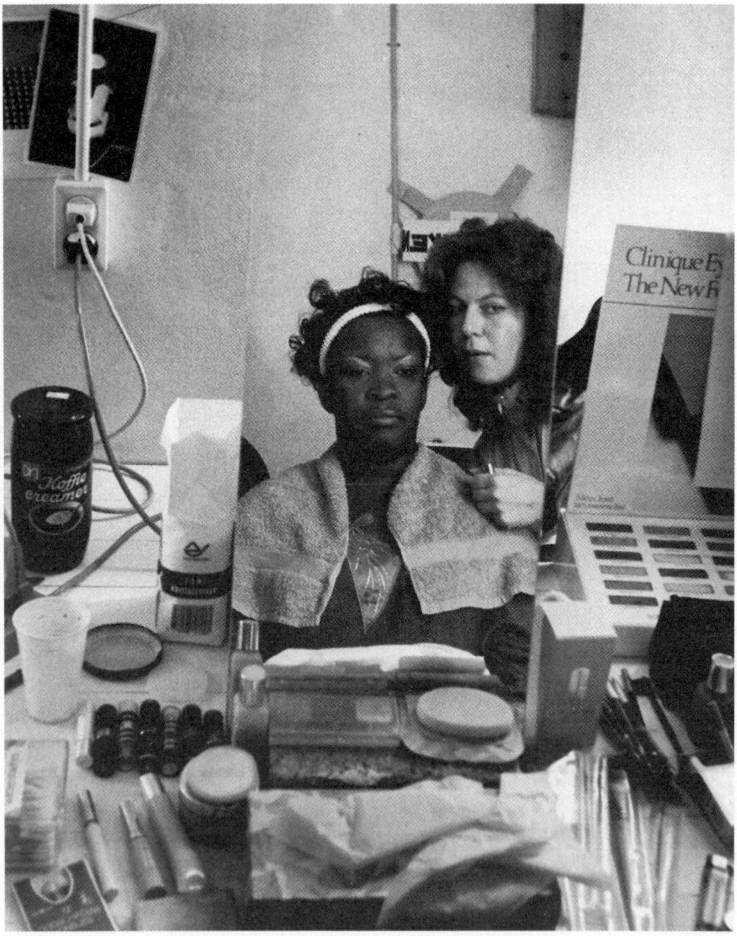
Koffie creamer
Clinique
The New

2 Weißer Markt

»Spieglein, Spieglein an der Wand, wer ist die Schönste im ganzen Land?« Als Kinder bewerten wir »die Schönste« mit demselben Maß wie die Schnellste, die Größte oder die Reichste. Mit zunehmendem Entwicklungsstand des Erwachsenseins steht für uns fest, daß die Schönste eher wie die Tapferste, die Beliebteste oder die Mächtigste ist. Es wird zu einem Urteil; man kann zwar eine *Meinung* dazu haben, aber es bleibt eine Eigenschaft, die letztendlich von einer unabhängigen kompetenten Autorität bestimmt werden kann. »Meine Damen und Herren, die Richter sind zu einer Entscheidung gekommen. Die neue Miss Welt heißt. . .«

Die Erwachsenen stellen die Frage »Wer ist die Schönste?«, als sei sie von tiefer Bedeutung. Weibliche Schönheit wird in der ganzen Welt immer mehr zu einem standardisierten Begriff, als gäbe es keine verschiedenen Rassen und Nationalitäten. Dieser Standard ist so eindeutig weiß, westlich und wohlhabend, daß man dahinter eine Verschwörung vermuten könnte.

Dabei bedarf es eigentlich keines geheimen Komplotts, um den Vormarsch dieses Modells zu erklären. Die Fantasievorstellung vom guten Leben, an dem nur schöne, nach dem letzten Schrei gekleidete Menschen teilhaben, beflügelt einen großen Teil der Welt. Dieses westliche Schönheitsmodell schreibt den Frauen in aller Welt ihre Lebensweise vor, ungeachtet, wie wenig sie zu den jeweiligen ethnischen oder ökonomischen Möglichkeiten paßt. Wir investieren eine Menge in die Fantasievorstellung, vielleicht umso mehr, je weniger es uns möglich ist, sie zu verwirklichen. Dieses internationale Fantasiebild wird zur Basis unserer Mythen von Erotik, Erfolg und Abenteuer.

»Drei Engel für Charlie« sind es, die sich auf der Welt ein schönes Leben machen, nicht dicke, kleine oder dunkelhäutige Frauen. Die USA als Zentrum des Weltwirtschaftssystems haben den größten Anteil an der globalen Kulturmaschinerie. Jede Frau, die in ihrer Fantasie in diese Welt eintritt, strebt danach, weißer, westlicher, gesellschaftlich höherstehend zu sein. Das geht über simple Manipulation hinaus.

Daß der Hearst-Konzern sich weltweit um Maximierung seines Gewinns bemüht, ist noch keine ausreichende Erklärung für den Erfolg von »Cosmopolitan« in siebzehn Sprachen. Das Programm der Zeitschrift bietet offenbar alles – Sex, Erfolg,

Unabhängigkeit und Schönheit. Es ist machtvoll und zwingend. Eine Arbeiterin, die den ganzen Tag Mikrochips herstellt und sich einen Lippenstift und Zigaretten kauft, erwirbt mit dem Glamour auch ein kleines bißchen Würde und Selbstwertgefühl.

Der Gehalt des globalen Bildes wird großenteils von Verkaufsmechanismen bestimmt: Wer schafft das Bild für welche Produkte, die von welchen durch wen kontrollierten Medien vermarktet werden? Die Schönheitsindustrie (Kosmetik, Toilettenartikel, Düfte und Mode) ist ein weltweit expandierender Markt. Zum Beispiel wurde in der Weihnachtszeit 1982 in Europa, den USA und Lateinamerika mit denselben Anzeigen für die Parfums Antaeus und Chanel No. 5 geworben.[1]

Und neulich berichtete *Business Week*, daß Playtex eine »Eine-für-alle-Kampagne« startete.

»... überzeugt, daß eine einzige Vermarktungsaktion einen neuen BH weltweit verkaufen kann... Vor ein paar Jahren hatte Playtex 43 Anzeigenvariationen auf der Welt laufen, die jeweils am Ort betreut wurden... Dieses Jahr vergab Playtex seinen gesamten Weltvertrieb an die Werbeagentur Grey in New York...«[2]

Tony Bodinetz, Vizepräsident von KMP in London (einer Unterabteilung der riesigen internationalen Werbeagentur Saatchi und Saatchi) glaubt, daß diese Form der Werbekampagne zum Teil von kulturellem Chauvinismus herrührt:

»Die Verwendung derselben Anzeige in verschiedenen Ländern gründet sich zum Teil auf einer Kosten / Nutzen-Kalkulation, doch teils ist sie einfach die Reflexion einer Geisteshaltung. In Pittsburgh oder Los Angeles oder sonstwo denkt ein Firmenmanager, 'wenn es in Pittsburgh funktioniert, funktioniert es auch in London ... wieso sollten die Städte verschieden sein?' Wie oft kämpfen wir hier dagegen an, daß uns amerikanische Lösungen aufgezwungen werden.«[3]

Bodinetz vertritt offenbar die Stimme einer Minderheit in einer Firma, die eine solche globale Werbestrategie verfolgt. »Sie verfolgen sie, weil sie müssen. Sie wollen die großen Kunden der Welt gewinnen, und um sie zu gewinnen, müssen sie dieses Konzept verkaufen, also müssen sie daran glauben«, sagt Bodinetz. Die Konkurrenz der Werberiesen um die großen Kunden ist enorm. Und die Welt der multinationalen Produkte und Marken ist sehr klein.

Etwa ein Dutzend Werbeagenturen auf der ganzen Welt vertritt die Mehrheit der multinationalen Konzerne und operiert kreuz und quer über die nationalen Grenzen hinweg.[4] Die drittgrößte Werbeagentur der Vereinigten Staaten, J. Walter Thompson, ist beispielsweise gleichzeitig die größte in Argentinien, Chile und Venezuela, die zweite in Brasilien und die vierte in Mexiko. Die Mehrheit (35 von den oberen 50) der globalen Image-Schöpfer sind amerikanische Werbeagenturen. Auch die Produkte, die sie lancieren, sind überwiegend amerikanisch. Auf amerikanische Firmen entfallen allein fast fünfzig Prozent der globalen Ausgaben für Werbung, die damit den größten Konkurrenten Japan mit fünf zu eins übertreffen. Da ist es kaum verwunderlich, daß die Werbebilder meist erkennbar nordamerikanisch sind.[5]

Diese globalen Werbekampagnen lassen bei der Bezeichnung der zu vermarktenden Produkte und bei der Verkaufspräsentation nationale Unterschiede mehr und mehr außer acht. Die Anzeigen fördern den Glauben, Erfolg und Schönheit seien Markenzeichen mit erkennbar weiß-amerikanischem Image. Die Fachzeitschriften *Advertising Age* und *Business Abroad* vermerken den Trend: »Rubinstein-Anzeigen für Señoras nicht geändert.« »Weltweite Schönheitstips: Wie Clairol Glamour in jeder Sprache vermarktet.«

Die Werbeagentur Saatchi und Saatchi ist begeistert von »Weltmarken« und Globalkultur:

»Die Marktforschung wird nach Ähnlichkeiten suchen, nicht Unterschiede herausstellen. Die Ähnlichkeiten werden wirksam ausgenutzt. . . . man wird Anzeigen für eine ganze Weltregion entwickeln, und nicht einfach nur für einen bestimmten Markt. Es gilt, eine dermaßen ansprechende Werbeidee zu finden, daß sie nationale Grenzen, die man einst für unverletzlich hielt, durchdringen kann.«

Nicht nur westliche Konzerne verfolgen dieses transzendente Werbeideal. Shiseido, der japanische Kosmetikgigant, hat kürzlich seine Werbung aufpoliert, um einen »internationalen Vorstoß« zu unternehmen. »Es ist leicht, ein gewöhnliches, nettes Bild mit einem hübschen Modell und einer hübschen Produktpräsentation zu schaffen«, erklärt ein Geschäftsführer der Firma, »aber wir wollten einprägsam sein, ohne zu realistisch zu werden. Realismus hätte unseren Markt zu eng gesteckt.« Shiseido deutet seine asiatische Herkunft an — »die Faszination des Orients« — aber seine Modelle sind weiß, und sein Zielmarkt ist »die internationale Wohlstandselite.«[6]

Saatchi und Saatchi bestätigen dies als Strategie der Zukunft:

»Ist durch die soziale Entwicklung die Vorstellung überholt, daß die Unterschiede zwischen den Nationen in bezug auf dieses Gerät, diese Kosmetik oder jenen Kaffee für die Vermarktungsstrategie erheblich sind? Die demographische, sittliche und kulturelle Angleichung der Verbraucher führt die Hersteller mehr und mehr zu einer konsumbestimmten statt einer geographiebestimmten Sicht ihres Vermarktungsgebietes... Die Fabrikanten schneiden ein Produkt nicht mehr so sehr auf die Bedürfnisse des Herstellerlandes zu, sondern operieren eher auf der Basis des allgemeinen Bedarfs für ihre Produkte.«

Eine »verbraucherbestimmte« Sicht der Vermarktung bedeutet die Konzentration auf den Bereich einer Gesellschaft, der ein bestimmtes Produkt wahrscheinlich kaufen wird. Für viele Produkte, insbesondere Luxusartikel, bleibt der potentielle Markt in großen Teilen der Welt äußerst begrenzt. Es ist gewiß wahr, daß die Mitglieder dieser nationalen Eliten oft ihren Pendants in anderen Ländern mehr gleichen als ihren weniger bemittelten Landsleuten.

Die Oberschicht dient dem Rest der Nation als Vorbild für Erfolg und Glamour. Alle Teile des Bildes passen nun sauber zusammen und bestätigen, daß es nur eine einzige Vorstellung von Schönheit gibt ... die Frau im importierten Fernsehprogramm gleicht der Frau in der Clairolwerbung, gleicht der Gattin des Premierministers oder Industriemagnaten, die sich nach der neuesten französischen Mode kleidet, wie originalgetreu in der Lokalausgabe von *Cosmopolitan* berichtet wurde.

Gemeinschaftliche Werbung ist nicht alleinverantwortlich für die Homogenisierung der Kultur in aller Welt, aber sie trägt entscheidend dazu bei; Tony Bodinetz:

»Man kann nicht einfach mit den Fingern auf die Werbung zeigen und ihr die Schuld geben, denn die Werbung ist niemals führend. Aber zugegeben, sie wittert rasch, was sich auf den Straßen oder rund um die Welt abspielt, und springt sodann auf den fahrenden Zug. Wenn auch wahr ist, daß die Werbung nie das Tempo bestimmt, so kann sie dennoch ihre Mitverantwortung bei der Bestärkung der Ansicht nicht von sich weisen, daß man, um 'dazuzugehören', so und so aussehen, riechen, sprechen und sich kleiden muß.«

Dieser Begriff von Schönheit und Erfolg wurde nicht nur durch die Werbung in aller Welt verbreitet, sondern auch durch die amerikanischen Medien, als da sind Zeitschriften, Fernsehen und Spielfilme. In vielen Teilen der Welt besteht das Fernsehprogramm weitgehend aus amerikanischen Importen. Ausländische Programme bestreiten mehr als die Hälfte der Fernsehsendungen in Ländern wie Ecuador, Chile und Malaysia. In Westeuropa, im mittleren Osten und in einigen asiatischen Ländern sind zwanzig Prozent aller Fernsehsendungen in den Vereinigten Staaten produziert. Die beliebte amerikanische Serie »Bonanza« wurde in sechzig Ländern mit einer geschätzten Sehbeteiligung von 350 Millionen Zuschauern gesendet. Die gegenwärtige Entsprechung »Dallas« wird von Millionen von Malaysia bis Südafrika gesehen.[7]

Die Amerikanisierung der Weltmedien bringt nützliche vermarktbare Nebenprodukte hervor. Saatchi und Saatchi:

». . . Fernsehsendungen und Kinofilme schaffen Elemente gemeinsamer Kultur. Und diese kulturelle Angleichung ermöglicht die Einführung multinationaler Markencharaktere. Die weltweite Verbreitung der Marke Marlboro wäre ohne TV und Kinoaufklärung über den rauhmännlichen Charakter des amerikanischen Westens und des amerikanischen Cowboys nicht möglich gewesen, was durch das wachsende Vordringen des Farbfernsehens noch unterstützt wurde.«

Das Fernsehen und die damit verbundene Filmindustrie in Hollywood sind nicht die einzigen Medien, die ihre Erzeugnisse weltweit absetzen. Auch viele der größten 20 amerikanischen Zeitschriftenkonzerne produzieren für den Weltmarkt. Hearst, der drittgrößte Zeitschriftenkonzern der USA, gibt die international bekannte Zeitschrift *Cosmopolitan* heraus, Conde Nast, die Nr. 6 auf der amerikanischen Liste, vertreibt in vielen Ländern bearbeitete Ausgaben von *Vogue*.[8]

Natürlich waren die Medien immer stark auf Anzeigen angewiesen. Inzwischen ist aber die Verbindung so eng, daß ein- und derselben Gesellschaft sowohl die Illustrierte gehören kann, in der für ein Produkt geworben wird, als auch die Firma, die es herstellt. Der Medienfachmann Ben Bagdikian sagt es deutlich: »Die großen Medien und Riesenkonzerne waren immer Verbündete; jetzt sind sie ein einheitliches Ganzes.«

Vier von den fünfzig größten Medienkonzernen der USA gehören zu den fünfzig größten Inserenten. Die drei großen amerikanischen Fernsehsender und drei von den vier führenden Filmstudios gehören großen Gesellschaften an, die auf der Liste der 500 größten Konzerne der Vereinigten Staaten stehen. Somit bestimmt ein Land nicht nur die Pfeife, nach der ein Großteil der Welt tanzt, sondern der Pfeifer gehört ganz wenigen großen Konzernen.

Es wäre falsch zu behaupten, dies sei das Ergebnis einer Verschwörung unter den verschiedenen Mitgliedern der globalen Kulturmaschinerie (in den USA ansässige Konzerne, von den USA beherrschte internationale Werbung sowie die Unterhaltungs- und Medienindustrie der USA), aber man darf mit Sicherheit sagen, daß sie alle von einer kollektiven globalen Fantasievorstellung von Erfolg und Schönheit profitieren, die von weißer Haut, westlicher Kultur und importierten Erzeugnissen bestimmt wird.

»Sorgfältiges Makeup gehört in Malaysia zum Fernseh-Image, die Hersteller bieten sogar Kurse an, wie man es richtig aufträgt. Das vermittelt den Arbeiterinnen das Gefühl, Teil einer globalen Kultur zu sein, die ihnen auch die Wahl zwischen den Produkten von Avon und Mary Quant ermöglicht.«

»Es besteht offenbar ein großes Bedürfnis nach westlichen Werten und westlicher Kultur ... oft ist eine Anzeige auf Englisch abgefaßt, weil das dem Publikum schmeichelt: 'Sie sind klug, kultiviert und gebildet.' Das ist wohl auch der Grund, weshalb die Modelle fast alle weiß sind ...«

»Dr. Fu Nong Yu, ein plastischer Chirurg in Peking, führt Augenoperationen durch, um gefaltete oder 'doppelte' Lider, das Markenzeichen für großäugige Schönheit, zu kreieren ... Die meisten Nordchinesen werden ohne doppelte Lidfalte geboren. Mit wenigen Stichen entfernt Fu den Epikanthus, die für Asiaten typische Falte im oberen Augenlid.«

»Die japanische Fernsehwerbung ist eine Hymne an den amerikanischen Lebensstil; lauter schöne Filmstars und berühmte Sportidole ... Wenn einer japanischen Firma keine amerikanische Berühmtheit zur Anpreisung ihres Erzeugnisses zur Verfügung steht, präsentiert sie das Produkt in einem eindeutig amerikanischen Umfeld oder stellt ihm ein blauäugiges, blondes Modell zur Seite.«

Selbstverständlich bleibt dieser Trend zur globalen Kulturhomogenisierung nicht unbestritten. Die einheimische Kultur bietet eine wirksame Alternative zu dem weißen westlichen Vorbild von Erfolg und Schönheit. In manchen Ländern werden traditionelle Werte als Antwort auf die Flut von importierter westlicher Kultur offiziell gefördert. In anderen Ländern fungiert die einheimische Kultur subversiv als Überbringer ansonsten illegaler Botschaften des politischen, ökonomischen und kulturellen Widerstandes.

Nach dem Sieg der Sandinisten über die Somoza-Diktatur in Nicaragua wurde sexistische Werbung verboten. Wenn eine Frau in einer Anzeige erscheint, darf sie nicht sexuelles Lockmittel für den potentiellen Käufer sein. Zwar können *Cosmopolitan* und andere Illustrierte mit transnationaler Werbung nach wie vor in Managua gekauft werden, aber auf Anschlagtafeln gibt es keine Bilder des wohlhabenden weißen »Glamourgirls« zu sehen.

Eine weitere gänzlich andere Reaktion auf das sexualisierte westliche Frauenbild wird in den islamischen Ländern Nordafrikas und des Mittleren Ostens sichtbar. Das eindrucksvolle Symbol religiöser, nationaler und patriarchalischer Kultur, der Schleier, wird von den Frauen in diesen Ländern mehr und mehr getragen. Der Gebrauch des Schleiers zur Kultivierung (und in einigen Fällen Wiederentdeckung) einheimischer Sitten ist sicher problematisch, aber kaum unerklärlich. Kurz vor dem Sturz des Schahs im Iran war die beliebteste Frauenzeitschrift im Land *Zan-e Ruz* (Die Frau von Heute) mit einer Auflage von mehr als 100.000. Die Illustrierte war voller Liebesgeschichten mit blonden, blauäugigen Heldinnen, die westlichen Illustrierten direkt entnommen waren. 35% der Zeitschrift bestand aus Anzeigen, davon befaßten sich viele mit Schönheit und Kosmetik, und diese präsentierten wiederum oft blonde Modelle. Ein Forscher bemerkte: »Die Überbetonung der äußeren Erscheinung in einer Situation akuter sexueller Unterdrückung ist ... irgendwie ironisch.«[9] Mehr als »ironisch«: Die sich daraus ergebenden Spannungen haben womöglich zum Wiederaufleben des Islam und der damit verbundenen Rückkehr zum Schleier beigetragen.

Der Schleier, wiewohl ein wichtiges sichtbares Symbol des Widerstandes gegen westliche Kultur und Werte, wird bezeichnenderweise nur von Frauen getragen. Den Frauen in aller Welt ist es bestimmt, als Kulturträgerinnen zu dienen, ihnen obliegt die Verantwortung für die Bewahrung traditioneller Werte und Ästhetik. In den neuesten, in mehreren afrikanischen Ländern durchgeführten Studien stellten die Forscher fest, daß die Frauen als Hüterinnen der traditionellen Kultur und gleichzeitig als diejenigen gesehen werden, die westlichen Einflüssen am ehesten unterliegen. Von den Frauen in Uganda hieß es zum Beispiel, sie seien

»die Sündenböcke, nicht nur für die Konfusion der Männer und den Streit über die Rolle der zeitgenössischen Frauen, sondern auch für das Dilemma, das durch die Anpassung an rapide gesellschaftliche Veränderungen entsteht. Die Männer, die sich von traditionellen Sitten und Kleidervorschriften losgesagt haben, fühlen sich als Verräter ihrer Kultur und sehnen sich zum Ausgleich nach der Gewißheit, daß die Frauen ihr treu bleiben.«[10]

Ähnlich machte man die Frauen in Sambia verantwortlich, als »der Moralzustand chaotisch wurde ... und als die kulturellen Traditionen durch westliche Einflüsse vergiftet wurden.«[11]

Leider können die Frauen der »Dritten Welt« die Vorherrschaft der westlichen Kultur ebensowenig zurückdrehen, wie sie für deren mächtigen und anhaltenden Einfluß verantwortlich gemacht werden können. Wenngleich die Frauen an der Spitze vielfältiger Formen des Widerstandes, einschließlich des kulturellen stehen, so ist »Tradition« gewiß nicht das einzige Element, auf das sie zurückgreifen, um eine Kultur zu schaffen, die von ihrem Dasein kündet und ihrem Leben entspricht.

* * *

Auf dem internationalen Frauenkulturfestival füllen schwarze Frauen Abend für Abend die Bühne. Sie beobachten heißt nicht einfach »bewundern«, es heißt Stolz empfinden. Etwas Geringeres lassen sie nicht zu. Ihre Selbstachtung ist äußerst

ansteckend und vermittelt eine Machtvision, die über die Grenzen weißer kommerzieller Kultur hinausreicht.

Diese Frauen, deren Musik, Sprache und Bewegungen anders als meine sind, sprechen mich dennoch direkt an. »Dies ist ein Herzschlag. Dies sind euer aller Herzschläge. Es schlägt für dich. Und für dich. Und für dich.« (Edwina Lee Tyler auf ihrer afrikanischen Trommel)

* * *

Die destruktive Wirkung des Rassismus auf das Selbstbild der Farbigen[12] ist — besonders unter antirassistischen Weißen — gründlich belegt und tief betrauert. Ist es nicht schrecklich, daß die Schwarzen meinten, ihre krausen Haare glätten zu müssen, um attraktiver zu wirken? Ist es nicht schockierend, daß während des Vietnamkrieges Augenoperationen zur Schaffung eines westlichen Lides unter bestimmten Vietnamesinnen beliebt waren? Ist es nicht traurig, daß das Modell weiblicher Schönheit, das den Entwicklungsländern verkauft wird, dieselbe weiße Frau ist, die dem Westen verkauft wird?

Ja. Aber es ist in gewisser Hinsicht auch zutiefst beruhigend für uns weiße Frauen; wir sind immerhin das Vorbild. Wir verkörpern wenigstens ein Element der Schönheitsrezeptur. Unser weißes westliches, offensichtlich beneidetes Leben ist der Stoff, aus dem die globalen Träume sind.

Dieser internationale kommerzielle Trend kann leicht als Beweis für ein einmütiges ästhetisches Urteil mißverstanden werden. Aber die Farbigen sind nicht die einzigen, die in eine fremde ethnische Realität verpackte Fantasiebilder kaufen. Für den weißen Westen sind die Tropen das Paradies, und Leidenschaft, rhythmische Bewegung und Sinnlichkeit tragen dunkle Haut. So wie die westliche Welt als Quelle bestimmter Elemente eines globalen Mythos von Erfolg und Schönheit dient, so verkörpert die »Welt der Farbigen« ähnliche Mythen von Sinnlichkeit, Abenteuer und Exotik.

Der Traum vom westlichen guten Leben basiert auf der Realität der ökonomischen Begünstigung des industrialisierten Westens. Vielleicht spiegelt die Fantasievorstellung von Sinnlichkeit und Leidenschaft, die man der »Dritten Welt« zuschreibt, auf ähnliche Weise die Realität von Begünstigung und Unterdrückung wider. Es ist gewiß wahr, daß die Behauptung einer begünstigten Position in einer Welt ungeheurer Armut ein gewisses Maß emotionaler Überheblichkeit erfordert, eine Distanzierung von dem nicht begünstigten anderen. Die puertoricanische Dichterin Aurora Leving Morales sieht hierin Konsequenzen für die weiße Kultur:

»Es gibt eine gewisse Lebendigkeit der unterdrückten Kulturen, die in dominanten Kulturen verlorengeht. Begünstigung bringt Furcht mit sich. Furcht, daß andere dir deine Sachen wegnehmen. Das ist eine unglaubliche Belastung. Außerdem muß man sich die ganze Zeit beherrschen. Sich die ganze Zeit beherrschen ist der Sinnlichkeit nicht förderlich.«[13]

Die Macht gehört demjenigen, der bestimmt, welche Eigenschaften dem eigenen Ich zugeschrieben und welche auf andere projiziert werden. Diese sich ergänzenden Bilder sind die Basis der Mythen von Schwarz und Weiß, männlich und weiblich, dem eigenen Ich und dem anderen.

* * *

Mit »Wendy Chapkis« war es nie leicht. Als Kind war »Wendy« für mich okay, unauffällig-amerikanisch, aber als ich älter wurde, hat mich die ewige Verkleinerungsform gestört. Und »Chapkis« war für alle immer schwer auszusprechen. Mich störte aber mehr als das. »Wendy« ist so weiß-angelsächsisch-protestantisch wie »Peter Pan«, und »Chapkis« ist rein amerikanisch-jüdisch. Der aus zwei Sprachen zusammengesetzte Name ist ein Geschenk meiner rothaarigen norwegischen lutheranischen Mutter und meines dunkelgelockten russisch-jüdischen Vaters. Sogar im Land des »Schmelztiegels« macht eine gemischte Herkunft den Leuten zu schaffen. Das kommt jedesmal zum Ausdruck, wenn jemand sich bemüßigt fühlt mir zu sagen: »Aber du siehst gar nicht jüdisch aus.« Ethnische Zugehörigkeit hat eben deutlich sichtbar zu sein.

In meiner Gegenwart fielen oft antisemitische Äußerungen über andere, weil niemand vermutet, daß eine blonde, blauäugige Wendy nicht selbstverständlich »eine von uns« ist. Im Laufe der Jahre lernte ich meine Namen zu lieben. Zusammen. Sie ermahnen mich, daß die Trennung des eigenen Ich vom ethnischen anderen nicht nur möglicherweise gefährlich, sondern auch äußerst schizophren ist.

* * *

Vor der Kolonialisierung im 18. und 19. Jahrhundert wurden die meisten nichteuropäischen Gesellschaften vom weißen Westen furchtsam beargwöhnt. Kontakte galten als nahezu gefährlich. Aber mit der Machtstellung der Kolonialherren über die Kolonialisierten gesellte sich zur Furcht die Neugier auf die »exotischen Völker«, sofern sie jene nicht ganz ersetzte. Der Anthropologin Deborah Root zufolge unterstrichen in der Kolonialzeit

> »die Europäer die Unterschiede zwischen ihren eigenen und anderen Gesellschaften, um — ästhetischer und emotionaler Sinneseindrücke wegen — künstlich ein 'Geheimnis' zu kreieren ... Die exotische Bildwelt lenkte die Aufmerksamkeit von der europäischen Macht und Dominanz ab und normalisierte so tatsächlich die Kolonialsituation ... Die Macht gestattete den Europäern, ausgewählte Bruchstücke der einheimischen Kultur zu idealisieren, während sie gleichzeitig die Gesellschaft als Ganzes zerstörten.«[14]

Die kolonialisierte Welt wurde somit mehr als ein *Prüffeld* für europäische Männlichkeit, sie wurde zum notwendigen *Gegenstück* des weißen Mannes. Dementsprechend »befreiten» sexualisierte Vorstellungen von schwarzen Frauen die weißen Europäerinnen, um weißen Männern als Vorbilder der Reinheit zu dienen. »Die exotischen Eingeborenen«, Männer und Frauen, wurden vom weißen Kolonialherren geschaffen, ebenso wie er die Grenzen seines neuen Kolonialbesitzes schuf. Nichts davon hatte eine Beziehung zur präkolonialen Geschichte, Kultur oder Identität. Doch durch die Schaffung des kolonialen anderen Ich definierte sich das herrschaftliche Ich. Die Unterscheidung zwischen dem weißen Ich und schwarzen Anderen war nicht so streng, wie es der Kolonialgeist wünschte. Die Kolonialisierten weigerten sich nicht nur, die ihnen zugewiesene Rolle stillschweigend zu akzeptieren, sondern das auf den nicht-europäischen Anderen projizierte geheime Ich übte auf den Kolonialherrn selbst eine starke Anziehungskraft aus. Die Furcht, »unter die Eingeborenen zu gehen« rivalisierte mit der Furcht vor einem Eingeborenenaufstand. Die Schaffung des kolonialen Ich und seine Auflösung im einheimischen Anderen ist vielleicht am besten in Joseph Conrads Novelle *Herz der Finsternis* beschrieben. »Er kam nicht davon los ... Er blieb dann doch ... machte sich auf ... verschwand für Wochen; vergaß sich selbst unter diesen Leuten — vergaß sich.«[15]

Viele zeitgenössische Hollywoodfilme stützen sich auf diese stilisierte Unterscheidung zwischen dem eigenen (meist ein weißer Held) und dem anderen Ich (Frauen und die »dritte Welt«). Infolgedessen wird das Andere zum exotischen Territorium mit geringer oder gar keiner Eigenständigkeit, welches es zu erforschen, vereinnahmen, erretten oder erobern gilt. In diesem Genre spielen Frauen nichtssagende Rollen, wobei Schönheit und Sex von ausschlaggebender Bedeutung sind; somit wird auch die »dritte Welt« auf die physische Schönheit eines farbenprächtigen Rahmens und die gefährliche Sinnlichkeit primitiver Leidenschaften reduziert.

Romantische Abenteuerfilme kombinieren zuweilen beide Elemente durch die Wahl eines »Dritte-Welt«-Schauplatzes als Reise-Poster-Hintergrund, vor dem der Held die Frau seiner Träume anschwärmt. Dabei geschieht es oft, daß der Held nicht authentischer ist als die Frau und die um ihn errichtete Welt. Aber anders als diese hat er ein Eigenleben. Alles übrige und alle anderen sind nur das Material, mit dem er seine heroische Identität konstruieren kann.

Frauen und Farbige bleiben infolgedessen auf die Rollen der romantischen Angebeteten, des hilflosen Opfers, bösen Feindes oder getreuen Kumpans beschränkt. In den meisten Fällen wird eine weiße Frau zum Gegenstand der Liebe erkoren, oft kommt ihr dabei die Rolle einer »Jungfer in Not« zu. Die Rolle des Schurken (oft als zu robust erachtet für eine Frau) wird gewöhnlich von einem Entstellten, Behinderten oder einem Mann der »dritten Welt« ausgefüllt. Die Kumpanenrolle ist ebenfalls meistens männlich besetzt, da sie eine Art Partnerschaft (und männliche Bindung) suggeriert, die sich zwischen einer Frau und einem Helden nicht schickt. Da ein Kumpan im Idealfall entbehrlich und nicht ganz so sehr Mann sein sollte wie der Star, ist ein asiatischer Diener, ein schwarzer Komiker, ein Schimpanse oder ein altkluges Kind genau das Richtige.

Im Film fallen farbige Frauen nur durch ihre Abwesenheit auf. Ihre Rollen sind so nebensächlich, daß sie an Unsichtbarkeit grenzen. Sofern nicht völlig abwesend, erscheinen diese Frauen als stumme Dienerinnen oder flüchtige Sexsymbole (exotische Tänzerinnen, Zauberinnen, Prostituierte). Frauen, schwarze wie weiße, sind fast nie Stars mit eigenen Abenteuern.

Die beschränkte Präsentation von Frauen und Farbigen in Unterhaltungsfilmen unterstreicht die Vorstellung, daß die Welt ein Tummelplatz des weißen Mannes sei; keimfreie Fantasie beseitigt die störenden Bilder derjenigen, die diesen Anspruch auf Eigentum bestreiten könnten. Der industrialisierte Westen mag zwar wirtschaftlich noch große Teile der Welt beherrschen, aber die koloniale Zuversicht, dies sei ein dauerhaftes, auf der allseits anerkannten Überlegenheit von Weiß über Schwarz beruhendes Abkommen, ist dahin.

Unsere Zelluloidfantasien spielen sich im Sand der Sahara, in der üppigen Vegetation des Amazonasgebietes oder den Dschungeln des schwarzen Kontinents ab. In Wirklichkeit aber fürchtet der weiße Westen die Araber, Lateinamerikaner und Schwarzen. Durch Entfernung der meisten lästigen Eingeborenen aus der Landschaft sowie durch Domestizierung derjenigen, die bleiben, verwandelt die Unterhaltungsindustrie die Länder der »dritten Welt« in austauschbare Reise-Poster. Diese Filme bilden die Welt ähnlich glatt ab wie Herrenmagazine ihre weiblichen Modelle: alle Anklänge an Unvollkommenheit oder echte Gefahr, die sich dem Abenteuer widersetzen (Gefahr deutet auf die Möglichkeit von Feindseligkeit und Versagen hin; Abenteuer suggeriert lediglich die Gelegenheit, seine Männlichkeit erfolgreich unter Beweis zu stellen), werden retuschiert und beseitigt. Das Endergebnis darf niemals den Gedanken aufkommen lassen, das dargestellte Land oder die dargestellte Frau sei etwas anderes als verführerisch, verfügbar und einladend. Oder weiße westliche Männer seien etwas anderes als Helden.

In einem sehr beliebten neueren Film gelang es, mit der Erschaffung des Superhelden Indiana Jones alle diese Elemente zu vereinen. *Indiana Jones und der Tempel des Todes* ist auf atemberaubende Weise durch und durch rassistisch und sexistisch. Die weiße Frau Willie (das romantische Element) ist die Zielscheibe ständigen Spottes. Sie ist ein Muster an Gefühllosigkeit (»Sie beleidigen diese Menschen und bringen mich in Verlegenheit«, warnt der Held), Konsumlust (»Ich war so glücklich in Schanghai. Ich hatte ein kleines Haus und einen Garten. Meine Freunde waren reich, wir sind zu Parties gefahren in riesigen Limousinen. Ich hasse es, hier im Dschungel zu sein.«) und Eigennutz (»Ich hab mir die Finger verbrannt und ein Fingernagel ist eingerissen«, erklärt sie, als sie bei einer Schießerei ihr einziges Gewehr aus dem Fenster wirft). Mit so einer Gefährtin bedarf Indiana Jones offensichtlich eines männlichen Beistands. Der kommt in Gestalt eines ausgesprochen niedlichen asiatischen Jungen. Während der Held nicht nur sprachliche und kulturelle Schwierigkeiten meistert, abgesehen von Wildwasser, wilden Tieren und Kräften des Bösen, läuft Willie auf hohen Absätzen im Dschungel herum, ohne jede Beziehung zur Natur (»Es wimmelt hier nur so von den fürchterlichsten Viechern!« kreischt sie). Sie quengelt unaufhörlich (»Ich hasse Wasser, und ich hasse es naß zu werden, und ich hasse dich.«) und steht hilflos dabei, wenn ihre »Männer« (das Kind ist erwachsener als sie) es mit der Welt aufnehmen.

Dieses Trio aus Superheld, Winzling von »Dritte-Welt«-Kumpan und ihrem schönen weiblichen Anhängsel kommt in ein verarmtes indisches Dorf und wird als Geschenk der Götter begrüßt: »Wir haben zu Schiwa gebetet, uns zu helfen. Es war Schiwa, der es bewirkt hat, daß ihr vom Himmel gefallen seid. Und so werdet ihr zum Palast von Pankot gehen, um Sivalinga zu finden und ihn wieder zu uns zurückzubringen.« Die hungernden Dorfbewohner sind einer bösen Macht auf Gedeih und Verderb ausgeliefert. »Dort ist jetzt ein neuer Maharadscha. Und wieder hat der Palast die Macht der Finsternis.« Vom Palast aus verbreitet sich Finsternis über die gesamte britische Kolonie.

Kaum verwunderlich, daß der böse Hohepriester von Pankot wenig Respekt vor dem Empire hat: »Die Briten finden es amüsant, uns zu inspizieren, wie es ihnen beliebt. Das gibt uns doch allen das Gefühl, wohlbehütete Kinder zu sein.« Während der Film deutlich macht, daß diese Inder es verdient haben, streng inspiziert zu werden (weil sie sich sehr schlecht benehmen), sind die Briten ebenso deutlich dieser Aufgabe nicht gewachsen. Es bedarf eines amerikanischen Helden, um das Versprechen väterlicher Beschützung einzulösen. Das weiße amerikanische Duo, Indy und Willie, befreit die Kinder der »dritten Welt« buchstäblich von ihren Fesseln, indem sie sie nicht nur vom Kolonialismus erlösen, sondern auch von ihren bösen dunkelhäutigen Herren. Kurz nach vollbrachter Tat lassen die Engländer Truppen landen, um dem von Natur aus einsamen Heroismus des weißen männlichen Amerika ihre Unterstützung zukommen zu lassen.

Farbige Frauen haben bezeichnenderweise keinen Anteil an dem Abenteuer. Die blonde, hellhäutige Willie ist tatsächlich die einzige »Dritte Welt«-Schönheit weit und breit, als sie in indischer Gewandung bei einem Bankett im Pankotpalast erscheint. Diese exotische weiße Prinzessin steht in krassem Kontrast zu den einzigen anderen Frauen, die im Film gezeigt werden — den flehenden hungernden indischen Müttern im Dorf.

Im Gegensatz zur Filmindustrie von Hollywood bedient sich die Werbewelt ausgiebig farbiger Frauen. Oft vereint sie rassistische und sexistische Klischeevorstellungen in einem Bild. Anzeigen mit asiatischen Frauen zum Beispiel beschwören nicht nur ein sexuelles Geheimnis herauf, sondern auch die »für die Orientalin selbstverständliche« Fügsamkeit und Unterwürfigkeit. Das gilt, sei das Produkt die Frau selbst (als Montagebandarbeiterin oder als »Hostess« bei einem Ferien-»Sex-Trip«) oder eine Ware oder Dienstleistung, deren Wert durch die weibliche Note gesteigert wird: »Die Fingerfertigkeit der Orientalin ist weltberühmt. Mit ihren kleinen Händen arbeitet sie fix und mit äußerster Sorgfalt. Wer wäre daher von Natur aus besser geeignet, die Rationalität des Fließbandes zu steigern, als das orientalische Mädchen?« (Werbebroschüre eines malaysischen Elektronikbetriebes) »Sanfte Menschen ... Sie zu umsorgen liegt den thailändischen Mädchen im Blut. Sanfte Zuwendung und Höflichkeit lernen sie von Kind an ... schöne Thailänderin.« (Thai International Airlines)

So wie die Werbemethode der »Weltmarken« die westliche Kultur in den Entwicklungsländern verbreiten hilft, so erscheinen Frauen der »dritten Welt« immer mehr in der westlichen Werbung. Sie verheißen Zugang zu der schwindenden Welt der Exotik. Diese Frauen werden somit zu Metaphern für Abenteuer, kulturelle Unterschiede und sexuelle Unterwerfung; lauter Dinge, die im industrialisierten Westen offenbar immer schwerer zu haben sind.

Besonderes interessant sind die Verkaufsanzeigen für Reisen und Tourismus. Sie laden ein, ins Paradies auf Erden zu entfliehen — an sich faszinierend in Anbetracht der Art und Weise, wie die Länder der »dritten Welt« in den anderen Medien dargestellt werden. Die gespaltenen Bilder sind bemerkenswert: das Exotische wird als fantastisches Ferienland vermarktet, während der Ausdruck »unterentwickelte Länder« im Westen als Kürzel für Armut, Hunger, politische Korruption und religiösen Fanatismus verwendet wird.

Natürlich geht es den Fluggesellschaften und anderen Branchen der Touristikindustrie darum, Fantasien und keine Theorien über »Unterentwicklung« zu verkaufen. »Sri Lanka, eine Kostprobe vom Paradies ... Entdecken Sie endlose Strände mit den Bewohnern des Paradieses«, flüstert die Air Lanka-Werbung. Die Textzeile steht unter dem Bild von einem einsamen weißen Sandstrand, darin eingefügt eine kleine Fotografie einer lächelnden asiatischen Stewardess.

Die Verwendung fremder Schauplätze und fremdländischer Menschen zur Steigerung der magischen Eigenschaften eines Produktes ist eine wirksame Vermarktungsmethode. Es ist leichter, sich in seinem Urteil nicht festzulegen und die Verheißung des Fantastischen zu akzeptieren, wenn es fern vom vertrauten Boden angesiedelt ist. So wie wir bezweifeln, daß Menschen, die zu gewöhnlich aussehen, etwas wirklich Romantisches begegnen kann, so schwer ist es zu glauben, daß sich zu nahe der Heimat etwas wirklich Fantastisches ereignen kann.

Einst war Reisen einer kleinen privilegierten Elite vorbehalten. Wir sahen Bilder von Brigitte Bardot in St. Tropez und wußten, beides war der Stoff, aus dem die Träume sind. Heute können wir ohne weiteres im Urlaub nach St. Tropez reisen, es gibt Billigflüge und Pauschalangebote. Aber wenn wir durch die Straßen unserer Kollektivträume schlendern, sehen wir nicht wie BB aus. Und die romantischen Abenteuer, die sie erlebte, gehen an uns vorüber. Vielleicht sind wir nicht schön genug oder nicht reich genug, um den wahren Zauber von St. Tropez heraufzubeschwören?

Statt zu folgern, daß die Fantasie niemals eine vollständige, wahre Reflexion der Realität war, richten wir unser Augenmerk einfach auf noch fernere Ufer. Je unzugänglicher, desto besser. Reiseprospekte suggerieren fast immer, dieser Fleck sei noch »unverdorben«; das zwanghafte Klicken der Fotoapparate ist womöglich ein Versuch, die stillen, starren Traumbilder einzufangen, die wir gekauft zu haben glaubten. Wenn wir dann zu Hause die sorgsam komponierten Aufnahmen durchsehen, gleicht das Exotische wieder den Anzeigen der Fluggesellschaft, die unsere Fantasie genährt haben.

Ironischerweise berauben uns Reisen in exotische Länder ihrer Exotik; das Exotische muß unbekannt bleiben, damit es sein Geheimnis bewahrt. Erfahrung schafft Vertrautheit, und die steht, so lehrt uns unsere Kultur, im Widerspruch zum Romantischen. Daher müssen Reiseanzeigen, während sie Zugang zum Exotischen verheißen, auch auf dessen unfaßbare Andersartigkeit hinweisen: »Über vier Erdteile hinweg ... du bist ein ungelöstes Geheimnis im Sarong Kebaya. Wer bist du, Mädchen von Singapur?« (Singapore Airlines)

Hilton International preist seine Hotels in Hongkong, Jakarta, Kuala Lumpur, Manila, Singapur, Taipeh und Tokio mit einem Bild von fünf Asiatinnen (manche in traditioneller Kleidung, andere in westlichen Dienstuniformen) an: »Leben im Stil des Orients ... Eine sorgsame Verschmelzung von Ost und West. Sie haben sich für Hilton International entschieden. Eine einmalige Mischung aus orientalischer Gastlichkeit und internationalem Service.«

Die Werbung spricht die Fantasie und die Angst vor dem Reisen in exotische Länder an. Hilton hilft durch eine sorgsame »Verschmelzung« von Ost und West die kulturellen Konfusionen glätten. Die sichere Art, Exotisches zu genießen. Man kann »eine Welt betreten, wo Myriaden von Eindrücken die Fantasie reizen, und läßt sich von der Hilton-Welt zuvorkommender Dienstleistungen seine Befangenheit nehmen.« Das Hotel ist nicht einfach eine Schlafstätte, so wenig wie eine Fluggesellschaft einfach ein Transportmittel ist; es ist eine Fantasie, ja eine »Lebensart« — zumindest aber eine gefahrlose Imitation: »Spezialisiert auf Überraschungen — eine Eingangshalle als genaue Nachbildung eines Sultanspalastes. Unser Kreuzfahrtschiff die Nachbildung einer Piratenbrigg ...«

Parfums, Kosmetika und bestimmte Moderichtungen versprechen denen, die nicht in der Lage oder nicht gewillt sind, in ferne Länder zu reisen, einen Hauch von Exotik. Die Ultima II Kosmetikserie von Revlon wird angepriesen als Vermittler einer Begegnung von Ost und West. »Die Kollektion ist die lyrische Umsetzung der schönsten Farben, die der Orient zu bieten hat.« Man beachte die Verwendung des Wortes »Orient« in vielen Anzeigen. Der Orient ist ein Reich der Fantasie; Asien ist ein echter Lebensraum. Bei Orient kommt einem das Geheimnisvolle der exotischen Region des Ostens in den Sinn; Asien bedeutet Vietnam, Rotchina, Konkurrenz durch Toyota-Autos. Das Bemerkenswerteste an der »Ost begegnet West«-Anzeige für Ultima II ist die Fotografie. Eine Frau sitzt in einem kimonoähnlichen Gewand (das jedoch zu viel Fleisch sehen läßt) auf einem Kissen. Sie blickt mit leicht amüsiertem Lächeln auf die Hände in ihrem Schoß. Ihr gegenüber verbeugt sich eine Asiatin in einem richtigen Kimono vor diesem Symbol verwegener westlicher Weiblichkeit. Dies ist offenbar die richtige Haltung, wenn Ost und West sich begegnen.

In der Parfumwerbung ist das exotische Motiv besonders beliebt. Und wieder finden wir hier die rassistischen Klischees und die Verheißung eines exotischen Fantasiereiches: »Island Gardenia von Jovan: Köstlich. Exotisch. Und vor allem ... sinnlich. Nur auf den Inseln wachsen die zartesten Blumen etwas wilder.« »Fidji von Guy Laroche: Fidji, le parfum des paradis retrouvés.« »Mitsouko von Guerlain: Heiter-geheimnisvoll ...«

Sogar ein profanes Erzeugnis wie eine Strumpfhose kann mit einem Hauch von Exotik verkauft werden: »Das Gesicht ... das Gefühl ... des Orients. In Ihrer Strumpfhose. Reine Eleganz. Seidig glatt, glänzend ...« Diese Werbung bedient sich der Klischeevorstellung der Asiatin als Muster willkommener exotischer Sexualität. Wie ein idealisiertes Kind wird sie als klein, fügsam, verfügbar und anspruchslos geschildert. Ihr Körper ist »glatt und seidig« wie der unbehaarte Körper eines unschuldigen Kindes.

Auch die Haute Couture bedient sich oft der Exotik. Die Zeitschrift *Vogue* stellt ihre weißen, in »folkloristisch angehauchte« Gewänder gehüllten Modelle besonders gern vor Hintergründe wie die tunesische Oase Nefta. Illustrierte für Arbeiterinnen dagegen bringen nur selten exotische Moden oder Schauplätze. Hierin spiegelt sich teils die Tatsache wider, daß die »Hilton International«-Lebensart für *Vogue*-Leserinnen eine viel vertrautere Fantasievorstellung ist. Und während *Vogue* suggeriert, daß Mode für die Wohlhabenden ein kunstvolles Spiel ist, weiß die Leserin von *Cosmopolitan*, daß im Reiche des »Kleider-machen-Leute« Kleidung eine ernste Angelegenheit ist.

Für Arbeiterinnen ist Exotik bestenfalls ein Feierabendbild, geschaffen von Kosmetika, Parfums und gewagten Sexpraktiken — alles wichtige Elemente des Erfolgsprogramms »Sex und das alleinstehende Mädchen.« Offensichtlich können sich nur diejenigen, die ohne jeden Zweifel weiß, westlich und reich sind, den »Dritte-Welt«-Look leisten.

Ans

Ich bin Molukkin. Das ist meine Identität, aber deshalb meine ich noch lange nicht, daß ich so und so »aussehen» muß. Wie könnte ich Außenstehenden zeigen, daß ich Molukkin bin, wenn ich keinen Sarong Kebaya und keinen Haarknoten trage? Und was würde das schon beweisen? Ich könnte vollkommen angepaßt sein, abgesehen von der Kostümierung. Nein, Molukkin sein ist nicht eine bloße Äußerlichkeit; es ist tief in mir und verschafft sich ohne besondere Anstrengung Geltung. Meine Identität läßt sich nicht auf mein Äußeres reduzieren.

Neulich habe ich mir ein paar Haarsträhnen rotbraun gefärbt, und was bekam ich da alles zu hören! »Nie hätte ich gedacht, daß du als Schwarze dir die Haare blond färben würdest.« Also erstens, als blond habe ich das überhaupt nicht gesehen, und zweitens sind es doch bloß ein paar Haarsträhnen. Ich hab's aus einer verrückten Laune getan, aus Spaß. Die Reaktion ärgert mich dermaßen, daß ich jetzt immer antworte: »Ja, ich habe beschlossen, mich in die weiße Gesellschaft zu integrieren und dachte, ich fang mal mit ein paar weißen Haarsträhnen an.«

Vor ein paar Monaten war ich in Amerika, und dort wurde ich ständig mit der Vorstellung der Amerikaner von Holland konfrontiert: blaue Augen und blonde Haare. Die Leute konnten es kaum fassen, daß es hier Schwarze gibt und Rassismus ein Hauptproblem ist. Hierzulande gehörst du als Schwarze immer zur Minderheit — einer beachtlichen Minderheit. Und alle Augen scheinen auf dich gerichtet. Deshalb bin ich mir ständig bewußt, daß ich keinesfalls die Klischeevorstellungen bestätigen darf. Als ich zum erstenmal mitten in einem Raum voller Weißer auf einer Tanzfläche stand, konnte ich mich nicht rühren. Ich fühlte mich wie auf dem Boden festgenagelt ... »Schwarze Frauen tanzen fantastisch ... « Auch wähle ich meine Kleidung bewußter aus, damit ich nicht sexuell »provozierend« wirke. Als Schwarze wirst du von vornherein als sowas wie eine Hure angesehen, und ich weigere mich, diesem Klischee zu entsprechen. Und das, obwohl ich persönlich scharf auf tief ausgeschnittene Pullover und Blusen bin, mit Spitzen, Spaghettiträgern, Tigermuster, schulterfrei. Aber seit meinem elften Lebensjahr weiß ich, wie weiße Männer schwarze Frauen angucken ... das exotische Sexobjekt, Blume hinterm Ohr, immer zu haben ... Bis vor kurzem war das Grund genug, tiefe Ausschnitte und dergleichen aus meiner Garderobe zu verbannen.

Ich hab's wirklich satt, von den Weißen Äußerungen zu hören wie »Ihr schwarzen Frauen seid alle so schön«, obwohl ich dem natürlich zustimme. Entscheidend ist die Art und Weise, wie es gesagt wird. Allzuoft klingt es wie eine Verallgemeinerung. Schönheit ist sowieso was Komisches. Wenn ich die Worte »schöner Mann« höre, kommt mir sofort das Bild eines Schwarzen in den Sinn. Sofort. Aber wenn ich »schöne Frau« höre, taucht in mir eher das Bild einer weißen als einer schwarzen Frau auf. Komisch, denn im Grunde finde ich schwarze Frauen bedeutend schöner als weiße. Ich vermute, das kommt daher, daß dir von Kind an, wenn du Bücher liest, fernsiehst, ins Kino gehst, »Schönheit« immer als weißes Mädchen mit blonden Haaren und blauen Augen vorgeführt wird. So etwas setzt sich tief in dir fest.

Ich habe mich immer auf meine Art dagegen gesträubt. Als Kind habe ich in all meinen Zeichnungen den Frauen farbige Gesichter gemalt. Und sie trugen immer einen Sarong Kebaya und einen Haarknoten. Als ich das erste Mal so eine Zeichnung abgab, dachte ich, die Lehrerin würde sie nicht annehmen. In der Schule galten die Molukkenkinder als doof, wir konnten nichts recht machen. Es gab sogar eine Klasse für Doofe und eine für Schlaue, und die Doofenklasse bestand zu drei Vierteln aus Molukken. Die schlaue Klasse war für weiße Kinder.

Ich hab nie was gesagt, aber ich dachte: »Denen werd' ich zeigen, daß wir nicht blöd sind ...« Von da an war ich die Beste in meiner Klasse; mein Leben als Perfektionistin hatte begonnen. Ich wußte, da stimmte etwas nicht, aber ich hatte noch keinen Namen dafür.

Meinen ersten bewußten Akt des Widerstandes gegen Rassismus beging ich in der Mittelschule. Ich kaufte ein Paar rote Schuhe, rot, weil das für mich die Farbe der Wärme war, vor allem aber, weil es die Farbe von Kampf und Macht ist. Auf einen Schuh nähte ich ein »I« und auf den anderen ein »K«. IK (Ich). Damals war ich erst dreizehn.

Auf die Frage, was die Buchstaben auf meinen Schuhen bedeuteten, erwiderte ich, ich wolle *ich* sein, meine eigene Persönlichkeit, und niemand sonst habe das Recht mir zu sagen, was das sei. Die Lehrer nannten mich egoistisch und eigensinnig, weil ich mich weigerte, nur zu sein, was sie für mich als richtig erachteten. Es war nie leicht, als Schwarze in einer weißen Gesellschaft ein starkes Selbstwertgefühl zu bewahren.

Als ich aus der Mittelschule kam, erwog ich eine Weile, auf eine Kunstakademie zu gehen. »Kunst« ist so ein großes Wort. Was ich eigentlich wollte, war Dinge machen, zeichnen, bildlich ausdrücken, was in mir war. Aber das ist etwas so Persönliches und Verletzliches, das konnte ich in einer feindseligen weißen Gesellschaftsstruktur nicht. Um zu überleben, hätte ich ihre Normen »adaptieren« müssen. Während der Studienjahre hätte ich mich bemühen müssen, mich anzupassen. Und das liegt mir nun einmal nicht.

Saniye

Mein Vater lebte schon fünfzehn Jahre in Holland, bevor der Rest der Familie folgte. Ich war damals zwölf. Meine Mutter konnte das Alleinsein einfach nicht mehr ertragen. Drei Tage nach unserem Umzug erlitt sie einen Herzanfall und starb. Seitdem war alles sinnlos.

Wir mußten sofort Holländisch lernen; wir hatten keine Freunde und sehr wenig Geld. Und wir waren es natürlich nicht gewöhnt, mit unserem Vater zusammen zu sein. Er war nur auf Urlaub in der Türkei gewesen; wir kannten ihn gar nicht richtig. Alles in allem war es sehr schwer, in einem fremden Land ein neues Leben anzufangen.

Mein Vater war nie besonders traditionsgebunden. Er war ein moderner Stadtmensch. Und ihm gefiel es in Holland. Schließlich war er schon lange hier und an Land und Leute gewöhnt. Wir nicht. Mein Vater bestand darauf, daß wir uns bemühten, uns anzupassen. Er war überzeugt, wenn wir uns nicht anpaßten, hätten wir in Zukunft noch größere Probleme. Und er hatte einerseits natürlich recht. Aber andererseits war es nicht immer möglich. Selbst wenn wir gewillt gewesen wären, uns vollkommen anzugleichen, es lag nicht immer in unserer Hand. Wir waren isoliert, wurden als anders betrachtet, weil wir Türken waren.

Gleich am ersten Schultag wurde mein *Anderssein* betont. Die Lehrerin stellte mich der Klasse als türkisches Mädchen aus Istanbul vor. Obgleich ich meinte, ich sei so ziemlich angezogen wie die anderen, sahen sie irgendwie viel älter aus. Wir waren erst dreizehn, aber die anderen Mädchen waren alle geschminkt. In der Türkei durften wir in der Schule nicht mal lange Fingernägel haben oder die Haare offen bis auf die Schultern tragen. Ich kam zwar aus einer modernen Großstadt, aber hier war alles ganz anders.

Andererseits war ich so sehr ein Kind der Großstadt, daß meine Mitschülerinnen mich nur schwer ihrer Klischeevorstellung von türkischen Kindern zuordnen konnten: »Wie kannst du Türkin sein? Türkinnen tragen immer Kopftücher und Hosen unterm Rock.« Es war so seltsam: So anders war ich nicht, aber ich *war* anders.

Ich weiß noch, wie ich mir damals eine neue lange Hose kaufte. Ich habe nie großen Wert auf Mode gelegt, aber zufällig war es eine Hose, wie sie alle trugen. Jetzt

Türkische Frauen in Holland Foto: Bertien van Manen

hatte ich also auch so eine und zog sie zur Schule an. Aber das bedeutete nicht, daß ich mit einemmal angepaßt war. Die Lehrerin fühlte sich vielmehr bemüßigt, die Klasse darauf hinzuweisen: »Seht nur, Kinder, Saniye kann sich auch modisch anziehen.«

Anderssein ist in beiden Ländern ein ständiges Merkmal meines Lebens geworden. Wenn ich jetzt in die Türkei zurückginge, sogar in eine Großstadt, hätte ich Anpassungsschwierigkeiten. Es fängt schon damit an, daß die türkische Regierung uns, wenn wir die Heimat besuchen, als »Gäste« betrachtet, während wir für die holländische Regierung ebenfalls »Gäste« sind. Es ist schrecklich zu erkennen, daß man nicht einmal in der Heimat vollständig akzeptiert wird.

Als ich das letzte Mal in einem türkischen Flugzeug auf dem Weg in die Türkei war, merkte ich, daß die Kabinencrew deutlich zwischen den Passagieren, die sie für Gastarbeiter hielt, und uns übrigen unterschied. Wegen meiner modernen Kleidung und gewählten Sprache wurde mir Respekt entgegengebracht, während man die eher traditionell gekleidete Frau neben mir ausgesprochen grob behandelte. Ich mußte unwillkürlich denken, daß die Mutter der Stewardess durchaus wie die Frau auf dem Sitz neben mir hätte aussehen können. Ja, vielleicht sah sie selbst so aus, bevor sie in die Stadt zog und diesen Job bekam. Aber die Leute in der Türkei, die modern geworden sind, können das Traditionelle wohl nicht mehr akzeptieren. Traditionsbewußte Türken als minderwertige Menschen zu behandeln ist eine Haltung, die auch mich herabsetzt. Da saß ich als Türkin unter Türken, und immer noch wurden Unterschiede gemacht.

Die Mehrzahl der Türken in Holland kommt vom Land. Sie haben eine andere Kultur als die Stadtmenschen. Diese Unterschiede haben meine Einsamkeit verstärkt; es war nicht nur schwierig, mit Holländern in Kontakt zu kommen, es ist sogar schwer, mich unter meinen Landsleuten richtig heimisch zu fühlen. Viele vom Land stammende Türken, die außerhalb der Türkei leben, sind zu ihren Kindern noch strenger, als sie es zu Hause wären. Tradition ist jetzt ihr ein und alles. Sie haben entsetzliche Angst, daß ihre Kinder zu Holländern werden könnten. Aber mir scheint es mindestens ebenso wichtig, daß ein Mädchen sich zu Hause wohlfühlt, damit sie nicht mit vierzehn oder fünfzehn ausreißt. Viele solche Mädchen kommen zu mir, vier, fünf pro Woche. Sie finden, sie haben in ihrer Familie überhaupt keine Freiheit. Oft bekomme ich Klagen zu hören wie: »Ich darf nicht mal die Frisur haben, die ich will ... ich darf mich nicht schminken und nicht ins Kino gehen. Mein Vater kauft immer noch alle meine Kleider ...«

Meine Aufgabe ist es, mit diesen Mädchen und ihren Vätern zu reden. Ich habe es mit Frauen zu tun, die von zu Hause weggehen, die Familienprobleme haben, die geschlagen wurden. Manchmal denke ich, ich bin einfach zu jung für diese Arbeit. Ich bin einundzwanzig Jahre alt und hatte schon drei blutende Magengeschwüre.

Wenn ich die Männer frage, was sie sich eigentlich dabei denken, höre ich immer nur ihre Furcht heraus. Sie meinen, sie sind nur vorübergehend in diesem Land, um etwas Geld zu verdienen, und wenn sie genug gespart haben, wollen sie nach Hause zurückkehren und sich in der Türkei etwas kaufen. Aber unterdessen wachsen ihre Kinder hier auf, und weil die Väter solche Angst haben, sie könnten zu Holländern werden, malträtieren sie sie und scheuen sich, ihnen auch nur ein kleines bißchen Selbständigkeit zu gönnen. Das Problem wird nur noch schlimmer, wenn sie erkennen, daß nicht nur die Kinder Schwierigkeiten haben werden, sich wieder in der Türkei einzuleben; im Urlaub zu Hause stellen auch die Männer oft fest, daß sie nicht mehr dorthin passen. Deshalb suchen sie Zuflucht beim Koran, sie ziehen sich in ihr Heim zurück und verstecken sich vor allem, was sie ängstigt.

Wenn ich heute zu Besuch in der Türkei bin, fühle ich mich so weiß. In diesem gräßlichen Klima bekomme ich nie genug Sonne. Meine Freunde erschrecken, weil ich so blaß geworden bin. Ich weiß nicht, was ich tun soll. Zurückkehren wird so schwierig, und hierbleiben ist so schrecklich hart.

Rhoda*

In der Karibik gibt es nicht nur einen einzigen Weiblichkeitsbegriff, sondern mehrere. In Trinidad und Tobago gibt es mindestens drei verschiedene, die auf unserer wechselnden Geschichte basieren: afrikanische Sklaverei, indische Zwangsarbeit und britischer Kolonialismus.

Die wirtschaftliche und persönliche Unabhängigkeit der Afrikanerinnen stammt aus der Zeit unmittelbar nach der Befreiung. Diese Frauen lebten auf der Straße, kämpften auf der Straße, aßen auf der Straße, tanzten auf der Straße. Die Inderinnen dagegen waren immer mit einer Ideologie des »Andersseins« befrachtet: »Die Inderin ist anders als die laute, sexbesessene, unbeherrschte, unverheiratete Afrikanerin. Sie ist fügsam, passiv, sie kommt aus der indischen Tradition. In der Familie erkennt sie den Mann als Herrn an.« Die herkömmliche Meinung war, daß anders als die Afrikaner, deren Familien durch die Sklaverei zerstört worden waren, die Inderin zusammen mit ihrer Familie aus Indien gekommen sei. Dies galt als Erklärung, warum die Inder — im Gegensatz zu den Afrikanern — »Fortschritte machen« und »anständige Familien« mit »anständigen Frauen« haben konnten.

In Wirklichkeit kam die Mehrzahl der Inder durchaus nicht mit Familie. In den ersten Jahren kamen weit mehr Männer als Frauen herüber. Und die Mehrzahl der Frauen, die kamen, waren wirklich nicht, was man unter »braven Ehefrauen« verstand. Sie waren, was man als »Abschaum der Gesellschaft« bezeichnete: Frauen, die aus unglücklichen Ehen geflohen waren, ledige Schwangere, ehemalige Tempeltänzerinnen oder Hafenprostituierte, auch Brahmaninnen, die nicht wieder heiraten konnten. Für viele dieser Frauen bedeutete die Ankunft in der Karibik die Chance für eine Freiheit, die sie vorher nicht besaßen. Die ganze Korrespondenz der Kolonien ist angefüllt mit Diskussionen über das »Inderinnenproblem«.

Dieser Abschnitt der Geschichte wurde tatsächlich verschwiegen. Wenn Inderinnen versuchten, sich politisch zu organisieren, hieß es, »das könnt ihr nicht. Denkt daran, ihr seid anders. Ihr habt eine andere Geschichte und eine andere Herkunft.«

*Dieses Interview ist einer wissenschaftlichen Veröffentlichung entnommen: Rhoda Reddock, *Transformation in the ideology of women and women's labour in the Carribbean,* Westind. Universität, Trinidad und Tobago, 1984.

Für viele dieser Frauen bedeutete es eine unendliche Erleichterung zu entdecken, daß die Inderinnen keine traditionell fügsamen, passiven Geschöpfe waren.

Mit der angeblich fügsamen Inderin und der aggressiven Afrikanerin wetteiferte ein von der britischen Kolonialmacht lanciertes Frauenbild: das Bild der braven britischen Hausfrau. Die Kolonialkirche versuchte die westeuropäische Kleinfamilie einzuführen, indem sie Ehelosigkeit erstmals mit Schande belegte und darauf beharrte, daß die Frauen ihre wirtschaftliche Selbständigkeit aufgaben und von Männern abhängig wurden. In Wirklichkeit aber machte die wirtschaftliche Situation dies nie ganz möglich. Überdies war die Ideologie des Mannes als »Brotverdiener« eine völlig fremdländische Idee, was wohl in erster Linie mit der Geschichte der Sklaverei zusammenhing.

Unter den Sklaven galt derjenige als Held, der mit dem Wenigsten zu überleben verstand. Für viele Männer und Frauen war somit derjenige der Held, der so wenig wie möglich für den weißen Mann leistete. Das war für die Frauen stets schwieriger, weil sie kleine Kinder zu versorgen hatten, aber für die Männer galt es uneingeschränkt. Tatsächlich wurden, vor allem in den 30er Jahren, Männer von Frauen ausgehalten. Für diese »Liebhaber« war es wichtig, gut auszusehen und Frauen sexuell befriedigen zu können.

Ich glaube, auch heute noch, da die Frauen wirtschaftlich abhängiger sind, gilt grundsätzlich diese Regel: Wenn du von einem Mann abhängig bist, sparst du immer ein wenig Geld für den Fall, daß er dich verläßt. Denn diese Möglichkeit ist stets präsent. Auch wenn der Mann das Einkommen verdient, versuchst du immer, dir deinen eigenen »Wutgroschen« auf die Seite zu legen. Der Wutgroschen ist das Geld, mit dem du abhaust, wenn du die Wut kriegst oder wenn der Mann die Wut kriegt. Und wenn du zu einer Verabredung gehst und ein Mann benimmt sich schlecht, sagst du einfach: »Ich hau ab mit meinem Wutgroschen, also sieh dich vor. Du kannst dir bei mir nicht alles erlauben.«

Derlei Dinge sind die Überbleibsel einer langen Zeit wirtschaftlicher und sexueller Unabhängigkeit der Afrikanerinnen in der Karibik. Aber die Wirklichkeit sieht heute natürlich anders aus. Viele der traditionell von Frauen verrichteten Arbeiten sind in andere Hände übergegangen, der Statuswechsel wurde noch bestärkt durch die Entstehung des Rastafarianismus. Diese messianische Religion brachte es mit sich, daß die Frauen zu untergeordneten Kulturträgerinnen im Kampf um die schwarze Männlichkeit wurden.

In der Karibik, wo die Frauen früher als »Tantie« (Tante) bezeichnet wurden, werden sie nun, im Rastafarianismus, als »Tochter« bezeichnet. Es sind auch Bestrebungen im Gang, die Sexualität der Frauen zu kontrollieren. Ein neuer jamaikanischer Song lautet: »Gelötet will ein Mädchen sein« — das bedeutet ihre Vagina »zuschweißen«. Rastafarifrauen müssen vom Kopf bis zu den Knien verhüllt sein. Ihre ständigen Schwangerschaften dienen zur Kontrolle ihrer Beweglichkeit und Sexualität. Doch für diese Frauen bedeutet Schwangerschaft natürlich die Fortpflanzung der schwarzen Rasse für den Kampf um die Befreiung Afrikas. Und man muß sich klarmachen, daß das Frauenbild des Rastafarianismus eine Reaktion auf das von Grund auf sexualisierte Bild ist, das aus den Vereinigten Staaten importiert wurde, eine Reaktion gegen »Babylon« — die rein kapitalistische Verwendung der Frauen als Sexualobjekte. Es handelt sich also um ein sehr vielschichtiges Problem.

Neuerdings erfährt das Bild karibischer Weiblichkeit eine weitere Verzerrung. 1978 wurde eine ehemalige Schulfreundin von mir zur »Miss Trinidad und Tobago« gewählt und errang danach als erste Schwarze den Titel »Miss Universum«. Das war für schwarze Frauen sehr wichtig. Im Jahr darauf gewann dann freilich Miss Südafrika, und Miss Trinidad und Tobago überreichte Miss Südafrika die Krone.

Aber während ihres Regierungsjahres reiste Miss Trinidad und Tobago durch die Welt, traf sich mit Filmstars, wurde reich und berühmt. Als Mitglied der High Society kehrte sie nach Trinidad zurück. Früher hatte der Premierminister Schönheitswettbewerbe kritisiert, jetzt waren sie auf einmal gerechtfertigt. Sie bekam sogar den höchsten Orden des Landes verliehen, das »Trinity Cross«. Jetzt findet in Trinidad alle Nase lang ein Schönheitswettbewerb statt. Schönheit ist für die meisten jungen Mädchen der Schlüssel zum Erfolg geworden. Ich war immer gegen Schönheitswettbewerbe, und ich änderte meine Meinung auch nicht, als eine Schwarze den Titel errang. Für mich gehört Schönheit einfach nicht zu den Bereichen, in denen wir schwarzen Frauen uns beweisen müssen.

Dabei beunruhigt mich dies am meisten: Solange die Schönheit ein so bedeutender Aspekt der Weiblichkeit bleibt, solange werden einige Frauen einfach darin versagen, Frauen zu sein.

Tanja

Nach südafrikanischem Gesetz gelte ich offiziell als »Farbige«. Aber auch meine hellhäutige Schwester mit ihren braunen Haaren und mein Bruder, der krause Haare hat und eine noch dunklere Haut als ich, gelten als Farbige. Der Staat bestimmt, von welcher »Farbe« du bist. Mit sechzehn mußt du Formulare ausfüllen, eine Fotografie beifügen und an eine Behörde schicken, wo deine »Rasse« bestimmt wird. Farbunterschiede werden in Unterkategorien amtlich vermerkt. Ich bin zum Beispiel eine »Kapfarbige«, meine Schwester dagegen ist »indischfarbig«. Viele als farbig kategorisierte Menschen sind natürlich gemischt-rassisch. Wenn man einen weißen Großeltern- oder Elternteil nachweisen kann und sehr hellhäutig ist, kann man sogar einen Antrag auf Umgruppierung von »farbig« in »weiß» stellen.

Schwarze und Farbige werden beide von den Weißen in Südafrika verachtet, aber ein Farbiger erhält einen besseren Lohn und darf in einer hübscheren Gegend wohnen. Das allein ist schon ein bedeutender Unterschied.

Die Hautfarbe war also immer unglaublich wichtig. Die Menschen nach sogenannten Rassenkategorien wie schwarz, farbig und asiatisch zu trennen und jeder Gruppe verschiedene Rechte zu geben, war ein Mittel zur Aufsplitterung des Kampfes der Schwarzen. Die Verwendung dieser Termini bringt keinem und keiner von uns einen Vorteil.

Ich bin so stolz auf die jüngsten Demonstrationen in Kapstadt. Viele der jungen Menschen, die auf der Straße der Polizei entgegentreten, sind »Farbige«, die sich selbst als Schwarze bezeichnen. Wenn das weiße Südafrika Farbe zum Thema machen will, dann ist unsere Farbe schwarz. Unser Kampf ist ein Kampf der Schwarzen, nicht der Schwarzen und Farbigen.

Wenn du dich politisch engagierst, siehst du deine Farbe tatsächlich ganz anders. Als Kind wollte ich unbedingt blaue Augen und glatte Haare haben. Nicht nur, weil das als schön galt, sondern auch, weil es einen bestimmten Lebensstil verkörperte, jenes Leben, wie es in meiner Einbildung die Weißen führten. Menschen mit blauen Augen erschienen mir frei von Angst, stolz auf sich, wohlgelitten und mächtig. Als

Tanja

ich dann meine eigene Macht entdeckte, verlor ich allmählich die Sehnsucht nach blauen Augen. Mein Neid wich der Wut.

Die Menschen aussehen machen, wie man sie haben will, ist ein wesentlicher Bestandteil des Kolonialisierungsprozesses. Indem man den Menschen ihre Kultur und den Stolz auf ihr Aussehen nimmt, erreicht man, daß sie sich selbst anders sehen. Als ich ein Kind war, war die Illustriertenvorstellung von farbiger Schönheit sehr westlich: glattes Haar und helle Haut. Aber neben dieser kommerziellen Vorstellung gab es immer eine politische Gegenströmung. Winnie Mandela erscheint zum Beispiel oft in Stammeskleidung in der Öffentlichkeit. Dies ist ein Mittel, die Geschichte für ein Volk zurückzufordern, dem die Wurzeln unter den Füßen ausgegraben wurden. In der Erkennung der eigenen Schönheit liegt wirkliche Macht.

Die Frauen in Südafrika legen sehr viel Wert auf gepflegtes Äußeres, Makeup und schöne Kleider. Das fällt richtig auf. Die Menschen sind gut angezogen. Das hat zum Teil mit Klasse zu tun. Kommst du aus einer armen oder Arbeiterfamilie, lernst du, stolz darauf zu sein, daß du reinlich und gut gekleidet bist. Das gehört für dich zum Überleben, wenn du arm bist.

Ich habe eine Zeitlang an der Volksschule unterrichtet. Ich sagte den Kindern: »Ihr müßt adrett aussehen, saubere Nägel haben, saubere Nase, sauberes Kleid, sauberes Hemd.« »Aber Fräulein, ich hab nur zwei Hemden.« »Dann mußt du jeden Nachmittag eins auswaschen.«

Es gehört zu deiner Würde. Du brauchst diese Würde, denn alles andere, was wir besaßen, wurde niedergewalzt. Man muß sehen, wie die schwarzen Mädchen in Johannesburg angezogen sind. »Todschick« sind sie. Schön sein durch schicke Kleidung ist kein westliches Privileg. Das Problem ist nicht der Wunsch schön zu sein, sondern der Glaube, Schönheit werde durch blaue Augen und glatte Haare verkörpert.

Seltsamerweise wurde ich mir meiner Schönheit erst bewußt, als ich nach Holland zog. Als hier zum erstenmal eine zu mir sagte, »Du bist schön«, sah ich wahrhaftig in den Spiegel. Als ich in Südafrika lebte, war frau nicht für andere schwarze Frauen attraktiv, sondern für Männer, obwohl ich mir durchaus meiner lesbischen Veranlagung bewußt war. Mein Liebesverhältnis mußte absolut geheim bleiben, ich mußte also ein Doppelleben führen. Feminine Kleidung, attraktiv angezogen sein war eine Art Deckung. Es war ein Mittel, heterosexuell auszusehen. Wenn Männer mich attraktiv fanden, fühlte ich mich sicher.

Als ich nach Holland zog und mich als lesbische Frau bekennen konnte, brauchte ich diese Deckung nicht mehr. Endlich konnte ich bequeme Sachen anziehen, in denen ich mich wohlfühlte. Doch nun, da schicke Kleidung keine Verstellung mehr ist, finde ich wirklich Vergnügen daran, mich für meine Freundinnen, meine Geliebte, mich selbst schön zu machen. Jetzt höre ich es gern, ja ich liebe es, wenn die Leute zu mir sagen, ich sei schön.

Marième

Die Sache mit dem Schleier in Algerien ist viel komplizierter, als man denkt. Die meisten Algerier sind Berber, und obwohl die Frauen ihre Haare verdecken sollen, kennt die Berberkultur keinen Schleier. Dennoch, in den Großstädten tragen ihn heutzutage fast alle. Neuerdings sind die islamischen Fundamentalisten für den Druck auf die Frauen, den Schleier anzulegen, verantwortlich. Aber der Schleier ist mehr als ein religiöses Symbol. Er hat auch eine historische, politische und gesellschaftliche Bedeutung. Wenn zum Beispiel ein Mann befördert wird und mit seiner Familie vom Dorf in die Stadt zieht, nimmt die Frau den Schleier als Symbol für das Stadtleben und für den Erfolg ihres Mannes. Wenn sie auf Besuch in ihr Dorf zurückkehrt, trägt sie den Schleier, um ihren Freundinnen zu zeigen, daß sie auf der gesellschaftlichen Leiter aufgestiegen ist.

Er wurde auch als Symbol für den kulturellen Widerstand gegen den französischen Kolonialismus verwendet. Vor dem Beginn des algerischen Kampfes für die Unabhängigkeit von Frankreich im Jahre 1954 wurde der Schleier ausschließlich in den Städten und nicht auf dem Land getragen. Doch in den Augen der französischen Kolonialherren war die Algerierin eine Frau, die vom Schleier befreit werden mußte.

Im Mai 1958, nachdem die Anhänger von *Algérie Française* in der Armee De Gaulle an die Macht brachten, wurden Bauersfrauen nach Algier geschafft, um Unterstützung für die sogenannte »Fraternisierung« zu demonstrieren. Diese Frauen wurden aufgefordert, sich öffentlich zu entschleiern und ihre Schleier zum Zeichen ihrer Befreiung durch die westliche Kultur zu verbrennen. Damit sollte gezeigt werden, daß der französische Kolonialherr die Algerierinnen von unseren rückständigen Traditionen befreite.

Viele junge Frauen meiner Generation, der Generation des Befreiungskampfes, legten während dieses Kampfes um Unabhängigkeit jedoch erstmals den Schleier an. An ihm hing eine ganze, von Frantz Fanon artikulierte Ideologie. Heute finde ich das alles ziemlich peinlich. Ich meine, er hat es tatsächlich geschafft, den Schleier für viele von uns zu mystifizieren.

Sicher haben die Franzosen den Schleier als Symbol benutzt, doch für uns war es eine äußerst simple Reaktion, den Schleier als unser Hab und Gut zu reklamieren. Ich glaube, er ermöglichte es, die Forderungen der Frauen zugunsten anderer »Prioritäten« zu unterdrücken — Volksbefreiung, Klassenkampf, Tradition.

Als wir während der Kolonialzeit extremer Gewalt und Zerstörung gegenüberstanden, war es unsere vordringlichste Aufgabe, dem ein Ende zu machen. Viele verschiedene politische Gruppierungen vereinigten sich in einer gemeinsamen Front, doch behielt jede genug Eigenständigkeit, um innerhalb der Front ihre politischen Ziele zu verfolgen — ausgenommen die Frauen. Wir waren von vornherein nicht gut genug organisiert, daher war es viel zu einfach, uns mit dem Gerede von Prioritäten zu verwirren und uns im Namen einer angeblich klassen- und geschlechtslosen Nation für die blinde Unterstützung der Traditionen zu gewinnen. Frauen bekamen die Last aufgebürdet, Traditionen zu bewahren und die nationale Identität zu hüten. Dies führte schließlich dazu, daß die Frauen in die repressivsten Formen der Tradition zurückgestoßen wurden.

Man belegt die Vorstellung von Tradition immer mit Begriffen der Macht. Was den Frauen als Tradition überliefert wird, ist selten zu unserem Vorteil. Ich will damit nicht sagen, daß es überhaupt keine Aspekte unserer einheimischen Kultur gäbe, auf die wir uns stützen wollen, aber sie sollte eben nicht als etwas Starres, Unantastbares betrachtet werden. Man zeige mir doch eine Zeit, als Tradition »rein« und unhistorisch war. Kultur ist nicht auf die Vergangenheit fixiert, unveränderlich und unwandelbar. Tradition entwickelt sich ständig.

Wenn man vom Schleier spricht, muß man daher zuerst seine vielfältige und vieldeutige Geschichte kennen. Eine Zeitlang, vor etwa zehn Jahren, ermöglichte der Schleier es jungen Algerierinnen, mehr in der Welt zu erreichen. Wenn sie aus traditionsbewußten Familien stammten, war das Tragen des Schleiers die einzige Möglichkeit, das Haus verlassen und die Mittelschule besuchen zu dürfen. Es war gut, die Mädchen zur Schule und auf die Universitäten schicken zu können, auch um diesen Preis.

Ja, ein Preis muß gezahlt werden. Und jetzt ist der Schleier eindeutig immer weniger progressiv. Warum sollen wir ihn also verteidigen, bloß weil er eine vielfache Beziehung zur Tradition hat? Die meisten Leute, die gegenwärtig den Schleier in Algerien befürworten, sind religiöse Fundamentalisten. Sie sehen in dem Schleier wahrlich kein Mittel zur Erhöhung der Chancen der Frauen in der Welt. Nein, er ist lediglich Teil der islamischen Tradition.

Die Machthaber sind immer sehr wählerisch im Hinblick auf die Aspekte einheimischer Kultur, die sie als traditionell zu erhalten wünschen. Zur selben Zeit, da der Staat behauptet, Tradition zur Erhaltung einer nationalen Identität bewahren zu wollen, strebt er eifrig die Modernisierung mittels Industrie und »Entwicklung« an. Diese Veränderungen werden als »willkommen« erachtet, alle sind sich einig, daß unsere Wirtschaft »modernisiert werden« muß.

Nicht willkommen hingegen ist die Veränderung der äußeren Erscheinung. Und diese ist angeblich gleichbedeutend mit Identität. Aber für mich ist das nur Maskerade. Die Frauen sollen die Maskerade darstellen, während die Männer in der wirklichen Welt leben.

Im Sommer 1970 fand in Algier das erste und einzige panafrikanische Kulturfestival statt. Unter anderem wurde ein Symposium über afrikanische Kultur abgehalten. Der Delegierte aus Ghana hielt eine Rede, in der er Senghors Begriff »Négritude« angriff. Während die afrikanischen Eliten eine industrielle Entwicklung nach westlichem Muster und wirtschaftliche Verbindungen mit dem Westen anstrebten, bemerkte er, wünschten sie, daß die unteren Schichten die Aufgabe der Bewahrung der einheimischen Kultur übernähmen. Er drückte es ungefähr so aus: Sie sollen eure Nigger bleiben, während ihr selbst euch bemüht, westlich zu sein. Es war ein historisches Ereignis, die erste öffentliche Kritik an »Négritude«. Ich dachte begeistert: »Das läßt sich Wort für Wort auf die Situation der Frauen übertragen.«

Wir sind lediglich die Maskerade für unsere sich verändernden Gesellschaften. Ob der Staat sozialistische Ambitionen hat wie in Algerien, ob er eine Monarchie ist wie Marokko oder ganz verwestlicht wie Tunesien, den Frauen obliegt die Bewahrung der Tradition. Und das Resultat ist fortwährende Unterwerfung.

Die mir bekannten Frauen, die in den letzten Jahren den Schleier angelegt haben, sind meist strenggläubige Mohammedanerinnen. Es sind sehr ehrenhafte Menschen, die den Fundamentalisten in die Hände geraten, ohne zu begreifen, daß sie damit der extremen Rechten in die Hände geraten. Die Fundamentalisten haben Geld — eine riesige Menge Geld — und eine internationale Organisation hinter sich. Und sie sind wichtig, weil sie sich als einzige mit den echten Bedürfnissen des Volkes befassen. Die Linke tut es nicht, ebensowenig die Regierung. Die Fundamentalisten sind es, die Grundnahrungsmittel zur Verfügung stellen, die Moscheen einrichten, die Kleidung verteilen. Und diese Kleidung ist selbstverständlich islamisch. Für Frauen gibt es Gewänder nach iranischer Art, die ähnlich dem Tschador den ganzen Körper verhüllen. Die Fundamentalisten können den Gebrauch des Schleiers einfach dadurch fördern, daß sie Kleidung verschenken oder zu einem sehr niedrigen Preis veräußern.

In Algerien haben wir keine riesige Medienindustrie mit Hochglanzanzeigen. Die Botschaft, wie eine Frau auszusehen hat, wird durch die politischen Institutionen und nicht durch die Medien vermittelt. Diese Kanäle sind schwer zu lokalisieren und zu beschreiben. Es kann ein Artikel in einer Zeitung oder die Rede eines Abgeordneten sein über das Thema, wie die Algerierin sein soll. Und natürlich wird es täglich durch die Vorschriften vermittelt, wie eine Frau *nicht* sein sollte.

Als die Frauen anfingen, Mini zu tragen (und das war längst nicht, was man unter einem richtigen Mini versteht; es waren knielange Röcke), wurden wir von jungen, gewalttätigen Fundamentalisten auf der Straße verprügelt. Dasselbe geschah, als die Frauen die Maximode übernehmen wollten. Denn Mode jeder Art gilt als Mittel, die Aufmerksamkeit auf eine Frau zu ziehen, und das ist nicht erwünscht.

Zdena

Anfang der 50er Jahre war ich erst zehn Jahre alt, aber ich erinnere mich noch gut an die Bilder des neuen tschechisch-sozialistischen Volkes. Damals wurden hauptsächlich Männer dargestellt — Bergarbeiter und sozialistische Bauern —, starke, muskulöse Männer. Sofern es Bilder von Frauen gab, stellten sie gewöhnlich Bäuerinnen mit Kopftüchern bei der Arbeit auf kollektiven Bauernhöfen dar. Oder Mütter — großer russischer Typ mit Baby im Arm. Ein anderes beliebtes Bild zeigte damals die sozialistische Familie, wiederum bestehend aus einem starken Arbeiter in Monteuranzug und Mütze, einer großen, muskulösen Frau mit einem Kind auf dem Arm und einem kleinen Jungen an ihrer Seite.

Natürlich sah auf der Straße kein Mensch so aus. Niemand war groß und stark; ich meine, wir sind ein recht kleiner und gedrungener Menschenschlag.

In den 50er Jahren mußten die Frauen arbeiten gehen; es bestand erheblicher Mangel an Arbeitskräften. Ein Mann allein verdiente auch gar nicht genug, um eine Familie zu ernähren. Frauen wurden insbesondere für Stellungen in der Leichtindustrie (etwa Textilfabriken) benötigt, damit die Männer für die Schwerindustrie freigestellt werden konnten.

Um die Arbeit der Frauen außer Haus zu rechtfertigen, wurde eine Familientheorie ausgegeben. Eine ganze Literatur mit Lobreden auf Krippen und Kindergärten entstand. Es wurde behauptet, medizinisch und psychologisch sei es für Babys das beste, wenn sie mit drei Monaten oder gar noch früher in die Kinderkrippe kämen.

In den 60er Jahren wandelte sich das Bild der Frau innerhalb und außerhalb der Familie. Die künstliche Erzeugung von Idealvorstellungen (das »Sozialistische Volk«) wurde erheblich gedämpft, als wir unsere eigene Vorstellung von uns und dem Sozialismus ins Bild rückten. Dies war in der Tschechoslowakei eine Zeit des Kampfes mit der Zensur, eine Zeit, in der immer mehr interessante Filme, Theaterstücke, Kabaretts und Musik produziert wurden.

Gleichzeitig kam gegen Ende der 60er Jahre ein neues Element hinzu: der »Konsumsozialismus«. Chruschtschow hatte soeben erklärt, die sozialistischen Länder könnten den Lebensstandard des Westens auf- und sogar überholen. Infolgedessen gab es bei uns die ersten Werbeanzeigen und die ersten Bilder von der Frau als

Konsumentin. Die Anzeigen waren richtig lächerlich: westlichen Vorstellungen nachempfunden, aber ohne das entsprechende Arbeitsmaterial komponiert.

An Mode- und Kosmetikartikeln für Frauen war damals nicht viel zu haben. Aber hin und wieder sah man einen Film mit Brigitte Bardot oder bekam eine westliche Illustrierte in die Hände, und dann wollte man auch so aussehen. Wir benutzten schwarze Schuhcreme als Wimperntusche. Wenn wir die in die Augen bekamen, brannte es fürchterlich. Aber wir nahmen sie trotzdem.

Damals waren hochtoupierte Haare modern, zu einer Art Knoten aufgesteckt. Wir befestigten ein trockenes Brötchen unter den Haaren, um sie in Form zu halten, weil wir kein Haarspray hatten. Uns war alles recht für den richtigen »Look« ...

Heute schäme ich mich dafür, was ich alles angestellt habe, um mit der Mode zu gehen. Ich glaube, wir taten es mehr für uns selbst als für die Männer. Obwohl, irgendwie tut man es eigentlich immer für die Männer. Ich meine, auch Brigitte Bardot hat sich ihr Image nicht selbst ausgedacht. Es war von Männern kreiert, die sie kreierten. Aber ich glaube nicht, daß wir sie hauptsächlich imitierten, um den Männern zu gefallen. Es war wohl mehr, um zu sein, was die Gesellschaft von einer Frau erwartete, um zu wissen, daß wir dem Image entsprachen. Und dieses Image war verwirrend.

Es gab nicht nur eine alternative Kultur in Konkurrenz mit dem sozialistischen Konsumzwang und dem westlichen Schönheitsideal, sondern auch Veränderungen infolge der Wirtschaftsreform. Mitte bis Ende der 60er Jahre stand fest, wenn die — unbedingt notwendigen — Wirtschaftsreformen realisiert werden sollten, mußten ineffektive Wirtschaftszweige, mußten ganze Fabriken geschlossen werden.

Und mit der Industriereform tauchte mit einemmal ein neues Mutterschaftsbild auf. Man erzählte uns Frauen, unsere Kinder würden in den Krippen schwer geschädigt, sie sollten keinesfalls vor dem zweiten oder dritten Lebensjahr in den Hort gegeben werden. Das war eine kalkulierte Umkehrung der alten Theorie.

Plötzlich war Mutterschaft wichtig, und die Mütter wurden geehrt. Die Frauen erhielten eine staatliche Prämie, wenn sie ein zweites Kind bekamen, man zahlte ihnen zwei Jahre lang monatlich etwa 500 Kronen (4 Kronen entsprechen etwa 1 DM) dafür, daß sie zu Hause blieben. Theoretisch war ihnen ihr Arbeitsplatz garantiert, aber in Wirklichkeit erhielten sie später nie ihre alte Stelle zurück.

Ideell gesehen war es ein guter Gedanke, daß der Staat die Mutterschaft mit ihren Erfordernissen anerkannte. Aber darum ging es gar nicht. Es war hauptsächlich als Mittel gedacht, die Frauen zu bewegen, zu Hause zu bleiben. Und viele gingen darauf ein, zumal die Frauen meist in Industriezweigen beschäftigt waren, die niedrige Löhne zahlten.

Heute muß eine Frau beides bewältigen, Fabrikarbeit und Mutterschaft. Die perfekte Frau ist einigermaßen erfolgreich, etwa Lehrerin oder mittlere Führungskraft. Bekleidet eine Frau einen leitenden Posten, wird sie zur Heldin hochstilisiert — und solche brauchen wir nur ganz wenige. Das heutige Frauenbild zeigt eine leidlich erfolgreiche mittelständische Frau mit zwei Kindern, die ihren Mann auf sanfte Art dazu gebracht hat, sich hie und da an der Hausarbeit zu beteiligen. Nicht durch Drangsalierung, sondern durch weibliche Überredungskunst hat sie es geschafft, daß er Fenster putzt oder Geschirr abtrocknet. Ein Zeichen des Erfolgs: Sie hat die Bestie gezähmt.

Selbstverständlich ist sie auch hübsch, wenngleich nicht mit überwältigender Schönheit gesegnet — auch dies ist einer bestimmten Kategorie vorbehalten, wovon wir nur wenige benötigen. Aber sie versteht, das Beste aus dem zu machen, was ihr von Natur aus gegeben ist; sie weiß, wie sie sich schminken, das Haar schneiden, anziehen muß. So sieht die erfolgreiche Frau aus.

Manche dieser in Fernsehen oder Film dargestellten Frauenbilder stammen aus dem Westen. Doch das zu Hause erzeugte Bild zeigt die Frauen fast ganz genauso. Die tschechische Werbeindustrie ist seit ihren Anfängen viel anspruchsvoller geworden. Man sieht wirklich gute Anzeigen, alle in westlichem Stil, die Kosmetika, Möbel, Schmuck, Nahrungsmittel anpreisen. Das neue Image dürfte im Westen allen vertraut sein: eine erfolgreiche Frau mit einer Musterfamilie.

Er ist etwa dreiunddreißig, sie ist etwa achtundzwanzig. Sie haben zwei Kinder. Alle sind gut angezogen, sie haben eine hübsche Wohnung mit schicken Möbeln. Sie sparen für ein Sommerhaus oder für einen Urlaub am Schwarzen Meer in Bulgarien. Und sie haben selbstverständlich eine Waschmaschine, einen Farbfernseher und eine ultramoderne Kücheneinrichtung.

Vor einigen Jahren habe ich ein bißchen nachgerechnet und kam zu dem Ergebnis, daß zwei Brotverdiener siebenundzwanzig Jahre arbeiten müßten, um sich dieses staatlich geförderte Musterleben leisten zu können. Doch die Leute in den Anzeigen sind alle erst um die dreißig.

Das Erstaunliche aber ist, daß dieses Musterdasein für viele Menschen nicht realitätsfern ist. Wie kommt das? Also, für den Anfang sind wir wieder bei der Mitgift angelangt, nur daß heute seine und ihre Eltern dazu beitragen — ein Auto, eine Wohnung, Möbel. Und der Rest kommt durch Schwarzarbeit, Bestechung oder Betrug.

Es ist genau wie im Westen: Hat man den Leuten erst das Image verkauft, verbringen sie den größten Teil des Tages mit dem Bemühen, die dazugehörigen Waren zu ergattern, ohne an Politik zu denken. Die gesamte Schwarzwirtschaft wird toleriert, und das aus gutem Grund. Man kann stehlen, betrügen und bestechen, aber man wage, etwas gegen die Unternehmensführung, gegen die Partei zu sagen, sich politisch zu engagieren! Dann heißt es gleich: »Ach, Sie haben den Genossen Direktor kritisiert. Und was ist mit den zwei Sack Zement, die Sie letzte Woche geklaut haben?«

Dieses Damoklesschwert hängt über allen, und es ist eine mächtige Waffe. Aber langsam ändert sich das. Der Lebensstandard war einmal recht hoch, und nun sinkt er beträchtlich. Wenn eine Seite dieses merkwürdigen Sozialkontraktes versagt, wenn die Leute nicht mehr den Preis bekommen, für den sie ihre Seelen verkauft haben, dann denken sie: »Ach, vielleicht möchte ich meine Seele zurückhaben ...«

3 Kleider machen Frauen

Die äußere Erscheinung sagt etwas über Geschlecht, Rassenzugehörigkeit und Gesellschaftsschicht aus. In einer geschlechtlich, rassisch und wirtschaftlich geteilten Gesellschaft summieren sich diese bildlichen Aussagen zu einer Einschätzung der Macht. Wirtschaftliche Macht oder gesellschaftliche Stellung läßt sich am Straßenanzug eines Mannes leicht ablesen. Ein teurer, maßgeschneiderter, dreiteiliger Anzug kündet leise, aber unmißverständlich von Autorität und Überlegenheit. Will eine Frau solche Aufmerksamkeit erregen, muß sie lauter sprechen. Selbst in Markenkleidung und kostspieligem Schmuck macht ihre Erscheinung eine weniger eindeutige Aussage als eine Herrenanzug, der 2.000 Mark gekostet hat.

Traditionsgemäß sagte die teure Kleidung einer Frau nichts über sie, sondern über ihren Mann aus. Ihre kostspielige Kleidung sollte der Welt signalisieren, daß ihr Ehemann oder sonst ein Ernährer so wohlhabend war, daß er sich den unnützen Luxus in Form dieses weiblichen Wesens leisten konnte. In dieser Interpretation[1] ist die Frau auf die Stellung eines passiven Gegenstandes reduziert, ganz so wie ein Kleiderbügel in einem Schrank. Dies mag erklären, warum ein Ehemann die Rechnungen bezahlt; aber Prestigekäufe haben auch im Leben einer wohlhabenden Frau einen bestimmten Zweck.

Vom starken Dollar getrieben, kamen die Amerikanerinnen in Scharen nach Paris. Bündelweise Geld in der Hand, fuhren sie wie ein Wirbelwind durch die Stadt. »Guck mal, der Gürtel«, sagte eine Angehörige der feinen Gesellschaft von Manhattan bei Ungaro. »Kostet bloß 100 \$.« Eine Bluse kostete »bloß 600 \$«, eine Jacke »nur 1.200 \$«. Die Ehefrau eines New Yorker Immobilienmagnaten ließ bei Saint Laurent locker 80.000 \$. »Mein Mann wird bestimmt ein bißchen böse«, sagte sie. »Na wenn schon.«[2]

Konsumieren war nicht nur eine der wenigen Betätigungen, die Frauen einer bestimmten Gesellschaftsschicht offenstanden, sondern teure Kleidung zeigte der gaffenden Öffentlichkeit, daß sich die einzig wichtige Investition der Frau — die Heirat — bezahlt gemacht hatte. Wir Frauen unter uns wissen, daß die Eheschließung beileibe kein Abkommen zwischen Ebenbürtigen ist. Gut angezogen sein dient zumindest als sichtbarer Gegenwert eines hohen Gehaltsschecks.

Frauen in der Rolle der Ehefrau sichern sich gesellschaftliche Stellung aus zweiter Hand. Ein reicher Ehemann verschafft der mit ihm verheirateten Frau Zugang zur Macht. Aber diese ihr zugeschriebene Macht muß sichtbar gemacht werden. Wenn er sie hat, protzt du damit — nicht nur, um ein gutes Licht auf ihn zu werfen, sondern um dich selbst zu schützen. Eine teuer angezogene Frau signalisiert, daß man trotz ihres Geschlechts nicht mit ihr flirten darf. Sie wird sichtlich von jemandem beschützt, der dazu in der Lage ist.

Doch mehr und mehr haben die Frauen das Bedürfnis, mit ihrer Kleidung auf *persönliche* finanzielle Unabhängigkeit hinzuweisen. Heute verdienen weit mehr Frauen als früher. Dies ist zum Teil der Frauenbewegung zu verdanken. Doch noch ausschlaggebender als der Feminismus sind vielleicht die wachsende Arbeitslosigkeit bei Männern und die Inflation. Sie machen die Lohntüte der Frau unentbehrlich. Auch höhere Scheidungsraten haben dazu beigetragen, daß die Frauen finanziell unabhängig werden mußten.

Wie eine Frau durch ihre äußere Erscheinung berufliche Selbständigkeit ausdrücken soll, bleibt eine Streitfrage. Doch stimmen wohl alle, die sich anmaßen, die Frauen beim Aufbau eines derartigen Image zu beraten, in zwei grundlegenden Punkten überein. Erstens, durch erfolgreiches »Aussehen« sei der Kampf um beruflichen Erfolg schon mehr als halb gewonnen. Zweitens, Erfolg sei ein Rezept, an dem es nichts zu pfuschen gebe — d.h., die Frauen dürfen heutzutage beruflichen Erfolg anstreben, jedoch nicht versuchen, ihn neu zu definieren.

Diese zwei Grundsätze haben für Frauen eine besondere Relevanz. Haben wir nicht immer gewußt, daß unser Aussehen viel wichtiger war als was wir taten, und wie wir es taten? Und als Eindringlinge in die von Männern gestaltete Geschäftswelt neigen wir zur Dankbarkeit, wenn jemand sich nur die Zeit nimmt, uns die Spielregeln zu erklären — wir fühlen uns womöglich nicht einmal zu dem Versuch imstande, sie zu ändern. Unter diesen Bedingungen ist Erfolg etwas äußerst Individuelles und Konformismus eine nützliche Strategie.

* * *

Das Restaurant ist in zurückhaltenden Tönen ausgestaltet, gebrochenes Weiß, Lachs und Grau. Gedämpfte klassische Musik schafft eine gediegene Atmosphäre. Gut gekleidete Karrieremenschen sind zum Mittagessen versammelt. Mitten unter ihnen komme ich mir ein kleines bißchen fehl am Platz vor — aber nicht sehr, denn schließlich habe ich meine Garderobe gut gewählt. Die anwesenden Herren sind durchschnittlich 15 Jahre älter als die Damen. Wenn mein Tisch einen Schluß zuläßt, handelt es sich bei den Herren um leitende Angestellte, die Frauen sind ihre jüngeren »Assistentinnen«. Alles ist so selbstverständlich elegant, richtig, anständig und bewundernswert, daß ich mir nicht länger einrede, ich wolle nicht dazugehören. Natürlich will ich. Diese Menschen verkörpern Erfolg. Ihr Dasein ist gewiß beneidenswert.

Je leerer die Weinflaschen, um so lockerer die Zungen, das heißt, die Herren werden gesprächiger, die Damen verständnisvoller. Die Unterhaltung dreht sich nun um Familienprobleme, Liebe, Sterblichkeit. Die teuren Anzüge und Kostüme und eindrucksvollen Berufsbezeichnungen befreien diese Menschen offenbar nicht von irdischen Sorgen. Erhitzt von Wein und allgemeiner Vertrauensseligkeit bin ich versucht zu folgern: Schau, diese beruflich erfolgreichen Leute sind nur scheinbar anders als wir übrigen. Sie sehen nur wie etwas Besonderes aus. Aber in Wirklichkeit sind wir alle gleich.

Dann verlasse ich das Restaurant und ziehe wieder durch die Straßen von Margaret Thatchers London. Und meine Versöhnung mit dem Erfolg schwindet. Die Leute, mit denen ich zu Mittag aß, leben tatsächlich in einer anderen Welt. Ihre Kleidung ist nicht nur teurer Ausdruck dessen, für wie wichtig sie sich *halten*; ihre Kleidung spricht die Wahrheit. Wir haben es soweit kommen lassen: Unsere Gesellschaft ist dermaßen geteilt, daß manche Leute wichtig und andere ganz offensichtlich überflüssig sind.

* * *

Angaben über die Gesellschaftsschicht vermitteln ein Gefühl der Zugehörigkeit. Reichtum wird nicht nur begehrt wegen dem, was man sich damit erkaufen kann, sondern auch wegen des garantierten Zugangs zur »richtigen Lebensart.« Mit anderen Worten, es werden nicht nur bestimmte Produkte erworben und bestimmte Stile imitiert zu einem bestimmten Zweck — Kleidung *für* Erfolg —, sondern das Image wird zum Zweck an sich — Kleidung *ist* Erfolg.

Wo die Aufsteigenden und die bereits Arrivierten zusammenkommen, herrscht eine ganz besondere Atmosphäre. Ihre Clubs, Urlaubsorte, Restaurants und Bars sind die Bühne, auf der schöne Kleidung und sorgfältig beobachtetes Auftreten zur Schau gestellt werden. Sie bieten ihren Gästen die Möglichkeit, »interessante Leute« kennenzulernen. Der gesellschaftliche Verkehr ist nicht etwa direkt gewinnträchtig oder gar sexuell. Niemand ist unbedingt bemüht, von jemand anderem etwas zu bekommen — *außer* Anerkennung der Mitgliedschaft.

Natürlich versammelt sich nicht allein die Elite dort, wo sie unter sich ist, auf daß sich jeder in jedem anderen reflektiert sehe. Arbeiterkneipen, Punkclubs, Frauenzentren und Schwulendiscos dienen alle einem ähnlichen Zweck. Und doch besteht ein grundlegender Unterschied. Hier ist nicht Macht das Schlüsselwort, außer im Sinne von »gemeinsam sind wir stark.« Die Elitekultur dagegen ist Selbstbeweihräucherung: »Wir sind hier, weil der Türsteher unsere Zugehörigkeit zu den Unbezwingbaren erkannt hat.«

Der sorgfältig komponierte Erfolgslook ist nicht ohne modische Konkurrenz. New Wave und Punk gehören zu den radikalsten Formen der Verweigerung. Punk ist, auf

niedrigem Niveau, eine Aussage über Konsumlust. Zumindest am Anfang wurde diese Mode aus selbstgefertigter oder Secondhandkleidung zusammengewürfelt. Schmuck wurde aus billigem Material wie Gummi, Plastik und preiswertem Metall hergestellt. Punk war auch eine deutliche Aussage über den Zustand der Wirtschaft. Wem in naher Zukunft ein Vorstellungsgespräch bevorsteht, der oder die wählt keine neongrüne Haarfarbe und keinen Irokesenschnitt. Aber wenn die Arbeitslosigkeit voraussichtlich länger anhält, riskiert frau nicht viel mit ausgeflipptem Aussehen. Eine radikale Verwandlung der äußeren Erscheinung kann ein Ausdruck persönlicher Macht sein in einem Dasein, das außer Kontrolle geraten scheint. Ist es für die einzelne auch nicht möglich, die Realität zu verändern, als da sind hohe Arbeitslosigkeit, Wohnungsnot und Armut, so kann frau wenigstens ihren Körper in einen sichtbaren Schrei umwandeln: »Nein, ich akzeptiere eure Ziele und Erwartungen nicht. Nein, ich will nicht dazu beitragen, daß ihr euch wohlfühlt bei euren Entscheidungen. Sehe ich beängstigend aus? Sehe ich zornig aus? Sehe ich gefährlich aus? Fühlt ihr euch immer noch wohl bei dem Gedanken, daß das System bestens funktioniert? Dann denkt noch mal nach.«

Es überrascht nicht, daß nicht die Punks, sondern die jungen urbanen Karrieremacher — die sogenannten Yuppies* die Lieblinge der zeitgenössischen Medien geworden sind. Ihre trainierten Körper und teure Kleidung künden zuversichtlich von physischer und wirtschaftlicher Gesundheit. Das Image ist überaus beruhigend: »Das System funktioniert bestens, wenn du dich an die Spielregeln hältst. Wir akzeptieren seine Ziele und Methoden, und wir werden zu den Gewinnern gehören.« Erfolg, wie man ihn in der gegenwärtigen Geschäftswelt versteht, hängt von der Trennung zwischen Gewinnern und Verlierern ab, wobei garantiert feststeht, daß es mehr Versager als Belohnte geben wird. Die Frauen waren in dem System stets von Haus aus die »Verlierer«. Frauen waren den »Hilfskräften« zugeordnet, sowohl beruflich als auch persönlich. Nach wie vor sieht die Realität so aus: Die wenigsten Frauen werden Vorstandsmitglieder. Ja, die meisten Frauen werden nicht mal Vorstandsmitglieder heiraten. Die Mehrzahl der arbeitenden Frauen verbleibt auf einer parallel verlaufenden Karriereleiter, die bei »Chefsekretärin« oder »leitende Verwaltungsangestellte« aufhört.

Wie alle mit Erfahrung in der Geschäftswelt wissen, sind es die Frauen, die »den Laden schmeißen«, ohne die viele Unternehmen zum Stillstand kämen. Doch werden sie nie das Geld oder die Autorität besitzen, die mit Verantwortung verbunden sind.

Solange Erfolg eine individuelle Eigenschaft bleibt, solange wird nur ein Name im Titel erscheinen, während Forschungs-»Assistentinnen« sich mit einer Anerkennung in der Danksagung begnügen müssen. Sekretärinnen werden weiterhin Einladungen zum Mittagessen oder einmal im Jahr einen Rosenstrauß erhalten statt kol-

* Young urban professionals

legialer Achtung und Anerkennung ihrer Partnerschaft. Und die Frauen, die es zu einer anerkannten Machtstellung bringen, müssen Klassen- und Geschlechtsgenossinnen rasch fallen lassen. Eine zu enge Identifikation mit den Sekretärinnen, eine zu starke Anlehnung an diejenigen, die am unteren Ende der unegalen Lohnverteilung landen, ist dem eigenen Aufstieg zum Erfolg nur hinderlich.

Sicher ist es ein Fortschritt, wenn die Frauen nicht mehr automatisch in untergeordnete Stellungen abgeschoben werden. Doch nur, wer in Jean Kirkpatrick und Margaret Thatcher leuchtende Beispiele des praktizierten Feminismus sieht, kann glauben, daß diese Form individuellen Erfolgs dasselbe ist wie Frauenemanzipation.

In der ersten Ausgabe des *Ms.-Magazins* erschien eine ausgezeichnete Satire unter dem Titel *I Want a Wife*[3] (Ich wünsch mir eine Frau) von Judy Syfers. Wir konnten alle darüber lachen — wenn auch bitter —, weil wir wußten, es war unser Schicksal, die Ehefrauen zu sein, die sich nie der Dienste einer solchen »erfreuen« konnten. Ich vermute, daß in den 80er Jahren ein ähnlicher Artikel über die Beweggründe für »Ich wünsch mir eine Sekretärin und Hausangestellte« weit weniger schwesterliches Gelächter hervorrufen würde. Streben die Frauen nun einen Erfolg an, der auf Hierarchie, ungleichem Lohn und einer strikten Teilung von Berufs- und Privatleben basiert? Wenn ja, täten wir gut daran, Judy Syfers' Artikel noch einmal zu lesen — diesmal wegen der Tips, wonach wir Ausschau halten müssen, wenn wir auf »Frauenkauf« gehen.

Die Ratschläge der Karrieremenschen, wie eine Frau erfolgreicher wird, haben natürlich etwas für sich. Es ist nützlich, die Spielregeln zu kennen, wenn frau im Rennen mitmachen will. Ihre Beachtung verschafft einzelnen Frauen vermutlich einen besseren Start zum Erfolg. Für sie ist es kaum von Bedeutung, daß diese Strategie die Rivalität zwischen Frauen verstärkt und die Maßstäbe verschärft, die den meisten von uns die Achtung und Belohnung vorenthalten, die uns schon für unsere gegenwärtige Arbeit zustehen. Diese Haltung ist nicht überraschend, wenn sie etwa von John T. Molloy kommt, dem Verfasser des Bestsellers *Women's Dress For Success* (Kleider machen erfolgreiche Frauen) einem »Garderobeningenieur«, dessen einziges Interesse «wissenschaftliche Forschung und nicht Meinung« ist.[4]

Es ist jedoch beunruhigend, wenn diese Haltung aus der Frauenbewegung selbst kommt. Kürzlich erschien im *Ms.-Magazin*, der größten und wichtigsten Feministinnenzeitschrift der Vereinigten Staaten, folgende Anzeige:

»Als Ms. vor knapp einem Jahrzehnt das erstemal erschien, sah die Welt anders aus. Wir gingen voran und haben die Welt verändert. So sehr, daß wir uns selbst verändert haben. Wir begannen als Stimme einer Bewegung und sind die Stimme einer gewaltigen, durchdringenden Kraft geworden ... Unser Weltbild wurde verwandelt ... Ms. ist wegweisend, unsere Leserinnen bewirken den Wandel. Sie sind die Entdeckerinnen, die Meinungsmacherinnen. Sie gehören zu den gebildetsten, bestbezahlten, motiviertesten Frauen der Welt.«

Der Spitzenklassedünkel, der in der stolzen Beschreibung »gebildetste, bestbezahlte Frauen der Welt« zum Ausdruck kommt, ist beunruhigend. Tatsächlich leistet *Ms.* der Leserschaft mit einer solchen Karikierung einen schlechten Dienst. Offensichtlich hat sich das *Ms.*-Weltbild gewandelt, und zwar radikaler als die Welt, die *Ms.* verändert zu haben behauptet. Für die meisten Frauen, viele darunter treue *Ms.*-Leserinnen, hat die Welt von heute immer noch eine unerfreuliche Ähnlichkeit mit der Welt von vor einem Jahrzehnt. Was sich anscheinend verändert hat, ist der Feminismus.

In den Anfangstagen der zeitgenössischen Frauenbewegung stellten die Frauen Strategien zur Erlangung von Macht auf, die auf gemeinsame Erfahrungen und Arbeit konzentriert waren. Man hatte uns Autorität und Prestige verweigert, und wir wollten alles. Aber wir operierten in einer wirtschaftlichen Struktur, bei der von vornherein feststand, daß einige von uns es aufgrund unserer Bemühungen »schaffen« würden, aber nicht alle. Die westliche Industriegesellschaft basiert auf Wettbewerb und Knappheit; auf der Gleichheit der Bedingungen, nicht aber der Möglichkeiten. Der Entschluß, die männlichen Machtbastionen, wie etwa die Geschäftswelt, zu stürmen und für Frauen zu öffnen, bedeutete zuerst, gemeinsam die Barrieren niederzureißen, die den Frauen die Beteiligung verwehrten. Wir erstrebten und erreichten eine Gesetzgebung, die uns den Zugang garantierte. Aber nachdem es uns gelungen war, die Tür zu öffnen, traten wir ein und mußten feststellen, daß die Treppe nach oben schmal und schon vollbesetzt war.

Dennoch galt, nachdem nun die »Möglichkeit« gegeben war, Versagen als Beweis für persönliche Unzulänglichkeit und nicht als politisches Problem. Ebensowenig war die Klassenzugehörigkeit eine politische Angelegenheit — vorausgesetzt frau verstand sie zu kaschieren. Ein umfangreiches Schrifttum befaßte sich damit, die gewöhnliche Frau zu lehren, wie sie in ungewöhnliche Höhen aufsteigen könne, indem sie »sich zur Geltung bringe« und entsprechend kleide.

Helen Gurley Brown, Chefredakteurin bei *Cosmopolitan* verfaßte 1982 einen ausführlichen Führer zum Erfolg. *Having it All* (Alles auf einmal) basiert auf ihrer eigenen Erfahrung, wie frau es vom »Lumpenkind zur Millionärin« bringt: »Von einer problembeladenen Jugend in kleinen Bergdörfern über siebzehn Sekretärinnenstellungen ... bis zu meinem jetzigen Job bei *Cosmo* in New York bin ich fast täglich ein Stückchen weiter gekommen.«[5]

Einsatz (»sich zur Geltung bringen«) ist H.G. Browns Schlüssel zum Erfolg: Nutze deine weibliche List zu deinem Besten. Tu, was du tun mußt, um ins Rampenlicht und auf der Karriereleiter nach oben zu gelangen:

»Könnten Sie wohl am Samstag kommen? Könnten Sie Arbeit mit nach Hause nehmen? Fällt deinem Chef alles mögliche ein, was ihm persönlich hilft ... oder dem Projekt? ... Es kümmert dich nicht, ob es niedrige Arbeit ist, du willst nur helfen! ... Also pfeifst du auf die Frauenemanzipation ... Was soll's! ... Gott weiß, du nimmst die Arbeit nicht für die Firma mit nach Hause, du tust es für dich ... Nicht helfen bedeutet schlicht, daß du blöd bist ... Es mag so aussehen, daß sie dich ausnutzen, aber in Wirklichkeit ist es umgekehrt.« (ebd.)

Versuchen Sie mal, das den anderen Frauen in Ihrem Büro zu erklären. Das Problem ist, die strebsame Duckmäuserin rückt alle anderen in ein schlechtes Licht, indem sie mehr tut als ihre Pflicht wäre, und schraubt damit das Arbeitstempo sowie die

Erwartungen des Arbeitgebers herauf. Am Fließband würde jede, die sich so verhält, sogleich mit dem Etikett »Radfahrerin« gekennzeichnet. Sich auf Kosten der Mitarbeiterinnen beim Chef einschmeicheln entspricht kaum der Tradition der Arbeitersolidarität.

Trotz ihrer ganz und gar unkonventionellen Ansichten über Sex und alleinstehende Frauen (sie ist sehr dafür) und ihre ehrliche Besorgnis um junge Arbeiterinnen, mit denen sie sich voll identifiziert, kann frau H.G. Browns Ratschläge auf die alles andere als revolutionäre Strategie »jede für sich, und keine Schranken beim Streben nach männlicher Anerkennung« reduzieren. Männer wollen sich männlich fühlen; hilf ihnen dabei. Männer wollen Frauen umsorgen; gib ihnen, was sie wünschen. »Gefällig und charmant sein hat nichts mit sich verkaufen zu tun, es bedeutet in Glück (in Ihr eigenes) investieren ... wenn es in Ihrer Macht steht, daß ein Mann (Chef, Kunde, Arbeitgeber) sich durch die Art, wie Sie ihn ansehen, wenn er spricht, männlicher und selbstsicherer fühlt, dann tun Sie es ...«

H.G. Brown spricht eindeutig von einer äußerst individuellen Form des Erfolgs. Sie hält es für unabänderlich, daß eine Frau, um an ihr Ziel zu gelangen und unterwegs alle Annehmlichkeiten mitzunehmen, die männlichen Erwartungen erfüllen oder übertreffen muß. Diese Strategie läßt weibliche Solidarität kaum zu. Die anderen Frauen sind Rivalinnen, nicht Kolleginnen. Die Chefs sind der Preis, nicht das Problem. Das Ziel ist schließlich, den Mann zu heiraten, nicht seine Macht an sich zu reißen.

Für H.G. Brown ist es schlichte Realität, daß die Frauen in einer männlichen Welt tun, was getan werden muß, einschließlich der Gestaltung ihres Äußeren nach der augenblicklichen Mode: »Es ist undenkbar, daß eine Frau, die alles erreichen will, dick oder auch nur mollig ist.« Das Kapitel »Diät«, »Sport«, »Gesicht und Körper« und »Kleidung« nehmen ein ganzes Drittel des Erfolgsratgebers ein. Die Vorstellung, ihren Körper zu verwandeln, um ihre Realität zu verwandeln, ist nur das logische Extrem der Ansicht, Erfolg sei eine äußerst individuelle Eigenschaft. Frau muß sich buchstäblich selbst in die Hand nehmen. »Durch reduzierte Ernährung ... eine Stunde Sport täglich, Vitaminzufuhr (60 pro Tag), nicht rauchen, nicht trinken, kein Koffein, keine Medikamente und den Willen, wohlauf zu bleiben, können Sie Ihr Leben von Grund auf ändern. Wie ich.«

Obwohl H.G. Browns Ratschläge dahin zielen, wie frau in der Verfolgung ihrer Ziele den Geist (oder die Haltung) über die Sache stellt, sieht sie die materiellen Hindernisse, vor denen ihre Leserinnen stehen, ganz realistisch. Wenn frau der Arbeiterklasse angehört (nicht aus »guter Familie« stammt), keine Referenzen (keine »anständige Ausbildung«) aufweisen kann und nicht mal besonders hübsch oder klug ist, steht ihr wirklich ein mühseliger Kampf bevor. H.G. Brown erkennt die harte Realität der Ungleichheit, doch statt zu Konfrontation rät sie, ihr auszuweichen. Sie weiß, daß Frauen, die nichts haben, durch die Hintertür eintreten müssen, aber nach ihrer optimistischen Ansicht sind wir wenigstens drinnen.

Ist frau einmal drinnen und ein Stück weiter oben auf der Erfolgsleiter, ist es unumgänglich, ihre Herkunft zu kaschieren. Um sich für Führungspositionen zu eignen, muß frau aussehen, als käme sie aus der Führungsschicht — dem oberen Mittelstand. In *Dress For Success* von John T. Molloy lesen wir: »Wir können die Chancen einer Frau in der Geschäftswelt verbessern, wir können ihre Chancen verbessern, eine führende Position zu erreichen; wir können sie für verschiedene Typen von Männern attraktiver machen.«[6] Molloy glaubt, ebenso wie H.G. Brown, daß eine Frau ihren geschäftlichen Erfolg selbst in der Hand hat. Auch Versagen ist ein persönliches, kein strukturell bedingtes Problem: »Wenn Sie Ihrem Chef sagen müssen, er soll Sie nicht Kaffee holen schicken, müssen Sie ihm bereits wortlos zu verstehen gegeben haben, daß Sie dazu bereit waren.« Er untermauert dies mit Zitaten von »zwei überaus erfolgreichen Frauen«, die des Glaubens waren, »die meisten jungen Frauen haben keinen Erfolg, weil sie nicht so aussehen, als ob sie erfolgreich sein wollten.«

Durch richtige Kleidung und entsprechendes Auftreten kann man dem politischen Problem des Sexismus ausweichen. Der Trick ist, die Realität *akzeptieren* zu lernen und nicht zu versuchen, sie zu ändern. »Es ist eine nackte Tatsache, daß die Männer die Machtstruktur beherrschen ... Ich rate den Frauen nicht, die Männer mit ihrer Kleidung zu beeindrucken, einfach weil sie Männer sind, sondern weil die Männer die Macht haben ... Das ist kein Sexismus, sondern Realismus.«

Molloy tut Klassenzugehörigkeit ebenso geschickt als politisches Problem ab wie Sex. Frauen, die in »die Machtpositionen der Gesellschaft« gelangen wollen, müssen zuerst «die Umgangsformen des inneren Zirkels lernen. Und der innere Zirkel ist eindeutig der obere Mittelstand.« Keine Sorge, sein Rat ist äußerst speziell: »Meine Nachforschungen ergaben, daß eine Frau in einem schwarzen Regenmantel nicht automatisch dem unteren Mittelstand zugeordnet wird. Regenmäntel sind wichtig für Frauen, aber nicht so wichtig, wie für Männer.« »Ländlicher Tweed-Look ist oberer Mittelstand und sehr zu empfehlen.« »Der Blazer ist von Haus aus oberer Mittelstand, jede Frau sollte mindestens einen besitzen.« »Pullover im Büro ... besagen unterer Mittelstand, Verlierertyp. Tragen Sie keine zum unteren Mittelstand gehörenden Farben wie purpurrot und gold.«

Erwartungsgemäß sind die »meistbewährten« Farben »grau, mittelblau, beige, kastanienbraun, rostrot.« Und die unbedingt zu meidenden Farben sind »die meisten Pastelltöne, insbesondere rosa und hellgelb, die meisten Grüntöne, senf, alles grelle, jeder Farbton, der als exotisch gelten könnte«. Die Farben, die schließlich als für die Geschäftswelt akzeptabel übrig bleiben, sind jene, die man gewöhnlich mit Männern und der weißen Oberschicht assoziiert. Dieser Look wird als »seriös« bezeichnet. Seriosität wird eine Frage der Anpassung statt kreativer Unterscheidung, von Männlichkeit statt Weiblichkeit, von Bewährtem statt Exotischem (d.h. von Fremdländischem oder rassisch »Abweichendem«).

Rassenunterschiede müssen, will frau erfolgreich sein, auf ein Minimum reduziert werden. Der Prozeß beginnt damit, daß frau jeden ethnischen Anstrich verliert und exotische Moden meidet. Farbigen Menschen, die sich ernsthaft bemühen, erfolgreich zu sein, wird darüber hinaus geraten, sogar ihren Körper zu verändern.

In der afrikanischen Frauenzeitschrift *Pace* werben Anzeigen für den Hautaufheller »Clere«: »Clere für Ihre Schönheit. Wir sind erfolgreiche Menschen und müssen erfolgreich aussehen. Clere verhilft uns zu einer helleren, glatteren Haut. Clere wirkt Wunder, es macht Sie schöner und erfolgreich.«

Selbst unter ausgesprochenen Kritikern von Sexismus und Rassismus gibt es Anzeichen dafür, daß diese Normen verinnerlicht wurden. Zum Beispiel zerlegen manche Feministinnen Geschlechtssymbole in die gesellschaftlichen und politischen Rollen, mit denen sie traditionsgemäß assoziiert werden, und finden somit alles »Feminine« suspekt, gefährlich (Verstärkung der Machtlosigkeit) oder zumindest unseriös: »Seriöse Frauen haben es schwer mit der Kleidung ... denn feminine Kleider sind nicht dazu entworfen, seriöses Auftreten herauszukehren«, behauptet Susan Brownmiller in ihrem Buch *Weiblichkeit*.[7] Dies läßt die Frage zu: Ist männliche Kleidung wirklich seriöser, oder halten wir sie für seriös, weil sie männlich ist und Männer seriös, Frauen aber frivol sind?

Der Wechsel von Ganztagshausarbeit zur Doppelbelastung (Lohn- und Hausarbeit) erforderte neue Identitätssymbole. Die Frauen entdecken, daß nicht nur ein, sondern mehrere widerstreitende Leitbilder von ihnen existieren, die tüchtige Mutter, die kühle Geschäftsfrau und die erotische Geliebte. Kein Wunder, daß die Frauen zur Wunderwirkung von Garderobe und Makeup greifen, die ihnen die Inspiration für ihre vielfältigen Egos liefern: »Springfever von Elizabeth Arden ... Das neue Makeup. Die neue Inspiration.« »Ich bringe den Speck heim, brate ihn und lasse dich nie vergessen, daß du ein Mann bist ... En Jolie.« »Farben, die inspirieren ... Laßt L'erin sprechen.« Fast kann man die arme Frau »selig« seufzen hören.

Die Kosmetikindustrie hat sorgfältig untersucht, wie sich aus dieser verwirrenden Vielfalt von Anforderungen an die arbeitende Frau Kapital schlagen läßt. 1983 stellte *Advertising Age*, ein Handelsjournal, besorgt einen Anstieg der Anzahl außer Haus arbeitender Frauen fest: »Heute sind 49% der amerikanischen Mütter mit Kindern unter sechs Jahren berufstätig, 1960 waren es nur 18% ... Die Frauen, die früher die Mittagszeit im Kaufhaus verbrachten, sind heute im Büro ... Die Frauen, die einst die Zeit hatten, zu bummeln, anzuprobieren und Geld auszugeben, sind nicht mehr kauflustig. Wenn sie ins Warenhaus gehen, tun sie dies nur als Käuferinnen.«[8] Der feine Unterschied zwischen »Kauflust« und »Käuferin«, betont *Advertising Age*, liege darin, daß ersteres Muße voraussetze. Die Unterscheidung wird durch Zahlen über Kosmetikverkäufe in Lebensmittelgeschäften (preiswert und schnell) bestätigt. In den USA stiegen sie von 1980 bis 1982 um 35%. Ohne Muße zum Bummeln kauft eine Frau das, was bei der Hand ist und entdeckt dabei, daß die Waren, die sie aus Bequemlichkeit kauft, sich nicht wesentlich von den teureren Markenerzeugnissen unterscheiden, die sie einst sorgfältig auswählte. *Advertising Age* warnt: »Diese Erkenntnis ist gefährlich für die Industrie.« (ebd.)

Tatsächlich ist nach Jahrzehnten ständigen Wachstums die Kosmetikbranche nun mit einer Stagnation der Verkäufe und in einigen Fällen sogar mit einem leichten

Rückgang konfrontiert.[9] Doch nicht alle Produktserien haben diesen Engpaß zu spüren bekommen. »Die Kundinnen greifen nicht mehr zu den mittleren Preislagen«, stellt der Vizepräsident einer großen amerikanischen Kosmetikfirma fest. »Sie kaufen bessere Ware oder wechseln zu markenlosen Billigartikeln.« (ebd.) Luxusmarken wie »Erno Laszlo« (vertrieben vom Erno Laszlo-Institut — auch unter dem entschieden weniger glamourösen Namen seiner Muttergesellschaft Chesebrough-Ponds bekannt) hatten 1983 ein ungewöhnlich gutes Jahr.[10]

Dieses Beispiel ist bezeichnend. Billige Cold Cream und kostspielige »Schönheitsserien« werden von Zweigen derselben Gesellschaft unter verschiedenen Namen produziert. Die gesamte Schönheitsindustrie liegt in der Hand einiger weniger großer Gesellschaften. In den 70er Jahren kontrollierten 25 Gesellschaften mehr als 80% aller Industriegewinne, und die Konzentration hat seitdem noch zugenommen.[11]

Oft werden teure und billige Produkte nicht nur von verschiedenen Zweigen derselben Gesellschaft produziert, sondern sie bestehen auch aus nahezu denselben Ingredienzien. Obwohl wir das wissen, kaufen wir häufig den teureren Artikel, weil die Illusion, die er vermittelt, uns mehr anspricht. Die Psychologin Erika Freeman erklärt: »Ein Artikel, der eine Illusion verheißt, muß einen illusorischen Preis haben ... Eine Creme für ein paar Mark verkauft sich nicht so gut und gilt als nicht so wunderwirksam wie eine Creme für 50 Mark.«[12]

Warum kaufen die Frauen kostspielige Schönheitsartikel, die offensichtlich keinen anderen Zweck haben, als eine Illusion zu vermitteln? Der Erwerb eines neuen Schönheitsmittels, der Entschluß, Haarfarbe oder Frisur zu ändern, eine neue Diät, sind das weibliche Äquivalent zum Kauf eines Lotterieloses. Vielleicht sind *Sie* diejenige, deren Leben verwandelt wird. Trotz täglicher gegenteiliger Erfahrung hoffen wir immerzu, daß sich vielleicht diesmal, mit diesem Produkt, etwas in unserem Leben ändert. Und wenn nicht, ist es immer noch eine relativ preiswerte Art, den geheimnisvollen Orient von Shiseido, den Elitezirkel von Chanel, die schwülstige, sinnliche Welt von Dior zu besuchen. Alles, was im richtigen Leben so schwer zu erreichen ist, wird für den Preis eines neuen Parfums oder Lidschattens verheißen.

* * *

Ich gehe in eine Boutique. Diskomusik lockt mich »Come on in you sexy thing.« Alles ist sehr dynamisch, außer mir scheinen alle jung genug, um noch an die Verheißung »Wo du kaufst, das bist du« zu glauben. Die Kleider sind sorgfältig nach Größe, Farbe und Schnitt geordnet. Hier, das sind die Größen, das sind die Farben und das die Schnitte — in welches paßt du hinein? Verkäufer und Verkäuferinnen bestärken dieses Gefühl von Konformismus. Sie sind einheitlich jung, schlank, attraktiv und nach der neuesten Mode gekleidet, wirkungsvolle Modelle für das Produkt und Vorbilder, wie ich aussehen soll.

Die Verheißung lautet, die Distanz zwischen ihnen (föhngetrocknet und glatt) und mir (feuchte angeklatschte Haare, die Nase über meinem unpassenden Schnurrbart leuchtend rot von der Kälte) könne durch die Wunderwirkung des richtigen Kaufs verringert werden. Ist es ihr Zweifel oder meiner, den ich in den hohen Spiegeln unter den Neonlampen reflektiert sehe?

Ich komme mir vor, als habe ich eine Schutzschicht abgestreift, indem ich zugebe, daß ich modischer, attraktiver aussehen möchte. Ich gebe Geheimnisse preis; ja es spielt eine Rolle, wie ich aussehe. Ich traue diesen hübschen wissenden Knaben und Mädchen nicht. Benutzt euer Wissen ja nicht gegen mich.

Später erhole ich mich im bunten Durcheinander der Secondhandläden. Sie sind etwas mehr organisiert wie ich selbst; die rauhen Kanten sind sichtbar, das Material ist von guter Qualität, nimmt sich aber nicht mehr ganz so ernst. Schätze müssen unter dem Trödel gesucht werden; und Trödel war einst ein Produkt.

* * *

Frauen aller Gesellschaftsschichten wissen, daß die Schönheit eine Rolle spielt. Wir brauchen weder Helen Gurley Brown noch John T. Molloy oder gar Revlon, die uns sagen, daß die Schönheit ein Zauber ist, der dem *anderen* Geschlecht eine Reise erster Klasse durchs Leben bietet. Ständig wird uns versichert, daß Schönheit die Männer in Bewunderer und die Realität in romantische Gesten verwandelt.

»... Ein Mann, im Gespräch mit seinem Partner einen Blick zur Seite werfend, zog die Tür auf und war im Begriff hindurchzugehen, als er sie sah. Er trat zurück, nahm die Zigarre aus dem Mund und hielt die Tür weit offen. Sie ging zwischen den beiden hindurch ... und sie verharrten ein paar Sekunden und folgten ihr mit den Augen ... Der eine, der aus irgendeinem Grunde eine rote Nelke trug, sprach mich an. 'Verzeihen Sie, mein Herr, Ihre schöne Dame hat keine Blume. Erlauben Sie, daß ich ihr diese überreiche.'« (Aus dem Bestsellerroman von Richard Adams *Das Mädchen auf der Schaukel*)[13]

Das Streben nach Schönheit ist zudem einer der wenigen Wege zum Erfolg, über die eine Frau ein gewisses Maß an Selbstkontrolle besitzt. Frau kann ihren Körper viel leichter formen, als sich Zugang zu den für die Postenvergabe Zuständigen erzwingen, die gewünschte Stelle, die verdiente Beförderung, das benötigte Gehalt, die verdiente Anerkennung bekommen. Und in dem Bemühen steckt der Glaube, daß auf die Schönheit Job, Geld, Liebe folgen. Alles auf einmal ...

»Im letzten Schuljahr war sie 1,78 groß und wog fast 200 Pfund ... eine unglaubliche Schande ... dann kam die erfolgreiche Verwandlung von einem dicken Mädchen in ein schlankes ... sie wurde der Gegenstand ihrer eigenen Liebe ... Viele Rituale, alle auf ihren Körper bezogen, füllten sie aus ... Sie war schlank und schön, sagte Billy sich glühend. Das war wichtig. Das war notwendig. Den Rest wollte sie sich beschaffen ... Die neue Billy konnte jeden heiraten, der ihr gefiel. Sie hatte es nicht nötig, sich zu einer faden Sekretärin ausbilden zu lassen.« (Aus dem Bestseller *Skrupel* von Judith Krantz; das ist die Geschichte von Billy, die sich von einem armen, großen dicken Mädchen in eine schlanke Schönheit verwandelt und damit den Blick — und das 250-Millionen-Dollar-Vermögen ihres Chefs — einfängt.)[14]

Der von der Kultur vermittelte Eindruck wird durch persönliche Erfahrungen bestätigt. Die schöne Frau genießt Achtung und Aufmerksamkeit in einem Maße, wie sie den Frauen in einer frauenfeindlichen Gesellschaft gewöhnlich nicht erwiesen werden.[15] Die Schönheitsindustrie baut auf diese Realität und die Illusion der Flucht. »Glauben Sie an Wunder«, fordert die Werbung für »Magie Noire Parfums« uns auf. Ach, wir wollen es ja glauben. Auf diese Weise halten wir durch, trotz der Enttäuschungen, es ist ein Vergnügen, das wir uns gönnen. Der Erwerb eines sündhaft teuren Lippenstiftes verheißt den Eintritt in eine Welt, wo Frauen geehrt werden und die Männer ihnen huldigen.

»In schwierigen Zeiten werden die Frauen etwas deprimiert ... wie schön, sich dann etwas für die Schönheit zu kaufen und sich wohlzufühlen. Jedes einzelne Erzeugnis der Revlonserie wurde aus einem tiefen Bedürfnis geschaffen, und alle Produkte sind notwendige Luxusgüter.« (Ein Revlonvertreter 1980 auf der Kosmetikmesse in London.)

»Friseur sein heißt ein Geschäft haben, das die Menschen glücklich macht. Die Leute kommen in Ihren Salon, um besser auszusehen und sich besser zu fühlen ... Was wir verkaufen wollen, sind glückliche Menschen. Wir möchten, daß die Frauen, die Ihren Salon aufsuchen, sich wie Frauen fühlen, daß sie, wenn sie hinausgehen, sich aufgeregt und aufregend fühlen. Denn wenn wir ihnen das Gefühl geben, aufregend zu sein, gehen sie mit einem Lächeln hinaus und bringen uns neue Kundinnen. Und wir nehmen alle, die wir bekommen können ...« (Die Brüder Tarantola 1982 auf der 35. West Coast Spring and Beauty Show in San Francisco, Kalifornien.)

Fran

Wir sind eine der größten und angesehensten Modellagenturen in New York. Es gibt nur drei oder vier, die sich hinsichtlich der Qualität von Modellen, Personal und Leistung mit uns messen können. Wir führen jeden Morgen Einstellungsgespräche mit neuen Modellen; an jedem beliebigen Tag können Sie hier 50 bis 100 Bewerberinnen sehen, die Stars werden wollen. Eine Siegerin herauszupicken ist einfach fantastisch. Es ist auch ganz einfach. Jeder könnte ins Büro kommen und das tun.

Eine herauszupicken, die eine Qualität besitzt, die nur du erkennen kannst, das ist schon eher eine Herausforderung. Ich habe fünf, sechs Leute, die die Einstellungsgespräche führen, weil jeder von uns einen anderen Blick hat. Manche Modelle haben gewisse Unvollkommenheiten, die sich auf Fotos als ausgesprochen schön herausstellen.

Wir können ein Mädchen, von dem wir meinen, sie ist der Typ »das kleine Mädchen von nebenan« zu einem Fotografen schicken, der sie einkleidet, ihr die Haare schneidet und eine ganz andere Person erschafft. Wie man so sagt, »Schönheit liegt im Auge des Betrachters ...« oder des Fotografen oder Friseurs oder Maskenbildners. Diese können das Äußere eines Menschen vollkommen verwandeln. Wir haben ein Buch mit vier, fünf Bildern von jedem Modell; eine Zusammenstellung von Fotos, von denen sie glaubt, daß sie sie verkaufen können. Ein gutes Modell sieht auf jedem Bild anders aus.

Früher boten wir Mädchen von achtzehn bis achtundzwanzig an. Jetzt beginnt es schon mit zwölf oder dreizehn, aber wir nehmen sie nicht gern so jung. Das Durchschnittsalter ist um zwanzig, da sind sie in Höchstform. Aber wenn ein Modell in seiner Karriere verschiedene Stadien durchläuft, dann ist sie vielleicht zuerst die mit dem »17«-Look, dann posiert sie für *Glamour / Mademoiselle* und später für *Vogue / Harper's Bazaar*. Noch später wird sie vielleicht Sprecherin und macht Werbefernsehen. Zeiteinteilung ist sehr wichtig in diesem Geschäft. Wenn man ein Mädchen vorantreibt und im Alter zwischen siebzehn und neunzehn alles mit der macht, hat sie von neunzehn bis neunundzwanzig nichts mehr zu tun.

Über dreißig? Na ja, viele heiraten oder steigen in verwandte Geschäftszweige um. Aber deswegen verdienen sie ja so viel Geld. Sie können das nicht ihr ganzes Leben lang machen. Es ist eine kurzlebige Sache. Modelle müssen in zehn Jahren soviel verdienen wie andere Leute in vierzig Jahren.

Es ist ein sehr glamouröses Geschäft, aber auch ein sehr schwieriges. Die Modelle verkaufen sich. Sie wachen morgens mit einem kleinen Pickel im Gesicht auf und geraten in Panik. Sie brechen sich einen Fingernagel ab und geraten in Panik. Diejenigen, die die ganze Nacht tanzen gehen, müssen es büßen. Auf ihren Bildern sieht man die Ringe unter den Augen. Dann müssen wir sie kommen lassen und ein bißchen schimpfen.

Es gibt enorme Risiken für Menschen, die ihren Körper, ihr Gesicht verkaufen. Ich hatte im College Psychologie als Hauptfach und hätte nie geglaubt, daß ich auf solche Geschichten stoßen würde wie jetzt.

Heutzutage wissen die Modelle gar nicht mehr, was es heißt, Modell zu sein. Als wir vor 17 Jahren aufmachten, schleppte ein Modell 35 bis 55 Pfund Zeug mit sich herum: ein schwarzer und ein weißer BH, drei verschiedene Haarteile und falsche Wimpern — die schleppten meterweise Wimpern mit. Heute heißt es bloß noch: Haare bürsten, Kopf schütteln und ganz, ganz wenig Makeup auflegen. Dauernd mußt du ihnen sagen, sie sollen Unterwäsche mitbringen, weil sie nämlich keine tragen. Vor Jahren konnte man ein Modell auf der Straße schon von weitem erkennen. Heute ist das anders.

Die Frauenbewegung ist zum Teil für die Veränderung verantwortlich. Ich war stark in der Rebellion engagiert: »Äußere dich durch dein Äußeres.« Aber ich glaube nicht, daß es einer Frau jemals wirklich egal war, wie sie aussah. Ich habe immer viel darum gegeben, wie ich aussah.

Ich würde gern besser aussehen. Ich wünschte, ich könnte 45 bis 55 Pfund loswerden, und ich wäre gern so groß wie manche von meinen Modellen, aber das geht nun mal nicht. Aber bloß weil ich nicht mag, wie ich aussehe, bloß weil ich mir im Augenblick nicht gefalle, weil ich noch nie so dick war wie jetzt, messe ich mich doch nicht an meinen Modellen. Ich arbeite den ganzen Tag mit diesen Menschen. Sie haben dieselben Probleme wie ich oder Sie. Sie sind bloß zufällig schön.

Obgleich ich dick bin, mag ich die Modelle vom Typ »dicke schöne Frau« nicht. Als dicke Frau guck ich mir lieber ein Bild von einem netten schlanken Mädchen an und denke: »Donnerwetter, so möcht' ich auch aussehen!« Ich glaube nicht, daß die Marktlage Veränderungen hin zu älteren oder dickeren Modellen erfordert. Grundsätzlich denke ich, jede Frau guckt sich gerne die *Vogue* mit diesen fantastischen Sachen an. Natürlich kaufe ich persönlich gerne Sachen, von denen ich weiß, daß sie mir gut stehen, nicht solche, die auf den Modeseiten gut aussehen. Aber das heißt nicht, daß ich Modelle will, die aussehen wie ich. Dann brauchte man ja Designer, die 4 Millionen verschiedene Stile machen, weil jede Frau in was anderem gut aussieht. Deswegen brauchen wir Normen.

Männer müssen 1,85 groß sein, Anzuggröße 98. Es gibt fabelhaft aussehende Männer, die 1,75 groß sind und Anzuggröße 48 haben. Aber die Kamera läßt sie etwa sieben Zentimeter kleiner und knapp zehn Pfund schwerer wirken. Also sieht so einer auf den Fotos nicht so großartig aus. Und wenn man ihn neben ein Mädchen stellt, die 1,75 groß ist, dann wirkt er wirklich klein.

Unsere Mädchen müssen zwischen 1,70 und 1,75 sein — dann kann man sie neben einen Mann jeder Größe stellen. Sie müssen auch dünn sein, damit die Kleider anständig sitzen. Sicher sehen die Sachen an dir nicht ganz so aus wie auf dem Bild, aber dann mußt du eben wissen, was dir steht, oder?

Dolores

Wenn Frauen von Schönheit reden, fürchten sie oft, zum Objekt gemacht, als Sexobjekt gesehen zu werden. Also, ich bin ein professionelles Sexobjekt und liebe meine Arbeit. Bei meinem Job mußte ich unter anderem lernen, was die Männer wirklich wollen. Sie haben ihre Vorstellungen, wie eine Frau, für die sie bezahlen, aussehen muß. Wenn sie für eine bezahlen, muß sie nicht gerade aussehen, wie eine, mit der sie eine persönliche Beziehung haben. Es wäre ein Pluspunkt für mich, etwas mehr wie das gängige Schönheitsklischee zu sein, aber es würde nicht funktionieren, einen vollkommenen Körper zu haben, ohne sich zu pflegen.

In Atlanta kosten künstliche Nägel 65 Dollar je Hand, in New York 10 Dollar je Hand. Aber selbst für 65 Dollar lohnt es sich bei mir. Das sind Geschäftskosten. Habe ich einen abgebrochenen Nagel, steht der womöglich zwischen mir und dem Kerl, der sagt: »He, ich zahl dir 150 Dollar.« Den Männern bin ich lieber mit zehn intakten Nägeln, echt gutem Makeup und Markenkleidern, als ein bißchen dünner.

Als Kind hab ich mal so 'ne Fernsehsendung gesehen, wo zwei Frauen einen Gaststar in einem Club irrtümlich für ein Callgirl hielten. Diese Frau läuft mit Pelzen und Diamanten rum, und die Männer denken, die ist das Größte und tun alles, was sie verlangt. Obwohl sie besser angezogen ist als die anderen, behandeln die zwei Frauen sie wie den letzten Dreck. Ich frage meine Mutter: »Was soll das? Warum sind die so fies zu ihr?« Und meine Mutter flüstert: »Sie halten sie für ein Callgirl.« Sie *flüstert* — dabei ist niemand außer uns da. Ich sage: »Ich glaube, das will ich auch werden, wenn ich groß bin.«

So kam ich auf die Idee, aber es dauerte noch lange, bis ich soweit war. Erstmal ging ich aufs College. Ich weiß, 'ne Menge Frauen bumsen sich durchs College, weil das schnelles Geld gibt und du brauchst nicht 40 Stunden dafür zu schuften. Aber ich hatte gar keine Zeit, um mir mal 'ne Stunde für 'ne Nummer freizunehmen. Ich mußte die ganze Zeit studieren. Nach dem College hatte ich sogenannte »gute Jobs«, wie etwa Verwalterin bei 'nem Rundfunksender. Ich wollte wissen, wie das ist, wenn man 'ne Führungsposition hat, wenn man 'ne Arbeit macht, die Frauen vor ein paar Jahren noch nicht gekriegt haben.

Es war beschissen. Ich hab das ganz gut hingekriegt, aber das war einfach nicht die Art von Arbeit, die mir Spaß macht. Einige Frauen bei dem Rundfunksender arbeiteten auch als Callgirls, also bin ich da leicht rangekommen. Als ich zum erstenmal für so 'ne Nummer rausging, wußte ich, daß ich einen wichtigen Entschluß faßte. Ich brauchte nicht dringend Kohle. Ich hab's gemacht, weil 'ne Freundin vom Sender einen Termin beim Zahnarzt und 'ne Nummer vorgemerkt hatte. Ich ging für sie.

Sobald das Geld von seiner Hand in meine überging, wußte ich, daß ich von jetzt an eine Prostituierte sein würde. Die Gesellschaft macht diese Unterscheidung. Ich hatte auch den ganzen Quatsch gehört, wie schrecklich und erniedrigend Prostitution ist, deshalb machte ich mich auf ein erniedrigendes Erlebnis gefaßt. Aber ich wußte, ich war zäh und würde drüber wegkommen.

Ich nahm das Geld und dachte: »Okay, das wär's,« und es passierte nichts. Dann hatten wir Sex, und ich dachte: »Okay, das war's« Nichts. Es war so: Ich fühlte mich nicht gräßlich und hatte 'nen Haufen Geld. Ich war etwa siebenundzwanzig.

Meine Eltern waren beide Ladenbesitzer. Als Prostituierte verfügst du über deinen eigenen Körper, ob die Regierung das sagt oder nicht. Dein Körper ist eine Art selbständiger Laden. Ich werde nicht gekauft oder verkauft. Die Kunden kaufen eine Dienstleistung und bis zu einem gewissen Grade auch Können. Zumindest kaufen sie deine Fähigkeit, mit ihrer Scheiße fertigzuwerden. Du hast entgegenkommend zu sein, auf sie einzugehen, auf jedes Wort, das sie sagen.

Meine Arbeit hat mich körperbewußt gemacht. Ich halte ständig Diät. Ich bau auf die Arbeit als Motivation. Wenn ich es anders nicht schaffe, brauch ich bloß zu denken, wieviel Geld es mich kostet, wenn ich Übergewicht habe. Und ich geh vorsichtig mit meiner Haut um. Eigentlich hab ich keine Angst vorm Älterwerden, aber ich hasse es zu sehen, wie mein Körper verfällt. Ich seh, wie sich langsam Falten bilden. Für mich ist das katastrophal, weil ich weiter arbeiten will. In Europa arbeiten die Frauen ungefähr bis sechzig. Aber in den Staaten ist es schwierig zu arbeiten, wenn man über Mitte vierzig ist. Mir bleiben bloß noch zehn, fünfzehn Jahre.

Als mir klar wurde, daß es von meiner Fähigkeit gut auszusehen abhing, wie lange ich im Geschäft bleibe, fing ich an zu untersuchen, welche Produkte wirklich was taugen. Die Frau, die mich ursprünglich in die Arbeit einführte, war Ende vierzig und sah fabelhaft aus. Sie brachte mir eine Menge über Hautpflege bei, welche Präparate ich für meinen Körper nehmen sollte und welche nicht, was wirklich was taugt und was nicht.

Allein die Gesichtscremes kosten mich jährlich 300 Dollar. Aber um Falten vorzubeugen, mußt du die Sonne meiden. Beweg dein Gesicht nicht und faß es nicht an. Keine starke Mimik. Ich habe eine Liste mit Kosmetika, die wirklich was taugen: welcher Lippenstift tatsächlich vier Stunden hält. Mir war klar, daß ich das lernen mußte. Geschäftserfahrung.

Ich war nicht immer so vorsichtig. Bis ich zweiundzwanzig war, habe ich es prima verstanden, die Männer zu reizen, um zu kriegen, was ich wollte. Und dann hab ich das ein paar Jahre lang bewußt abgelehnt. Ich trug gräßliche Kleider, aß, was ich wollte, und nahm eine Menge zu. Das schien mir ein gutes Mittel, um über das Gefühl wegzukommen, daß ich meinen ganzen Lebensunterhalt mit meinem Körper verdiente.

Jetzt bin ich darüber weg. Ich habe mir bewiesen, daß ich geistig arbeiten kann, daß ich einen »Männer«job bewältige und nicht nur wegen meines Körpers geschätzt werde. Jetzt bin ich einfach froh, daß ich weiter machen kann, was mir wirklich Spaß macht. Im großen und ganzen liebe ich meine Arbeit, und es gefällt mir, daß ich so gut dafür bezahlt werde. Es ist nicht das Geld allein, aber das Geld ist in unserer Gesellschaft ein Symbol dafür, daß okay ist, was du tust. Nicht bloß okay. Je mehr Geld du verdienst, um so mehr ist es okay.

Wenn ich nächste Woche wieder nach New York komme, werde ich mich zum erstenmal umsonst mit 'nem Mann treffen, der als Kunde bei mir anfing. Er ist klasse im Bett und ein wirklich netter Kerl, einer, mit dem ich, wenn ich ihn unter anderen Umständen kennengelernt hätte, bestimmt ausgegangen wäre. Und jetzt hab ich Angst.

Ich mag den Gedanken nicht, daß ich mit wem ins Bett gehe, ohne daß er mich dafür bezahlt. Das hat was mit Wertgefühl zu tun. Wenn ich bezahlt werde, habe ich die Situation in der Hand, habe ich immense Macht. Jetzt, wo ich zugesagt habe, mich umsonst mit ihm zu treffen, hab ich das Gefühl, ich verzichte auf diese Macht. Ich fühle mich sehr verletzlich.

Und ich mach mir Gedanken wegen meines Körpers. Wenn sie mich bezahlen, hab ich das Gefühl, sie haben damit beschlossen, meinen Körper zu mögen. Wenn sie die Kohle rausrücken, weiß ich, sie haben nicht nur beschlossen, meinen Körper zu mögen, sondern sie *werden* ihn mögen. Wenn einer 200 Dollar zahlt (50 für meine Chefin und 150 für mich), dann sagt er nicht: »Weißt du, eigentlich gefällt mir dein Körper gar nicht so gut.« Aber einer, der es umsonst kriegt, ist vielleicht kritischer.

Lisa

Daß ich beschloß, Friseuse zu werden, hatte unter anderem mit den Streitfragen um Schönheit und Identität zu tun, die Anfang der 70er Jahre aufkamen. Das war nicht nur ein Thema für Frauen, sondern auch für linksgerichtete Männer, die erst Pferdeschwänze trugen und dann mit einer Glatze herumliefen, oder die den 60er Jahre-Look aufgeben wollten, ohne gleich wie einer von der Armee auszusehen.

Für meine Frauenkommune war das 1972 ein aufreibendes Thema. Die politisch interessierten Arbeiterinnen an der Basis befaßten sich auch stark mit ihren toupierten, gefärbten und gebleichten Haaren. Soeben entstanden Verbindungen zwischen den neuen Aktivistinnen — wie ich eine war — und diesen Frauen. Wir kämpften alle um Kindertagesstätten, besseren Versicherungsschutz für die medizinische und zahnärztliche Versorgung und dergleichen. Meine Frauengruppe befand sich in einer Krise wegen solcher Fragen, ob frau Beine und Achselhöhlen rasieren, ob frau sich schminken und was tun dürfte, um gut auszusehen.

Sie wußten nicht, was sie mit den toupierten Frisuren anfangen sollten, auf die diese anderen Frauen standen. Ich war der Meinung, Frauen sollten sich so frisieren und anziehen können, wie sie es brauchten, um ihre Macht zu spüren. Und wenn diese Frauen sich die Haare toupierten und sich innerhalb des Systems, mit dem sie es zu tun hatten, mächtiger fühlten, warum sollten wir dann eine Streitfrage daraus machen?

Ich hatte selbst so eine Phase hinter mir, wo ich mich nicht schminkte und eine Afrofrisur trug. Aber als ich dann innerhalb des politischen Systems fortkommen mußte, da waren schwarze Haare an den Beinen und ein vernachlässigtes Äußeres für mich von Nachteil. In diesem Kulturkreis kommt frau nun mal weiter, wenn sie anziehend und gepflegt aussieht. Punktum. Das ist eine Tatsache. Wegen solcher Streitfragen entzweite sich unsere Frauengruppe.

Die Ausbildung in Schönheitspflege reizte mich aus einer Anzahl idealistischer Gründe. Keine in der Frauenbewegung hatte eine vordergründige Beziehung zur Schönheit, und das war wirklich ein Problem. Wir wollten alle gut aussehen, und nicht viele von uns besaßen das Geschick dazu. Da wurde mir klar, daß niemand da draußen zu mir oder meinen Freundinnen gehören konnte.

Ich entdeckte außerdem, daß sich der Kosmetikbereich während der Depression tatsächlich etabliert hatte. Und da es mit der Wirtschaft weiter abwärts zu gehen schien, konnte die Ausbildung in Schönheitspflege womöglich einen sicheren handwerklichen Boden gewähren. Für meine Angehörigen war es ein richtiger Schock, daß ich Friseuse werden wollte. Die sahen es als blödes Handwerk an. Regelrecht was für die Unterschicht. Die Ausbildung war ein Kulturschock. Das erste Institut wurde von einem alten Herrn geführt, einem richtigen Patriarchen. Fast alle Mädchen kamen direkt von der High-School und aus sehr armen Familien. Sie waren in einem Schlafsaal über dem Institut zusammengepfercht, nachdem sie geradewegs von ihren Eltern und der Schule zu diesem alten Kerl gekommen waren.

Er sorgte auf tückische Weise dafür, daß sie sich schäbig vorkamen. Kosmetikschulen sind ein Geschäft und für die Schülerinnen ein ungeheurer Beschiß. Du bezahlst einen Haufen Geld und arbeitest an Kundinnen, die das Institut für deine Dienste bezahlen. Ich habe drei oder vier Institute ausprobiert; sie waren so fürchterlich, daß ich mich nach etwas Besserem umsah. Ich hatte echt das Gefühl, mitten in einer Hochburg von Sexismus und Rassismus zu sein. Eine Kosmetikschule härtet dich ehrlich mehr ab als die Antikriegsbewegung! Ich war siebenundzwanzig, als ich anfing, älter als die anderen Schülerinnen. Wegen meines Alters und weil ich mir nicht alles gefallen ließ, mußte ich allerhand einstecken. Ich verlangte zum Beispiel, Haare schneiden zu lernen. Die meiste Zeit lassen sie dich bloß Kopfwäsche machen.

In der Ausbildung bringen sie einem noch eine Aufmachung aus den 50er Jahren bei: den Jackie Kennedy-Look. Den kriegt man mit normalen gesunden Haaren nicht hin. Man muß ein Dauerwelle machen oder die Haare färben oder sonstwas, damit sie sich legen und hochtoupieren lassen. Die Ausbilder halten an diesem Look fest, und das aus gutem Grund. Du sollst nämlich die Haare so bearbeiten, daß die Kundinnen *regelmäßig* wiederkommen müssen. Haarschnitte müssen aber nicht regelmäßig gemacht werden. Und ich sag Ihnen, das hab ich gelernt. Ich muß mich echt anstrengen von wegen Kundschaft, die bloß die Haare geschnitten kriegt, bei dem ganzen Gerede über Leute, die nur alle zwei, drei Monate kommen statt alle zwei Wochen.

Hier haben wir einen echten Unterschied zwischen schwarzen und weißen Salons. In den schwarzen Salons kommen die Kundinnen alle zwei Wochen wieder. Die Haare werden gewaschen, getrocknet, glattgezogen und aufgedreht — das dauert alles in allem drei Stunden.

Die Leute in diesem Beruf, die »natürliche Haarpflege« befürworten im Gegensatz zum Toupieren und Legen oder Glätten und Aufdrehen, sind meistens sehr ehrgeizig. Die Eliteschulung für Haarschnitte begann in den 60er Jahren mit Vidal Sassoon. Er schaffte die künstlichen gesprühten, toupierten, lächerlichen, gesträhnten Frisuren ab und schuf natürliche Schnitte, die sich frisieren ließen, indem »man mit den Händen durchfuhr.« Seine Werbung war großenteils auf Sexappeal aufgebaut, aber er begründete den Aufstieg der Friseure in eine höhere Gesellschaftsschicht.

Leonie

Auf dem Gebiet der Schönheitspflege bestand eine Kluft zwischen denen, die natürliches Haar befürworteten, und denen, die an der veralteten Geschichte festhielten: »Sicher können Sie sich die Haare färben, sicher können Sie sie bleichen, sicher können Sie sie glattziehen lassen, sicher können Sie sich Dauerwellen machen lassen. Da ist doch nichts dabei.« Eigentlich sagen sie damit: »Hören Sie, so will es die Industrie. Das braucht sie, damit ihr Geschäft läuft.«

Der Markt ist heute mit Friseuren übersättigt, deshalb werden die Haare wieder mehr gefärbt, toupiert (o ja, man toupiert sogar wieder), dauergewellt oder ganz kurzgeschnitten (die müssen schließlich nachgeschnitten werden, nicht?). Die Industrie wird nie mit der Wahrheit herausrücken, wieso sich das geändert hat; verantwortlich gemacht wird sie so oder so. Aber es ist wirklich, weil unser Geschäft laufen muß.

Und das ist vielleicht gar nicht so schlecht. So können wir vielleicht genug verdienen, um wenigstens einigermaßen über die Runden zu kommen. Während der Depression überlebten Friseusen länger als die meisten, denn wenn die Leute sich schon keine Europareise mehr leisten können, können sie sich wenigstens noch einen guten Haarschnitt leisten.

Ich glaube, unsere Arbeit ist heute riskanter als früher. Damals haben die Kundinnen fast damit gerechnet, daß wir ihr Haar ruinierten. Heute mußt du es färben und dauerwellen was das Zeug hält, und trotzdem muß es sich herrlich natürlich anfühlen und nicht wie Acryl.

Aber langfristig gesehen bin ich richtig froh, daß ich heute bin, wo ich bin. Die ursprünglichen Gründe, weshalb ich mit diesem Handwerk anfing, haben einen Kreis geschlossen. Vor Jahren lernte ich eine Zimmermannslesbe in Overall und mit Zottelhaaren kennen. Neulich beschloß sie, sich 'nen anständigen Job zu suchen. Sie wußte nicht, wie sie sich anziehen sollte, sie wußte nicht, wie sie sich die Haare machen sollte. Ich konnte ihr helfen, konnte ihr den ganzen Kram zeigen. Deshalb hab ich mich ja unter anderem für diesen Beruf entschieden.

Kürzlich war ich mit einer Frau zusammen, die riesig aussieht, aber ihre Haare sind richtig unansehnlich. Es kam mir einfach so rausgerutscht: »Vera, warum sehen deine Haare so gräßlich aus?« Und sie sagte: »Wenn mir innerlich so mies zumute ist, muß ich so gräßlich aussehen.« Darauf ich erstaunt: »Mußt du nicht. In den 80er Jahren doch nicht!« Es ist echt trickreich, an Menschen zu arbeiten. Es ist aufrichtig, es ist intim, es ist kurzfristig. Und so persönlich. Ich muß einen klaren, ehrlichen Blick haben für das, was ich zu sehen kriege.

Viele Kundinnen kommen rein und sagen: »Ich brauch waschen, schneiden und jemanden, mit dem ich eine Stunde reden kann.« In mancher Beziehung sind wir enorm unterbezahlt. Mit Geld kann ich auch nicht annähernd entschädigt werden für das, was ich mache. Für mich als Frau war es ein regelrechter Kampf, mich nicht jede Stunde, jeden Tag zu verausgaben.

Ich habe diesen Beruf ungeheuer unterschätzt, den emotionalen und körperlichen Streß und die Erschöpfung. Die Leute in meiner Branche machen sich kaputt.

Deswegen ist die Fluktuation groß. Drogen und Alkohol nehmen überhand. Vor ein paar Jahren entdeckten wir, daß EST* (Erhardt Sensivity Training) einen großen Vorstoß in Schönheitsinstitute unternahm. Ganze Salons waren EST. In der Ausbildung wird man nie darauf vorbereitet, was man bei der Arbeit alles erfährt. Es ist verständlich, daß diese Menschen sich zu EST hingezogen fühlen; es vermittelt eine Art Zwiegespräch, das ehrlich und intim klingt und doch weit weg ist.

Wenn eine Kundin in meinen Salon kommt, lasse ich sie Platz nehmen und sage: »Sagen Sie, was sollen Ihre Haare für Sie tun?« Ich helfe den Menschen beim Spiel mit Makeup, beim Spiel mit ihren Haaren. Ich glaube nicht an schminken, bloß um »hübsch« zu sein — wie man es den meisten von uns beibringt. Ich finde, wir sollten Makeup verwenden, um einen fremdartigen Zug zu betonen statt zu verdecken.

Eine Funktion von Makeup scheint Neutralisierung zu sein. In diesem Punkt mußte ich mich gegen Makeup wehren, denn ich fühlte mich schon neutralisiert genug. Mit etwas Makeup kann ich aussehen wie eine puppengesichtige Stewardess. Das will ich nicht. Für mich war Makeup eine Methode, anders, interessanter auszusehen.

Heutzutage experimentieren offenbar viel mehr Frauen mit ihrem Äußeren. Die Frauen, die reinkommen und sagen: »Mein Mann wünscht, daß ich lange Haare habe«, sind heute entschieden in der Minderheit. Aber es gibt sie, und ich muß das respektieren. Ich bemühe mich, ihnen nicht ins Gesicht zu sagen: »Das ist ja absurd!« Die Mehrzahl meiner Kundinnen möchte herausfinden, wer sie sind. Gewöhnlich sagen sie nicht, daß sie Männern gefallen wollen, aber manchmal sagt eine: »Ich möchte sexy aussehen.« Ich finde das toll. Wenn du sexy aussehen willst und es in der Hand hast, wunderbar.

Neulich kam eine Frau rein und verlangte eine »Bums-mich-Frisur«. »Ich sterbe fast, ich war seit einer Ewigkeit mit keinem Mann zusammen.« Also gingen wir ran. Wir schnitten und färbten ihre Haare, es war fabelhaft. Sie sah fantastisch aus. Aber als sie zu Hause war, rief sie an und sagte: »Ich kann nicht. Ich kann nicht erst ein Mauerblümchen sein und jetzt so. Es ist zu grell.« Es war geschmackvoll, aber eindeutig »Bums-mich«. Wir ließen sie wieder kommen und schwächten es etwas ab.

Ein Image zu vermitteln ist für eine Frau immer ein Problem. Es ist zum Beispiel nicht einfach, sich ein angemessenes professionelles Äußeres zuzulegen, das einen leichten Hinweis auf Sexualität nicht leugnet und trotzdem bewirkt, daß man sie ernst nimmt. Die Männer tragen täglich Anzug und Schlips als Zeichen, daß sie sich selbst und sich gegenseitig ernst nehmen. Sie benutzen ihren Kleidungscode als eine Art Schutzhülle. Frauen müssen sie sich immer noch selbst schaffen.

* EST: gruppendynamische Trainingsmethode, die vorzugsweise in der Managementschulung angewandt wird. (Anm. d. Verlags)

Diana

Ein Freund von mir ließ mir zu meinem vierzigsten Geburtstag von seinem Schneider ein dezentes graues Kostüm machen. Ich trug es nur einmal als Kostüm, aber die Jacke allein trage ich gern. Ich meine, das ist eine richtig dezente Jacke, sie riecht nach konservativer Geschäftswelt. Ich mache mir einen Spaß daraus, sie zu lässigen Hosen zu tragen. Das Kostüm trug ich nur das eine Mal bei einem Vorstellungsgespräch, nachdem ich einen Fortbildungslehrgang absolviert hatte. Es war eine Katastrophe.

Ich hatte schlechte Laune — ich war irgendwie völlig geschafft. Als hätte ich mich mit was abgefunden, womit ich mich normalerweise nie abfinden würde. Ich fühlte mich in mir selbst nicht wohl. Ich versuchte so zu tun, als akzeptierte ich die konservativen Gesellschaftsregeln, mit denen ich in Wahrheit nichts zu tun haben will.

Viele Frauen tragen uniforme Geschäftskleidung in dem Bemühen, ernster genommen zu werden. Aber wir erreichen im Grunde nicht mehr, als ein Aushängeschild zu sein. Und als solches sind uns ein Haufen Benimmregeln auferlegt, von denen die allererste lautet: »Du darfst die Machtstruktur nicht bedrohen.«

Das Tragen eines dunkelblauen Kostüms besagt schlicht, daß du die Werte der Geschäftskultur anerkennst. Es bringt dir nichts, es schützt dich höchstens vor bestimmten Strapazen. Durch deine Kleidung beweist du deine Loyalität zum Geschäftsleben und erkennst an, daß du es gutheißt. Und daß du furchtbar gern dazugehören möchtest. Das ist keinesfalls ein Akt der freien Wahl. Du mußt dich so anziehen, um eintreten zu dürfen. Aber damit ist der Prozeß nicht zu Ende.

Die Prüfung geht auf allen Ebenen weiter; nachdem du die Uniform akzeptiert hast, wirst du dir auch zweideutige Witze gefallen lassen? Wirst du dir Histörchen von sexuellen Eroberungen widerspruchslos anhören? Wirst du bei rassistischen Witzen mitmachen? Der Einsatz steigt und steigt unentwegt. Die Prüfung soll zeigen, daß ein echtes Aushängeschild die Normen der dominanten Kultur niemals bedroht und nie von ihnen abweicht.

Und als Aushängeschild gibt man dir zu verstehen, daß du die Ausnahme bist. Die oder der Farbige muß dann die Tore gegen aufsteigende Frauen oder andere Farbige verteidigen. Du bist dort unter der Voraussetzung, daß du eine Ausnahme bist. Das Tragen des Kostüms verschafft dir den Zugang — es ist eine Eintrittskarte, aber sie bringt dir nichts Positives.

Ich habe die Erfahrung gemacht, alle Leute in eine bestimmte Aufmachung zu stecken, hat den Sinn, sie sofort einordnen zu können. Die »Kleider-machen-Leute«-Uniform wird für unentbehrlich gehalten, weil alle Leute reich, manierlich, aufstrebend wirken wollen. Jede Führungskraft, ob männlich oder weiblich, kann dir beim bloßen Hinsehen bis auf den Pfennig genau den Preis eines Kostüms oder Anzugs nennen. Es ist am Anzug oder Kostüm kinderleicht zu erkennen, daß diese Person 50 Dollar die Woche und jene 1000 Dollar die Woche verdient.

Hierin liegt ein beunruhigender Mangel an Individualität. Die Leute haben wunderschöne Kleider gekauft, aber sie machen sie nicht zu etwas Eigenem. Sie sagen nicht: »Wie kann ich dieses graue Kostüm so tragen, daß es etwas Eigenes ist, daß es zu mir paßt.« Sie sagen: »Ich trage dieses graue Kostüm, weil es jedem, der einen geübten Blick hat, deutlich zeigt, daß es 600, 1.000, 5.000 Dollar gekostet hat.«

Hierdurch werden die meisten Menschen für immer in die Kategorie »Ich-will-aufsteigen« eingeordnet. Dann können die wahrhaft Mächtigen einfach auf ihnen herumtrampeln. Es ist sehr, sehr leicht, die Menschen zu kontrollieren, indem man sie der Klasse gemäß einordnet. Ich glaube, das ist die wichtigste Funktion dieser Uniformen: die Menschen einzuordnen und sie somit zu kontrollieren.

Mein Hauptprinzip bei meiner Kleidung ist, daß ich mich weigere, nach meinem Äußeren identifiziert zu werden. Ich drücke damit aus, daß ich meinen Platz, meine Rolle, meine Stellung nicht akzeptiere. Ich bin weder Bankvorsitzende noch Hippie. Jawohl, ich mache Frühstück, jawohl, ich putze mein Klo, jawohl, ich fahre in Urlaub und jawohl, ich kaufe und trage Schmuck. Ja, ich arbeite intellektuell, jawohl, ich erledige Mutterpflichten, jawohl, ich mache Sozialarbeit. Aber ich akzeptiere nicht, daß jemand mich ansieht und sagt: »Aha, das ist eine Sozialarbeiterin ... aha, das ist eine Mutter ... aha, das ist eine Geschäftsfrau ... aha, das ist ein Mitglied der Oberschicht ...«

Das ist für mich bestimmt einfacher als für manche andere. Kleidung hat eine Menge mit Geld zu tun. Ich hatte Geld, und hat sich die Realität auch geändert, die Einstellung ist geblieben. Auch wenn ich nicht mehr reich bin, weiß ich im Grunde, daß ich mir nie Sorgen machen muß, woher ich meine nächste Mahlzeit nehmen soll. Mein Leben hat sich abwärts bewegt — oder seitwärts. Jedenfalls in eine andere Richtung. Ich hatte nie den Drang aufzusteigen. Deshalb mußte meine Kleidung nie Aufwärtsstreben dokumentieren. Ich bin überzeugt, manche Leute können diese Unabhängigkeit erreichen, ohne Geld gehabt zu haben — ich meine, sie haben einen stärkeren Charakter als ich. Aber Geld gehabt zu haben gab mir wirklich Auftrieb.

Trotzdem, Klasse ist nicht alles. Als ich jünger war, hätte ich mich nie so angezogen wie heute. Nie, nie, nie. Als ich zur Schule und aufs College ging, als ich in Washington arbeitete, trug ich standes- und geschlechtsgemäße Seidenkleider.

Das alles änderte sich eigentlich erst, als ich vierzig war. Mein Leben erfuhr einen großen Wandel, als ich meinen Mann verließ und mein Geld verlor — eine wunderbare Gelegenheit zum Nachdenken. Mit Kleidern herumtändeln war eine Methode, mein Leben von außen her neu zu gestalten. Mit Kleidern und dem Leben experimentieren, das ging irgendwie zusammen.

Es folgte ein sechs- oder achtjähriger Prozeß, wo sich mein Leben in fast allen Aspekten dramatisch änderte: mein Gefühl, wie ich mein Leben leben sollte, wie wir miteinander verkehren sollten, meine Werte, alles. Und wie ich mich anzog, war ein Teil davon — Reflexion und Symbol der Veränderungen. Und der Wandel verlieh unmittelbare Befriedigung.

Ich glaube, die Art, wie ich mich jetzt anziehe, hängt auch mit dem Alter zusammen. Die Frauen werden politisch bewußter, wenn sie älter werden. Jüngere Frauen werden gleicher behandelt als jemals wieder in ihrem Leben. Zu den radikalisierendsten Erfahrungen einer Frau gehört es zu heiraten und zu entdecken, daß die Ehe keine gleichberechtigte Partnerschaft ist. Du hast Kinder und merkst, von wem erwartet wird, sich von der Arbeit freizunehmen, wenn es nötig ist. Du wirst älter und siehst, wer Beachtung findet und wer nicht. Diese Lebenserfahrungen können uns zunehmend die Illusionen rauben, die wir uns vielleicht über die Gleichheit gemacht hatten. Genau das war meine Erfahrung. Und die Art, wie ich mich anziehe, soll auch meinen Werdegang dokumentieren. Ich habe meine Identität nicht durch einen Mann oder einen einzigen Beruf erworben. Ich bin wirklich zu dem Glauben gelangt, daß wir alle Revolutionärinnen und Künstlerinnen sein können, Intellektuelle und Schriftstellerinnen, Träumerinnen, Hausfrauen und Mütter. Und wünschen, daß unsere Kinder ein warmes Frühstück und ordentlich geflochtene Zöpfe haben und einen Blumenstrauß auf dem Tisch. Weil es so schön ist, in einer hübschen Umgebung zu sein und frische Sachen und heißen Kaffee zu haben. Lauter gute Dinge. Und daß all das in uns steckt.

Wir sollten uns bemühen, soviel von uns zu nutzen, wie wir besitzen, die ganze Palette unserer Fähigkeiten, Empfindungen, Erfahrungen. Für mich sind Kleider ein Weg dahin. Der Sinn ist, die Klischeevorstellungen der Leute zu durchkreuzen: »Ach, ich weiß, was die ist ... sie ist Arbeiterin«, also behandelt man sie auf eine bestimmte Art; oder »ach, die ist Hausfrau«, also behandelt man sie auf eine andere Art.

Manchmal schenken einem Kleider bloß dadurch, daß man die Leute für einen Moment verwirrt und schockiert, die Chance, ganz neu gesehen zu werden. Außerdem macht es einfach Spaß. Wenn man sich nach dem Motto »Kleider machen Leute« anzieht, wendet man sich von der Fantasieseite des Lebens ab. Warum sollen wir unsere silbernen Schuhe für den Feierabend aufheben? Ich meine, wie viele von uns gehen schon auf Galaveranstaltungen? Ich finde Galaveranstaltungen teilweise grauenhaft. Das heißt noch lange nicht, daß es grauenhaft ist, silberne Schuhe zu tragen.

Wenn ich an meinen Kleiderschrank gehe, kenne ich nur eine Regel: niemals dieselben Sachen zweimal auf dieselbe Weise kombinieren; immer alles durcheinander mixen, damit ich mich nie daran gewöhne, eine einzige Person, eine einzige Idee zu sein. Ich ziehe mich gerne individuell und künstlerisch an, aber es muß auch witzig sein. Ich trage fast täglich silberne oder goldene Tanzschuhe. Ich stehe gern in der Tradition der Tänzerinnen. Die Schuhe sind robust und preiswert. Und witzig sind sie auch.

Ich möchte aber die Art, wie *ich* mich anziehe, nicht als Regel empfehlen, ich schlage nicht vor, daß jede aus Kleidern vom Secondhandladen witzige Kostüme machen soll, wie ich es tue. Ich finde, da darf es kein »Muß« geben. Aber ich meine, wir könnten uns öfter den Spaß machen, uns so anzuziehen, daß es uns bei Laune hält. Für mich ist es ein Weg, die Arbeit zu tun, die getan werden muß, ohne mich unterkriegen zu lassen.

Joolz Foto: Francesca Sullivan

Joolz

Mit neunzehn heiratete ich einen Mann, der zu der Motorradclique »Satan's Slaves« gehörte. Solange ich mit ihm zusammen war, sah ich ganz normal aus. Motorradfahrer mögen keine ausgeflippten Mädchen. Aber »nett aussehende« mögen sie schon. Und möglichst mit langen Haaren — das paßt zum Image der schweren Maschinen.

Du sollst dich nicht stark schminken und so, und du trägst Jeans, weil du so viel auf der Maschine bist. Einige Mädchen trugen Miniröcke, was ich unter den Umständen ganz schön bescheuert fand. Die Männer mochten sehr mädchenhafte Mädchen. Und Blondinen waren bevorzugt.

Ich habe nie viel darauf gegeben, wie ich aussehen sollte. Ich hatte kurze Haare, das war bequemer unterm Helm. Und ich lief die ganze Zeit in Jungensachen rum. Für meinen Mann war das im Club erstmal ein Problem, aber dann akzeptierten sie mich, weil sie fanden, ich sei künstlerisch, und als Künstlerin durfte ich exzentrisch sein. Im allgemeinen wurde von den Frauen erwartet, daß sie sehr häuslich seien. Und sie waren es.

Der Club ist eine geschlossene Stammesgesellschaft. Weil ich kein behagliches Zuhause hatte, fühlte ich mich anfangs dort sehr geborgen. Aber nach fünf Jahren bin ich abgehauen. Ich war zu eingeschränkt.

Schon bevor ich meinen Mann verließ, hatte mich das Punk-Image gereizt. Ich hatte mir die Haare schon pink gefärbt, und das paßte nicht gut zum Club.

Um die Haare pink zu färben, mußt du sie erst ganz weiß bleichen, die Farbe bis zu den Wurzeln rausziehen. Das mach ich jetzt seit vier Jahren. Pink war eine leichte Entscheidung, es war die Modefarbe, falls du dich noch erinnerst. Schockpink und neongrün, das waren die Punkfarben. Heute hab ich sie feuerrot gefärbt.

Schon als Kind wollte ich gefärbte Haare. Ich wollte grüne Haare bis zur Taille, weil in einer Kindersendung im Fernsehen so eine Marionette war, eine Meerjungfrau, die nie sprach, aber wunderschön war und lange grüne Haare hatte.

Ich hatte immer einen Hang zum Fantastischen. Mein Image hat wohl mehr mit Fantasie zu tun als mit Punk im reinen Sinne. Punk begann als Anti-Mode. Du bemühst dich, so anti-hübsch wie möglich auszusehen. Aber ich war immer zu unsicher, um das richtig hinzukriegen. Ich mach mir zuviel Gedanken darüber, wie ich wirklich aussehe.

Meine Mutter ist sehr schön, feminin, klein und hübsch auf die Art, wie man es in den Illustrierten sieht. Ich komme nach meinem Vater, und der ist dick. Als ich ein Kind war, war meine Mutter sehr von mir enttäuscht. Sie hat dauernd versucht, mich ansehnlicher zu machen. Andere Mütter haben ihre Töchter angeschrien, wenn sie sich schminkten, meine Mutter hat mich angeschrien, wenn ich mich nicht schminkte.

Als Heranwachsende litt ich stark unter Akne. Und ich war zu dick. Ich war ein großer, dicker, pickliger Teenager. Aber ich hatte schöne Zähne. Meine Mutter sagte immer: »Du hast schöne Zähne, du mußt lächeln, das ist dein schönster Zug.«

Weil ich als Heranwachsende so gräßlich war, wollte ich mich nicht absichtlich noch gräßlicher machen. Ich neige mehr zur Glanzseite von Punk als zur anarchischen. Ich wollte immer einen Irokesenschnitt, aber ich hatte nie den Nerv, mir den Kopf zu rasieren. Ich hatte an einer Stelle ganz, ganz kurze Haare und sah aus wie ein Hund. Und weil ich auch noch groß war, wurde ich die ganze Zeit für einen Jungen gehalten. Ich wollte, ich hätte den Nerv, viele Sachen mit mir anzustellen, aber ich kann's nicht.

Das ist natürlich relativ. Ich nehme an, für andere Leute sehe ich ziemlich gewagt aus. Über eine durchstochene Nase mach ich mir gar keine Gedanken mehr. Aber 'ne Menge Leute finden das schockierend.

Meine Tätowierungen fallen auch stark auf. Das erstemal ließ ich mich mit neunzehn tätowieren. Eine Tätowierung ums Handgelenk und eine ums Fußgelenk. Damals fand ich das okay – sowas wie ein Blumenarmband. Aber vor kurzem hab ich einen echt guten Tätowierer kennengelernt und hab mir über die alten Tätowierungen neue machen lassen. Die sind viel besser und reichlicher. Tätowierungen faszinieren mich.

Aber es gibt Augenblicke, da hast du das alles satt. Allen, die dermaßen anders aussehen, geht es manchmal so, auch wenn sie es nicht zugeben. Manchmal wache ich morgens auf und weiß, ich muß einkaufen gehen, und dann wünsche ich, ich sähe aus wie eine vollkommen normale Person. Aber es kommt nicht oft vor, daß ich wirklich etwas ändern möchte.

Neulich hab ich mir von einer Freundin zum Spaß eine schlichte braune Perücke ausgeliehen und sie aufgesetzt. Sah richtig überzeugend aus. Ich hab mich nicht stark geschminkt und bin so auf eine Party gegangen. Leute, die mich seit ewigen Zeiten kannten, haben mich nicht wiedererkannt.

Es war riesig. Aber nach einer Weile fand ich es gar nicht mehr riesig. Ich fand es äußerst unangenehm. Ich geriet tatsächlich in Panik. Ich war so erleichtert, als ich die Perücke abnahm und wieder ich selbst war. Mir war, als hätte ich meine ganze Persönlichkeit verloren. Meine ganze Selbstaussage war futsch, und das war einfach gräßlich.

Die Tätowierungen sind eigentlich das Größte. Die feuerroten Haare kannst du einfach abschneiden, wenn du sie satt hast. Aber wenn du den Schritt tust und dir so dicht an den Händen große Tätowierungen machen läßt, machst du eine dauerhafte Aussage, besonders als Frau.

Ich trage immer lange Röcke und immer Schwarz. Jeans trage ich nicht mehr, weil ich sie so lange trug, als ich Motorrad fuhr, und sie einfach leid bin. Ich fühl mich so eingeengt darin. Mit Unterwäsche ist es dasselbe.

Trotz der schwarzen Klamotten und Tätowierungen und Totenkopfringe — meine Bühnenkostüme aus Lycra und Pailletten sind zum Teil äußerst glamourös. Ich liebe Federboas und Fächer. Aber immer mit Nieten; sagen wir, ein Nietengürtel um die Taille. Die Kombination reizt mich. Komplett glamourös sein wäre langweilig. Ich liebe es, das Auge zu verwirren.

Die wichtigste Aussage, die ich mit meinem Aussehen mache, ist der Eindruck von Stärke. Ich habe eine starke Persönlichkeit und will das unmittelbar ausdrücken. In meinem Geschäft ist ein starkes Image besonders wichtig. Nicht nur, weil deine Platten sich verkaufen müssen, noch wichtiger ist, wenn du irgendwo aufkreuzt, daß du den Tonleuten, den Wachmännern und allen auffällst. Die müssen von vornherein merken, daß du dir nichts gefallen läßt. Das gilt besonders für eine Frau. Das Rockbusiness ist total sexistisch. Wenn du keine starke Persönlichkeit bist, machen sie dich fertig.

Natürlich schreckt mein Aussehen manchmal Leute ab, die ich mit meiner Stärke gar nicht beeindrucken will, weil ich keinen Grund dazu habe. Neulich fuhr ich in einem überfüllten Zug, die Leute standen auf den Gängen, und neben mir war ein Platz frei, aber keiner wollte sich hinsetzen. Die Leute starren dich oft an, aber keiner will dir zu nahe kommen, und nur selten versuchen sie, Kontakt zu knüpfen.

Manchmal scheinen die Leute zu meinen, wenn du »komisch« aussiehst, ist das für sie ein Freifahrschein, dich zu beschimpfen oder zu bedrohen. Es ist, als ob die gesellschaftlichen Höflichkeitsregeln nicht mehr gelten. Du hast darauf verzichtet, anständig auszusehen, also verzichtest du auf das Recht, respektvoll behandelt zu werden.

Eine Menge Leute, vor allem aus dem Mittelstand, denken, Punk ist eine Sache der Arbeiterklasse. Aber in Wirklichkeit gibt es nur wenige Punk-Rocker aus der Arbeiterklasse. Nur Kinder aus dem Mittelstand können es sich leisten, fetzig auszusehen. Es ist tatsächlich eine Klassenaussage, aber anders, als die Leute meinen. Punks lehnen ihre Klassenzugehörigkeit ab, aber man muß erstmal dabei sein, bevor man sie ablehnen kann. Und ich sage nicht, daß es leicht ist, alles abzulehnen, was man von dir erwartet.

Es ist vielmehr sehr schwer, dich wahrhaftig selbst aus der Gesellschaft auszuschließen, so anders zu scheinen, daß dir die normalen Beziehungen, wie sie die meisten Frauen haben, versagt sind. Ich mache den Mädchen keinen Vorwurf, die tagsüber Sekretärinnen sind und sich abends die Haare ein bißchen stylen, wenn sie in die Clubs gehen. Für diese Mädchen ist Punk bloß eine Mode.

In gewisser Weise bin ich neidisch auf die, weil sie am Ende wieder normal werden können. Sie können in dem großen Strom von Heiraten und Wäschetrocknern untertauchen. Aber ich glaube auch, daß sie irgendwo in ihrem Innern enttäuscht sind. Sie wissen, sie haben keinen Mumm.

Ich lasse mir die Haare von einer Frau namens Lorraine machen. Sie arbeitet in einem ganz kleinen Salon in der Vorstadt. Jedesmal, wenn ich da reinkomme, seh ich die Damen in einer Reihe mit der Dauerwelle unter den Haartrocknern, nachdem ihnen gerade der neuste Schnitt verpaßt wurde, wie immer der gerade aussehen mag. Einmal habe ich Lorraine gefragt: »Hast du das nie satt?« Und sie sagte: »Wenn noch eine reinkommt und so 'ne Dauerwelle will, dreh ich durch und fang an zu schreien!» Aber sie würde natürlich hingehen und der nächsten die Haare eindrehen ...

Die Kundinnen sehen ihr zu, wie sie an mir arbeitet, und sind fasziniert. Sie befühlen meine Haare und stellen Fragen. Es muß eine ungeheure Versuchung für sie sein zu sagen: »Was soll's. Machen Sie mir meine auch feuerrot!«

4 Sündhaft häßlich

Die Erwartungshaltung der Gesellschaft schafft einen Spiegel, in den wir zu blicken aufgefordert sind, wenn wir uns eine »Geschlechtsidentität« zulegen. Steht eine Frau vor diesem Spiegel, sieht sie ihr Bild umrahmt von der Behauptung »weiblich ist Frau ist feminin ist heterosexuell.« Gegen den verzerrten Vordergrund dieser Erwartungen werfen unsere individuellen Verbindungen aus biologischer Sexualität (weiblich/männlich), sozialer Sexualität (Mann/Frau), Geschlecht (Femininität/Maskulinität) und erotischer Sexualität Reflexionen, die scheinbar so deformiert und lächerlich sind wie die Verzerrungen im Spiegel eines Lachkabinetts. Doch statt dem Spiegel die Schuld zu geben, unternehmen die meisten Frauen schmerzliche Verrenkungen, um ein »normaleres« Spiegelbild zu schaffen.

Nur wenige Menschen verkörpern mühelos den »richtigen (maskulinen) Mann« oder die »richtige (feminine) Frau«. Geschlecht ist eine soziale Konstruktion: Was für einen Mann als angemessen gilt ist maskulin, was für eine Frau als angemessen gilt ist feminin. Wäre es einfach eine Frage der Biologie, bestünde keine Notwendigkeit, von »Angemessenheit« zu sprechen — die Kategorien Maskulinität und Femininität würden in männlich und weiblich zerfallen. Maskulin wäre einfach, was ein Mann ist, und ein männlicher Transvestit wie Boy George würde deshalb nicht als weniger maskulin angesehen.

Aber Geschlecht bedeutet vielmehr die kulturell festgelegte Art und Weise, wie Angehörige eines Geschlechts sich verhalten und wie sie aussehen *sollten*, auch wenn sich das als nicht natürlicher erweist als gezupfte Augenbrauen oder ein fester Händedruck. Die Existenz von nur zwei geschlechtsspezifischen Kategorien (in bezug auf Verhalten, Aussehen, Gefühlsäußerungen) ist eine Reflexion der Tatsache, daß es zwei Geschlechter gibt.

In heterosexuellen Beziehungen gilt die Paarung einer dominanten maskulinen männlichen mit einer ergebenen femininen weiblichen Person allgemein als natürlich und ideal. Aber das wirkliche Leben zeigt weniger krasse Gruppierungen. Nicht nur, daß viele Paare sich der Kategorisierung nach dermaßen streng definierten Rollen widersetzen, in manchen Beziehungen sind die geschlechtsspezifischen Rollen total umgekehrt.

Situationskomödien im Fernsehen und Cartoons in Illustrierten bauen auf die Wirkung der vertauschten geschlechtsspezifischen Rollen: Der Ehemann steht unter dem Pantoffel seiner beherrschenden Frau, der verwirrte kleine Kerl ist vollkommen abhängig von der Frau, die sein Leben steuert. Die tüchtige, bestimmende Frau und der emotional abhängige Mann werden als gesellschaftlicher Witz angesehen, obwohl dergleichen in persönlichen Verhältnissen alles andere als ungewöhnlich ist.

Wenn so eine geschlechtsspezifisch vertauschte Beziehung ein streng *persönliches* Verhältnis ist, dann deshalb, weil der heterosexuellen maskulinen Identität die Furcht vor Verweichlichung innewohnt. In *Die Herzen der Männer* bemerkt Barbara Ehrenreich, daß in der Zeit nach dem Zweiten Weltkrieg der reife erwachsene amerikanische Mann als verheirateter Heterosexueller, Hausbesitzer und Vater, auf der Karriereleiter gut vorangekommen, beschrieben wurde. Jeder Mann, der von diesem Musterbild abwich, wurde als unreif und vermutlich homosexuell angesehen:

»In der theoretischen Psychiatrie und in der Populärkultur verschwamm das Bild des verantwortungslosen Mannes mit der Schattengestalt des Homosexuellen. Männer, die als Brotverdiener und Ehemänner versagten, waren 'unreif', während Homosexuelle in der Beurteilung der Psychiatrie 'Anwärter auf die Rolle des ewigen Jünglings' waren.«[1]

Ein wichtiger Schlüssel zur Befreiung der Brotverdiener/Ehemann-Rolle von der maskulinen Bürde war das neue »Playboy«-Image (propagiert in der Zeitschrift gleichen Namens). *Playboy* verkündete den Männern, es sei nicht nötig, die Verantwortung für Heim, Ehefrau und Untergebene zu übernehmen, um seine Männlichkeit zu beweisen. Der Playboy war ledig, egoistisch und dennoch ein »richtiger Mann«. Das Faltbild in der Mitte mit einem nackten »Playboy-Bunny« war das Symbol für die Manneskraft des ledigen, dennoch »normalen« Exemplars: »Der Playboy drückte sich nicht vor der Ehe, weil er ein bißchen 'andersrum' war, sondern im Gegenteil, weil er so leidenschaftlich, ja zwanghaft heterosexuell war.« (ebd.)

Homosexualität war nicht nur das abweichende und daher unakzeptable Sexualverhalten einer Minderheit, sie bedeutete eine Geschlechts*identität*. Schwul hieß: »Kein richtiger Mann.« Noch 1969 schrieb der Psychologe Lionel Ovesey überzeugt von dem engen Zusammenhang zwischen »verfehlter Maskulinität« und Homosexualität:

»Jegliches Versagen der Anpassungsfähigkeit — sei es sexuell, sozial oder beruflich — darf als Versagen in der maskulinen Rolle betrachtet werden ... Daraus ergibt sich folgende Gleichung: 'Ich bin ein Versager = ich bin kastriert = ich bin kein Mann = ich bin eine Frau = ich bin homosexuell.'« (ebd.)

Als die Stützen der Maskulinität beseitigt wurden — Vaterschaft, Ehe, Familienoberhaupt, Karrieremensch —, war die Substanz dessen, was einen Mann ausmachte, bedroht. Dies folgte nicht zufällig unmittelbar auf den Zweiten Weltkrieg, während dessen die Frauen vorübergehend traditionsgemäß von Männern verrichtete Arbeiten übernommen und somit Teile der Geschlechtsbarriere durchbrochen hatten. Diese Herausforderung an das, was eine Frau ausmachte, enthielt eine gleichwertige Herausforderung an das, was »keine Frau sein« bedeutete.

Besonders in Zeiten gesellschaftlichen Umschwungs kommt die Furcht vor dem Zusammenbruch des »Zwei Sexualitäten/zwei Geschlechter«-Systems stark zum Ausdruck. In den Anfangsjahren der zweiten Feminismuswelle in den USA (Ende der 60er und Anfang der 70er Jahre) waren direkte Herausforderungen an die strukturell bedingten Beschränkungen der Beteiligung der Frauen am wirtschaftlichen und politischen Leben gepaart mit der Beteuerung, Feministinnen seien glückliche Heterosexuelle und sähen genauso aus wie die Frau nebenan.

Lesbische Frauen waren störend und beunruhigend, und das nicht nur, weil die Bewegung sich fürchtete, sich des »zusätzlichen« und umstrittenen Themas sexueller Vorlieben anzunehmen; vor allem sorgte sich die feministische Bewegung, die Auseinandersetzung mit dem Lesbianismus bedeute, daß frau sich geschlechtsspezifisch festlegte. Das hätte den bürgerrechtlichen Aspekt früher feministischer Forderungen bedroht.

Wenn der Feminismus sich als reine Bürgerrechtsbewegung darstellen könnte, hätte er eine Chance, als akzeptabel zu gelten. Frauen könnten als »eigene Gruppe« identifziert werden, die anders als Männer, aber ihnen ebenbürtig, faire Behandlung in bezug auf Arbeitsplatz und Lohn sowie eine gleiche Anzahl Orgasmen verdient. Ironischerweise war der bürgerrechtliche Aspekt teils auch in der Homosexuellenbewegung präsent. Grimmige Debatten waren und sind stellenweise noch im Gange darüber, ob eine öffentliche, eklatante Ablehnung des maskulinen Kleidungskodex als politisch unverantwortlich oder als ein radikaler Akt für Schwule anzusehen sei, und ob lederbekleideten lesbischen Motorradfahrerinnen erlaubt werden dürfe, eine Schwulenparade anzuführen.

Der Tanz, bei dem ein großer Sprung vorwärts und zwei Schlurfschritte rückwärts vollführt werden, ist in diesen wirren Zeiten radikalen Wandels besonders beliebt. In den Anfangsjahren der kubanischen Revolution hatte die Frauenemanzipation Priorität. Die Frauen wurden ermutigt, sich voll in das Arbeitsleben zu integrieren, und es wurde ein Gesetz zur Regelung einer gleichmäßigeren Verteilung der Hausarbeit verabschiedet. Zur gleichen Zeit stempelten die Kubaner die Homosexualität weiterhin als Perversion ab, und zumindest zu Anfang bestärkte der Staat dieses Vorurteil, indem Schwule gesetzlich verfolgt wurden. Emanzipation und Verfolgung wurden gleichzeitig betrieben, ohne jegliches Empfinden für die Widersprüchlichkeit. Von Männern wurde die Übernahme traditionell frauenspezifischer Hausarbeit erwartet, und doch wurden sie aufgefordert, den »unmännlichen« Homo zu verachten.

Auch die Sowjetunion zeigt bei dem Zerfall geschlechtsspezifischen Rollenverhaltens eine unsichere Haltung. In *Leben in der Sowjetunion* erschien 1983 ein Artikel unter der Überschrift »Vorbereitung junger Menschen auf das Eheleben«.

»Die Gleichberechtigung der Geschlechter ist in der Sowjetunion seit langem selbstverständlich. Das bedeutet jedoch nicht, daß die Unterschiede zwischen den Geschlechtern ausgelöscht und Männer und Frauen gleich werden. Es ist wahr, daß die ersten Frauen, denen in den 20er und 30er Jahren die gleichen Rechte wie den Männern zugestanden wurden,

Gleichheit als Ähnlichkeit mit dem 'starken Geschlecht' interpretierten. Sie kleideten sich schlicht ohne jeden Firlefanz. Sie trugen weiße Blusen, dunkle Röcke und kurze Haare. Sie verzichteten auf Kosmetika und Parfum. Sie taten alles mögliche, um sicherzustellen, daß sie nicht für feminin, weich oder schwach gehalten wurden. Dieses feministische Extrem, dieser Hang zur Maskulinität währte glücklicherweise nicht lange.«[2]

Die Sorge, daß Frauen nicht »dasselbe« wie Männer sein sollen, hängt mit dem Unbehagen über den Wandel der sozialen, Männern und Frauen zuerkannten Rollen zusammen. In der Sowjetunion wird den Frauen kaum nahegelegt, nicht länger Arbeiten zu verrichten, die traditionsgemäß von Männern erledigt wurden (d.h. Lohnarbeit außer Haus). Die Frauen sind ein geschätzter und wesentlicher Teil des Arbeitskräftepotentials. Die Besorgnis um geschlechtsspezifisches Rollenverhalten richtet sich eher gegen die Männer, die ehemals von Frauen verrichtete Funktionen übernehmen — Kindererziehung und Hausarbeit. Die Frauen werden bedrängt, nicht wie Männer *auszusehen*, und die Männer werden bedrängt, nicht wie Frauen zu *handeln*.

Im September 1984 erschien in der sowjetischen Zeitung *Prawda* ein Artikel über Geschlechtsrollen, der für eine Rückkehr zu den traditionellen Verhältnissen im Haus plädierte. »Prestige und Selbstschätzung des Mannes sollten in der Familienmoral Vorrang haben. Eine Frau muß eine Frau bleiben und ein Mann ein Mann.« Der Verfasser des Artikels vermerkt beifällig, daß früher »in der Familie eine strikte Teilung herrschte. Die Ehre des Mannes ging allem voran ... Die Frauen haben immer die starke Hand und wohlwollende Stärke des Mannes gespürt.« In den letzten Jahren jedoch »haben zu viele Männer ihre maskuline Überlegenheit über die Frauen abgelegt.«

Der Artikel folgert: »Die Familien, wo die Frauen freiwillig auf die Führungsrolle verzichten, sind die glücklichsten«, und wartet mit einem Beispiel vom Leben einer Bekannten des Verfassers auf. Die Frau kommt unerwartet nach Hause und trifft ihren Mann beim Geschirrspülen an. Sie bemerkt die Verlegenheit ihres Mannes und will ihm zur Hand gehen. »Aber der arme Teufel hob eine nasse Hand und bat mich leise, ihn in Ruhe zu lassen. Er sei müde, sagte er. Ich sah, daß mein Mann sich verändert hatte. Sogar seine Stimme klang anders.« Die Frau sieht, daß sie ihren Mann ruiniert und beschließt, zur Tat zu schreiten: »Nimm die Schürze ab. Ich will dich nicht noch einmal am Spülbecken sehen. Sei ein Mann.«[3]

Offenbar sind es nicht nur die weitreichenden sozialen Wandlungen unterworfenen Gesellschaften, die wegen des Zerfalls der Geschlechtertrennung alarmiert sind. In den Vereinigten Staaten, wo einer einfachen Gesetzesnovelle über die Gleichbehandlung der Geschlechter kürzlich nicht zugestimmt wurde, hat die Radikale Rechte Befürchtungen angesichts der wechselnden Rollen und Beziehungen zwischen den Geschlechtern ausgelöst. Die sogenannte Moral Majority (moralische Mehrheit) befürwortet die Wiederherstellung der Männlichkeit der Nation durch »Wiederaufbau« der militärischen Macht (Amerika war vor Reagan angeblich »weich« geworden und somit zunehmend »unfähig«, seinen Feinden wirksam entgegenzutreten) und Bewahrung der Gesellschaft vor der schleichenden Dekadenz, die sich durch die weitverbreitete Homosexualität beweist.

Die Frage der Männlichkeit wurde 1984 in der Wahlkampagne um die Präsidentschaft der USA zwischen Reagan und Mondale zu einem zentralen Thema. In den der Wahl unmittelbar vorausgehenden Jahren ergaben Meinungsumfragen zum erstenmal, daß die Frauen über politische Themen und Kandidaten ganz anderer Ansicht waren als die Männer. Diese sogenannte »Geschlechterkluft« machte die Politiker schließlich auf die besonderen Interessen der Frauen und deren politischen Einfluß aufmerksam; denn die Frauen geben mit ebenso großer Wahrscheinlichkeit wie die Männer ihre Stimmen ab und sind ihnen zahlenmäßig überlegen.

Unter Berücksichtigung dieser Realität unternahm der Kandidat der Demokraten, Walter Mondale, den nie dagewesenen Schritt und ernannte eine Frau, Geraldine Ferraro, zur Kandidatin für die Vizepräsidentschaft. Die Aufregung, die diese historische Tat hervorrief, steigerte kurzzeitig die Beliebtheit des demokratischen Parteiprogramms. Doch bald darauf gab es für Mondale ein Image-Problem. Er wurde einfach nicht als »männlich« genug angesehen. Die Bemühung der demokratischen Partei, Frauen im Wettbewerb innerhalb der »Geschlechterkluft« in den Vordergrund zu stellen, wich alsbald eifrigen Anstrengungen, den Eindruck zu zerstreuen, zwischen den demokratischen und republikanischen Konkurrenten bestünde eine »Machokluft.«

Der Medienberater der Demokraten befand, daß Mondale ein »schwächeres männliches Image« ausstrahlte. Der Chef von Mondales Beraterstab versuchte den Schaden zu beheben, indem er der Presse erklärte:

»Walter Mondale wird mit diesem Männlichkeitsgetue in ein ganz falsches Licht gerückt. Die Wahrheit ist, daß Mondale die männlichen Themen — Verteidigung, Wirtschaft und dergleichen — fest im Griff hat. Mehr noch, Mondale ist so männlich, männlicher geht's nicht. Er liebt die Dinge, die wir mit männlich — wie heißt das doch gleich? — mit macho verbinden. Er angelt. Er sitzt abends gern, Schuhe aus und eine Zigarre im Mund, beim Trinken mit Freunden zusammen. Er ist Jäger. Er interessiert sich für Sport.«[4]

Nicht nur Präsidentschaftskandidaten haben es anscheinend nötig, Männlichkeit zu *beweisen* oder Weiblichkeit zu demonstrieren. Dies läßt darauf schließen, daß wir trotz des weitverbreiteten Glaubens, Sexualität und Geschlecht seien angeboren und untrennbar, erkennen, daß geschlechtliche Indentität beileibe nicht gesichert ist. Für diejenigen, deren Identität auf ständig neu zu beweisender und versichernder Zugehörigkeit zu einer der zwei vorgegebenen Geschlechtergruppen basiert, kann es höchst beunruhigend sein, mit geschlechtlich nicht Einzuordnenden und mit sexuellen Minderheiten konfrontiert zu werden, die sich der Einteilung in Kategorien widersetzen.

Zu den am meisten kritisierten sexuellen Minderheiten gehören die Transsexuellen, Männer und Frauen, die sich in einem unerträglichen Konflikt zwischen ihrem Körper und ihrer geschlechtlichen Identität befinden. Diejenigen Transsexuellen, die sich einer Operation unterziehen, um beides in Einklang zu bringen, werden in der Öffentlichkeit oft verlacht, verachtet oder bemitleidet.

Aber fast jeder Mensch versucht seine Anatomie umzuformen, um sie dem sexuellen und geschlechtlichen Ideal näherzubringen. Die meisten Frauen rasieren sich Beine und unter den Armen, weil es nicht nur nicht feminin, sondern geradezu »unweiblich« ist, behaart zu sein. Eine schnurrbärtige Frau zieht bestimmt eine Veränderung der Anatomie mittels Haarentfernungspräparaten oder Elektrolyse in Betracht, um nicht als »Herr« angesprochen zu werden, um sich von dem verwirrenden Stoppelgefühl zu befreien, um die irritierenden Anzeichen loszuwerden. Eine kleinbrüstige Frau läßt sich Brustimplantationen machen, um sich »weiblicher« zu fühlen. Ein kleiner Mann trägt vielleicht unsichtbar größer machende Schuhe, und ein schmalgebauter Mann verschreibt sich Bodybuilding, um sich eine »männlichere« Statur zuzulegen. Sie alle versuchen, einen Konflikt zwischen sozialer und geschlechtlicher Identität einerseits und anatomischer Realität andrerseits »auszubügeln«.

Wir alle wachsen auf mit dem Wissen um den uns bestimmten Platz bei der Geschlechtertrennung, doch haben bestimmte Gruppen sich gegen diese automatische Paarung von biologischer Sexualität und Geschlecht gewehrt. In der allgemein akzeptierten Kultur, wo sich Männer und Frauen den geschlechtsspezifischen Erwartungen mehr oder weniger anpassen, wird leicht übersehen, daß Männer nicht mit Krawatten und Frauen nicht mit langen Haaren geboren werden. Wenn aber Symbole und Geschlechter sich mischen, wird die Kostümierung auffälliger. Was, von einem heterosexuellen Mann getragen, schlicht »maskulin« und unauffällig ist, macht eine lesbische Frau zum »KV« (Kessen Vater). Eine heterosexuelle Frau, die sich nach dem Femininitätskodex kleidet, wird vermutlich nicht als kostümiert angesehen, um einer Rolle zu entsprechen – aber eine so gekleidete Lesbe wird als »Femme« bezeichnet.

Somit macht die Subkultur die versteckte Anmaßung der Kulturgepflogenheiten der Mehrheit sichtbar, nämlich Geschlecht und Sexualität zu verbinden. Würde man Männer in männlicher Standardkleidung als »KV« statt »maskulin« bezeichnen, könnte dies die Aufmachung entmystifizieren, genau wie der Gebrauch des Ausdrucks »macho« als Erinnerung dient, daß typisch maskulines Verhalten Männern weder angeboren noch für sie unbedingt notwendig ist.

Der »KV«-Stil, ob von Männern oder Frauen getragen, ist ein Symbol der Loslösung. Er schützt Träger oder Trägerin, indem er ihnen die Rolle des Beobachters und nicht die des Beobachteten zuteilt. Eine »Femme«-Aufmachung dagegen zeugt von Selbstdarstellung, sei es auf still-zurückhaltende oder schreiend-sexy Art. Der »KV«-Stil ist Understatement: »Ich habe es nicht nötig, Fleisch zu zeigen, denn *ich* bin in der Lage, wählen zu können.« Die »KV«-Aufmachung ist keine scheue Aufforderung, sondern eine Herausforderung: »Ich sehe dich, und *vielleicht* gefällt mir, was ich sehe.«

Der »Femme«-Stil erzeugt Unsicherheit, das Gefühl, verwundbar und preisgegeben zu sein. Die »Femme« provoziert Blicke, und es erfordert ein starkes feminines

Selbstbewußtsein, diese prüfende Musterung zu riskieren. Frau läuft Gefahr, »billig« statt sexy, lächerlich statt modisch zu wirken. Jede Frau weiß aus Medien und Erfahrung, daß tatsächlich viel falsch gemacht werden *kann*.

Audre Lorde schildert in ihrer »Mythobiographie« *Zami* ihre Erfahrungen als schwarze Frau in den überwiegend weißen New Yorker Homosexuellenbars der 50er Jahre. Schwarze Frauen blieben Außenseiterinnen, selbst als Lesbierinnen unter Lesbierinnen:

»Es genügte nicht, zusammen Frauen zu sein. Wir waren anders. Es genügte nicht, zusammen lesbische Frauen zu sein. Wir waren anders. Es genügte nicht, zusammen Schwarz zu sein. Wir waren anders. Es genügte nicht, zusammen Schwarze Frauen zu sein. Wir waren anders. Es genügte nicht, zusammen Schwarze lesbische Frauen zu sein. Wir waren anders.«[5]

Die Verwundbarkeit der Schwarzen in dieser weißen Welt führte dazu, daß einige Frauen einen einschüchternden »KV«-Stil entwickelten: streng, elegant, großzügig:

»In einer weißen Umgebung Schwarz, Frau, lesbisch zu sein und sich offen dazu zu bekennen, galt bei vielen Schwarzen lesbischen Frauen als glatter Selbstmord. Und wenn man schon leichtsinnig genug war, das zu tun, mußte frau sich wenigstens so hart geben, daß ihr keine zu nahe trat. Ich fühlte mich oft von ihrer eingebildeten Art, ihrer Kleidung, ihrem Benehmen, ihren Autos und ihren 'Femmes' herabgesetzt. Durch die rassistische Verzerrung des Schönheitsbegriffs im weißen Amerika hatten Schwarze Frauen, die 'Femme' spielten, sehr wenig Chancen. Zwischen den 'Butches' gab es eine ständige Konkurrenz um die 'hinreißendste Femme'. Und 'hinreißend' war durch die Maßstäbe einer männlichen weißen Welt definiert.« (ebd.)

Die schwarze, sich streng gebende Lesbierin war sich ihrer Verwundbarkeit als Angehörige einer rassischen und sexuellen Minderheit bewußt, aber es war ihr auch daran gelegen zu zeigen, daß sie respektvoll behandelt zu werden wünschte. Betonte maskuline Aufmachung und ebensolches Auftreten männlicher (Klassen- oder Rassen-) »Außenseiter« kann eine ähnliche Funktion haben. Diese Männer haben zum Beweis ihrer Autorität vielleicht nichts anderes als ihre Zugehörigkeit zur »Bruderschaft.« Männer mit größerem wirtschaftlichen und politischen Einfluß haben es nicht so nötig, ihre Maskulinität zur Schau zu stellen; Wohlstand und gesellschaftliche Position sind »Beweis genug« für ihre Männlichkeit. Geschlechtssymbole, mit oftmals komplexen Gruppierungen von Macht und Verwundbarkeit verknüpft, werden so benutzt, um auf die anständigen Umgangsformen im gesellschaftlichen Verkehr hinzuweisen.

Die wichtigste Funktion geschlechtsspezifischer Aufmachung ist es, Männer und Frauen eindeutig zu unterscheiden. Diese Klassifizierung ist so wesentlich, daß es schwierig ist, auch nur über einen Menschen zu reden, bevor sein oder ihr Geschlecht feststeht. Wir müssen bestimmen, welches Pronomen und welche Adjektive wir verwenden.

Die sichtbare Verletzung dieser Kategorien kann für den Beobachter und seine Vorstellung von persönlicher Identität und gesellschaftlicher Hierarchie dermaßen bedrohlich sein, daß er beleidigend reagiert: »He, Schnurrbart«; »Kann die Jungs nicht von den Mädchen unterscheiden«; »Laß dir mal die Haare schneiden, Schwuli«; »Du fetter Kerl, du hast ja Titten!«

Diese Überwindungen einer strikten Trennung von geschlechtsspezifischen Symbolen forderten einen erheblichen Preis. Aber die verzweifelte Courage früher geschlechtlicher Außenseiter ist so gut wie vergessen, sobald das Gewagte akzeptabel wird. Jedes Frühjahr versucht der eine oder andere Modeschöpfer, einen Rock für Männer an den Mann zu bringen. Doch nur wenige Männer — nicht einmal solche mit ansonsten radikalen Ansichten über Sexualpolitik oder Mode — wagen es, in der Öffentlichkeit in etwas aufzutreten, das einem Frauenkleid ähnelt. Statt darin mangelnden Wagemut zu sehen, nimmt man es als Beweis für die Last, die gerade der Männerwelt auferlegt ist: »Frauen können Männerkleidung tragen, das ist kein Problem; aber ein Mann kann kein Frauenkleid tragen.« Dieser »Beweis«, daß Frauen mehr Freiheit genießen, läßt den langen, schweren Kampf der Feministinnen für die Reformierung der Kleidung außer acht.

In den Frauenrechtskampagnen Mitte des 19. Jahrhunderts führten amerikanische und europäische Aktivistinnen einen Angriff gegen den femininen Kleiderkodex, indem sie Reformkleidung wie die Pumphose und später den Hosenrock einführten. Diese Auflehnung erforderte ungeheuren Mut. Frauen, die es wagten, in solcher Kleidung öffentlich aufzutreten, wurden mit Beschimpfungen und zuweilen sogar Körperverletzung bestraft. Der Feminismus baute auf dieser Herausforderung an das geschlechtsspezifische Verhalten und Erscheinungsbild auf. Die Frauen, die die ihnen auferlegte geschlechtsbestimmte Rolle als schlechtsitzende Uniform empfanden, ersannen so die Möglichkeit, sich gegen die Rolle statt gegen ihre Anatomie aufzulehnen.

Der Kampf der Feministinnen gegen die ihnen auferlegte Femininität wurde nicht nur geführt, weil feminine Kleidung manchmal unpraktischer und unbequemer ist als Männerkleidung. Auch war er nicht einfach eine Reaktion darauf, daß ein großer Teil der »dekorativen« Ansprüche der Gesellschaft auf die Frauen abgewälzt wurde und diese daraufhin gegen den Zeit- und Energieaufwand rebellierten, den es erforderte, sich »anständig« feminin zu präsentieren.

Die Rebellion gegen feminine Kleidung war auch eine wichtige Aussage gegen fabrizierte Unterschiede. Mittels der Femininität mußten die angeblich angeborenen Unterschiede zwischen den Geschlechtern von den Frauen sichtbar demonstriert werden. »Geschlecht« konnte somit ähnlich verwendet werden wie »Rasse«: Wenn die Frauen anders *aussahen*, war es leichter, ungleiche politische, wirtschaftliche und gesellschaftliche Behandlung zu rechtfertigen. Die Frauen, die Gleichberechtigung forderten, mußten die *Künstlichkeit* des geschlechtsspezifischen Erscheinungsbildes aufzeigen, um klar zu machen, daß die Unterschiede fabriziert und nicht angeboren waren. Sie wollten beweisen, daß Femininität ein dicker auf die menschliche Gestalt aufgetragener Firnis sei.

Den Männern mag weniger bewußt sein, daß Geschlecht etwas Fabriziertes ist, da »Mann« und damit Maskulinität immer die Norm, der Oberbegriff war, während Frau/Femininität anhand der Abweichung von dieser Norm definiert wurde. Maskulin ist das ungeschminkte Gesicht, die uneingezwängte Figur, der ungezügelte Appetit, Gefühlsroheit. Die unbedingte Künstlichkeit und Selbstkontrolle der Femininität hat bei den Frauen zu dem Bewußtsein geführt, daß unsere »natürliche« Geschlechterrolle eine mehr oder weniger perfekte Verkleidung ist.

Die »zweite Welle« des europäischen und nordamerikanischen Feminismus in den 70er Jahren griff den Zusammenhang zwischen geschlechtsspezifischem Erscheinungsbild und geschlechtsspezifischen Privilegien wieder auf. Die Feministinnen verurteilten die künstliche Unterscheidung zwischen Frauen und Männern und befürworteten einen Kleidungsstil, der Bequemlichkeit und Funktionalität unterstrich. Diese Haltung wurde von Susan Brownmiller 1984 in ihrem Buch *Weiblichkeit* formuliert. Sie beschreibt Femininität als »eine machtvolle Ästhetik, die auf der Erkenntnis der Machtlosigkeit aufbaut.«

Femininität ist für Susan Brownmiller ein Kopplungsgeschäft: Das Tragen eines Kleides führt zu rasierten Beinen, zu Nylonstrümpfen, zu Unbequemlichkeit und besessener Beschäftigung mit dem Äußeren. Infolgedessen lehnt sie diese geschlechtsspezifischen Symbole strikt ab:

»Warum trage ich keine Röcke? Weil ich diese künstliche Geschlechtsunterscheidung nicht mag. Weil ich diese teuren und umständlichen Nylonstrümpfe nie mehr anziehen will. Weil ich mit den unbequemen femininen Schuhen nichts mehr zu schaffen haben will ... Weil es mir gegen den Strich ging, daß ich soviel Zeit zum Nachdenken über oberflächliche Äußerlichkeiten verschwendete, und weil feminine Kleidung in sich oberflächlich ist ...«[6]

Doch dieser Widerstand hat einen Beigeschmack von Selbstaufopferung:

»An schlechten Tagen trauere ich meinen alten Kleidern nach. Ich vermisse das anmutige Fließen der Stoffe ... und schöne Farben. Vernünftige Schuhe künden von unweiblicher Vernunft ... Vernünftige Schuhe machen keinen Spaß ... Vernünftige Schuhe sind nicht sexy ... Sie sind schrecklich praktisch ... Aus Prinzip habe ich vor einigen Jahren aufgehört, mir die Beine und Achselhöhlen zu rasieren, aber ich kann mich immer noch nicht an die *unästhetischen Folgen* gewöhnen ... Wenn ich meine Beine ansehe, weiß ich, daß sie nicht mehr attraktiv sind, nicht mal für mich. Es sind einfach gerade, anständige Beine, und das sollte genügen, tut es aber nicht ...« (ebd.)

Wieso endete die Frauen*befreiung* zugunsten von Vernunft vor Sinnlichkeit, von Tüchtigkeit, Geradheit und Anständigkeit vor Farbigkeit und Spaß? Obwohl die Frauen den Gegensatz zwischen Sex und Selbstachtung, Sinnlichkeit und Seriosität nicht geschaffen haben, haben wir — sogar in unserer Rebellion — oft akzeptiert, daß diese Eigenschaften sich gegenseitig ausschließen. Und das sicher nicht ohne Grund.

Vorausgesetzt, die *auferlegte* Femininität ist Realität, sieht sich jede Frau vor die Entscheidung zwischen Anpassung (und Belohnung mit sexueller und gesellschaftlicher Anerkennung) und Rebellion (und sträflicher Lächerlichkeit, die dem »Asexualen« und Häßlichen zukommt) gestellt. Für diejenigen, die sich für die Rebellion entscheiden, läßt sich die feindselige Verurteilung durch die Welt leicht verinnerlichen und ständig bestärken. Dies alles ist vielleicht einfacher zu verstehen, wenn wir uns wieder dem Beispiel der Männer in Frauenkleidern zuwenden.

Sollte der Durchschnittsmann es wagen, sich dem maskulinen Kleidungskodex zu widersetzen und in einem ganz gewöhnlichen Rock auf der Straße herumzulaufen, würde er höchstwahrscheinlich das Gefühl einbüßen, ein seriöser, sexuell attraktiver Mann zu sein (ungeachtet seiner sexuellen Neigungen). Angesichts des ständigen Glotzens, Gekichers und dauernder Belästigung würden die meisten Männer trotz der Kühnheit ihrer öffentlichen, herausfordernden visuellen Aussage persönliche Scham empfinden. Sie würden sich auch zweifellos nach der behaglichen Geborgenheit der konventionellen Maskulinität sehnen.

Zurück zu Susan Brownmiller und all denen unter uns, die, jede auf ihre Art, sich dem femininen Kleidungskodex widersetzt haben. Ist es ein Wunder, daß wir uns zuweilen unattraktiv, lächerlich und insgesamt armselig vorkommen, obwohl wir uns stolz zu unseren Grundsätzen bekennen? Oder daß wir das sträfliche Urteil unserer Kultur nachplappern, die von uns verlangt, uns zwischen Prinzipien und Vergnügen zu entscheiden?

Unter den Bedingungen dieser polarisierten Debatte riskieren diejenigen Frauen, die versuchen, die Grenzen der Trennung zu überwinden, als Abtrünnige, oder schlimmer noch, als Kollaborateurinnen mit der alten schikanösen Ordnung betrachtet zu werden. Die gegenwärtige Renaissance zur Schau getragener Sexualität, leuchtender Farben und geschlechtsspezifischer Erscheinung wird von einigen schlicht als Beweis für das Scheitern des Feminismus angesehen:

»Wenn die Frauen in den 80er Jahren zu Makeup als femininer Tarnung zurückkehren, selbst während sie ihre Erwartungen weiterhin steigern, so drücken sie damit aus, die Konkurrenz — nicht mit Männern, sondern *um* sie — ist so stark, daß sie auf den althergebrachten Reiz greller Farben und verführerischer Sexualität *noch nicht* verzichten können.« (ebd.)

Welch grimmige post-revolutionäre Welt wird da anvisiert! Ungekünstelte, funktionelle Kleidung ist geschlechtslos und oft bequem. Sie ist bei manchen Gelegenheiten auch fraglos vernünftig. Wie aber würde funktionale Kleidung aussehen, wenn Sex unsere beabsichtigte Tätigkeit wäre? Könnten ein Spitzen-BH oder hauchdünne Strümpfe nicht erotisch wirken, weniger weil sie weibliche *Machtlosigkeit*, sondern eher, weil sie bekanntlich weibliche *Sexualität* symbolisieren?

* * *

Ich war noch keine Zwanzig, als ich aufhörte, einen BH zu tragen. Er verschwand mit Kleidern, langen Haaren, Makeup und Fleisch aus meinem Leben. Im Laufe der Jahre blieb lediglich der BH strikt verbannt. Das heißt, bis vor kurzem ... Es lag an Mendocino und dem offenen Kaminfeuer und einer verbotenen Frau. Aber vor allem lag es an ihrem schwarzen Spitzen-BH. Ich knöpfte langsam ihre Bluse auf, und da war er, unvermutet, erotisch. Als ich den Verschluß aufmachte, betrat ich Amerikas kollektives Fantasieland des sexuellen Vorspiels. Ich war schon mal dort gewesen, nur diesmal war ich diejenige, die mit schwitzenden Händen an den Haken fummelte. Ich habe noch immer nichts für das Gefühl oder die Ideologie »hebt und teilt« übrig, aber zum Zeitvertreib ...

* * *

Wenn geschlechtsspezifische Symbole tatsächlich erotisch sind, dann müssen wir Mittel und Wege finden, die uns geschlechtliches Spiel ermöglichen, ohne geschlechtsspezifische Privilegien zu verstärken. Pat Califia stellt das Problem so dar:

»Warum war es eine soziale Taktik, nur zwei Geschlechter zu haben und diese in zwei Lager zu spalten? Ich bin zu dem Schluß gekommen, dies ist so, weil es erotisierend ist ... Die Unterschiede zwischen Männern und Frauen werden beibehalten, künstlich vergrößert, ja es wird sogar über sie gelogen, um Distanz und Spannung zu erzeugen ... ein fremdes Territorium, das es zu erforschen gilt ... Diejenigen unter uns, die für eine Welt ohne geschlechtsspezifische Privilegien eintreten, müssen sich fragen, wie sie das erreichen wollen. Wollen wir eine Gesellschaft, in der die Ähnlichkeiten zwischen Männern und Frauen betont werden und den Menschen abgeraten wird, ihre Unterschiede zum Ausdruck zu bringen? Oder wollen wir eine Gesellschaft pluralistischer Geschlechtlichkeit, in der die Menschen die Komponenten ihrer sexuellen Orientierung miteinander vermischen und kombinieren können?«[7]

Kleidung und Rollenspiel können die Fantasie bereichern, indem sie eine Distanzierung von der alltäglichen Realität ermöglichen. Die Forderung, wir dürften sexuelle Anziehungskraft nur auf nicht-objektivistische ungeschlechtliche Weise empfinden, ist von einem unmöglichen Ernst. Es mag in der Tat unmöglich sein, eine attraktive Fremde nicht zu »objektivieren«. Bis man genug erfährt, um die Lücken zu füllen, kann die Attraktion nur auf dem Bild aufgebaut sein, das sie/er projizieren will, und auf der Fantasie, die die/der Sehende entwickelt.

Ein wesentliches Problem bei der Objektivierung ist, daß sie in sich oberflächlich ist — man gelangt damit nirgends hin außer, wenn man Glück und Lust hat, ins Bett. Sobald echte Kommunikation einsetzt, wird das Objekt zum Subjekt — «Ich bin nicht nur das, als was du mich gern hättest.« Das erzeugt garantiert Probleme, wenn ein Partner die Macht hat, darauf zu bestehen, daß die/der andere nicht ein Selbst behauptet, das über die Fantasie hinausgeht.

Traditionsgemäß stellten die Männer diesen Anspruch an das »Mädchen ihrer Träume«. Doch dies ist nicht auf die Vergangenheit beschränkt. Deswegen kann das Spiel mit der Geschlechtlichkeit in einer hauptsächlich heterosexuellen Gesellschaft schwieriger sein als, sagen wir, in der lesbischen Subkultur, wo die Konkurrenz »nicht mit Männern, sondern *um* sie« kein Thema ist.

Unter Homosexuellen wurde das geschlechtsspezifische Erscheinungsbild traditionsgemäß als Anzeichen dafür gesehen, daß die Subkultur aus den Vorurteilen und Neigungen einer dominanten Kultur hergeleitet und geschaffen wurde. In den frühen Tagen der heutigen Frauenbewegung wurde geschlechtsspezifische Erscheinung in der homosexuellen Subkultur tatsächlich als Beweis für verinnerlichte Unterdrückung gewertet. »Altmodischen« Homosexuellen wurde nachgesagt, sie übertrügen die zwingenden heterosexuellen Verhaltensmuster einfach auf gleichgeschlechtliche Beziehungen.

Frau argumentierte, von Selbsthaß befreite Homosexualität würde ein androgynes Ideal erzeugen: die lesbisch-feministische Beziehung. In dieser neuen Beziehungsform gäbe es den Machttausch der Geschlechterrollen nicht mehr: keine Kontrolle, keine Unterwerfung mehr, nur zwei schwesterlich Ebenbürtige. Ein Bild der Stärke. Das Problem war nur, wer war so stark?

Mit ihrer eingewurzelten »KV«/»Femme«-Erwartung schien die Heterosexualität wenigstens ein Ventil für das Bedürfnis zu bieten, gelegentlich sich gehen zu lassen, abhängig zu sein, selbst wenn sie oft diejenigen Frauen enttäuschte, die es danach drängte, sexuell und persönlich bestimmend zu sein. Der lesbische Feminismus mit seiner zweischneidigen Axt und seinem Amazonenimage sprach das Bedürfnis nach weiblicher Macht gegen männliche Unterdrückung an, schwieg jedoch zu dem Machtaustausch unter Frauen.

* * *

Eine Frau lehnt an der Bar und zieht meinen Blick auf sich. Ihr hochgestellter Kragen und die schwarze Lederkrawatte passen zu ihrer gewollten Distanz. Sie läßt mich eine Weile warten, bevor sie meine anerkennende Aufmerksamkeit erwidert und Interesse bekundet, indem sie sich zu ihrer vollen Größe aufrichtet. Heute abend ist sie »KV« in ihrem Bedürfnis, groß zu sein, und in ihrer offenkundigen Freude an meiner Verlegenheit, weil meine hochhackigen Schuhe unseren Größenunterschied um einige Zentimeter verringern.

Auf der Tanzfläche sind ihre Bewegungen so zurückhaltend und erotisch wie ihre Kleidung, jedoch aufschlußreicher. Ich erspähe Spitzen, die die Fülle dieser Frau zieren, frauliche Rundungen und Falten, verborgen unter der strengen Linie ihrer Kleidung. Ich drücke mich langsam an die verblassende Vorspiegelung strenger Verschlossenheit. Und ziehe mich dann zurück. Sie will es feminin, also gebe ich's ihr feminin: verheißend, aber ihr Sichlösen vorsätzlich hemmend. Jetzt führe ich in diesem subtilen Tanz. Meine lackierten Nägel signalisieren eine Botschaft, die nichts mit Passivität gemein hat. Diese in blutroten Lack getauchten Finger können tief in ihr Inneres eindringen.

Dies sind Symbole von Beherrschung und Ergebung. Aber sie sind fließend; Mund und Finger, hauchdünne Unterwäsche und Lederkrawatten, die das Begehren einer Frau reizen.

* * *

Das Beharren auf der geschlechtsspezifischen Erscheinung einiger Lesben und homosexueller Männer war keine unbedingt vorhersehbare Entwicklung, ausgehend von der Androgynie des Naturlooks der 60er Jahre und dem Funktionalismus der feministischen Mode der 70er Jahre. Dennis Altman, Verfasser von *The Homosexualization of America*, stellt fest:

> »In den Anfangstagen der Bewegung sahen Frauen wie Männer den Prozeß der Homosexuellenbefreiung eng verknüpft mit der Verwischung sexueller und geschlechtlicher Grenzen, als eine Bewegung hin zur Androgynie ... Unser größter Fehlschlag war das Unvermögen vorauszusehen, in welchem Ausmaß das Gegenteil eintreten und eine neue homosexuelle Kultur/Identität entstehen würde, die auf bestehenden männlich/weiblichen Unterschieden aufbaute.«[8]

de quoi tu t
DANIE
un film de MAX
avec
RENE DARY
SANDRINE et
usique de CHARLES AZNAVOUR et GEORGES GA
Production CONTACT ORGANISATION

Trotz der Verwendung existierender geschlechtsspezifischer Symbole ist eindeutig ein Verwischen von sexuellen und geschlechtlichen Grenzen im Gange. Wenn sich die Homosexuellen in San Francisco beispielsweise für den »kastroklonen« Look selbstbewußter Maskulinität entscheiden, so zeugt dies von dem Bewußtsein, daß diese geschlechtsspezifischen Symbole angenommen und nicht angeboren sind. Altman schreibt: »Der Machokult ist in gewissem Sinne eine neue Form von Homokluft, eine Parodie auf die gesellschaftliche Vorstellung von Homosexuellen, so wie es früher die etwas traditionellere 'Queen' war. . .« Dieses parodistische Element und die selbstbewußte Schaffung eines geschlechtsspezifischen Images kennzeichnen die neue Ästhetik. Gerade das Bewußtsein, daß Geschlecht eine gesellschaftliche Konstruktion ist, läßt das Rollenspiel funktionieren.

Der schwerstwiegende Einwand gegen das geschlechtsspezifische Rollenspiel, sowohl vom Erscheinungsbild als auch vom Verhalten her, ist, daß es als Aufruf zu kosmetischen Veränderungen verstanden werden kann, welche die Kernfragen sexueller Ungleichheit und Schmähung sowie die sexistische Sozialisation übergehen oder sogar verdecken. Dieser Punkt ist unbedingt zu berücksichtigen.

Daß die Überschneidung der Geschlechter gegenwärtig Mode ist, bedeutet noch lange nicht den Triumph der sexuellen Revolution. Das kulturelle Bekenntnis zu zwanghafter Heterosexualität und die fundamentale Geschlechtertrennung haben ihren festen Platz in großen Teilen der Gesellschaft. Auch die Medien (etwa Modemagazine, Rockvideos und Spielfilme), die das Spiel der Geschlechter scheinbar feiern, ziehen daraus beileibe keine radikalen Schlußfolgerungen. Die eleganten Frauenmagazine mögen zwar enthusiastisch den »Pariser Garçonnestil« preisen, der die Frauen in »maßgeschneiderte, männliche Tweedanzüge« steckt, doch ist damit die Verheißung verbunden, daß die Trägerinnen hierdurch für die Männer attraktiver werden.

Ähnlich dient in den meisten erfolgreichen Hollywoodfilmen, in denen es um Geschlechterspielereien geht, der Transvestismus eindeutig dazu, ein ansonsten ganz und gar konventionelles sexuelles oder berufliches Ziel zu erreichen. In einem der beliebtesten Filme dieser Art, *Tootsie,* spielt Dustin Hoffman einen arbeitslosen Schauspieler, der durch die Vorspiegelung, eine Frau zu sein, Ruhm, Vermögen und das Mädchen seiner Träume gewinnt. Berühmtheit und Liebe sind auch für Julie Andrews der Lohn für Transvestismus in dem Film *Victor / Victoria.* Victoria ist eine heterosexuelle Frau, die vorgibt, ein homosexueller Mann zu sein, welcher eine heterosexuelle Frau verkörpert. Und in *Yentl* gibt sich Barbara Streisand als junger Mann aus, zu dem ehrenwerten Zweck, studieren zu dürfen.

Mehr noch, in jedem dieser Filme wird die Heterosexualität der scheinbaren geschlechtlichen Außenseiterin sorgsam herausgestellt. Die Liebe eines Angehörigen des »anderen Geschlechts« ist tatsächlich die Ursache, die Verkleidung abzulegen. Stets sind die Liebhaber erleichtert, wenn sie sehen, daß ihre Neigungen schließlich doch normal sind. Diese Filme lassen keine Zweideutigkeiten zu. Die Zuneigung gilt nicht der geschlechtsspezifischen Erscheinung der transvestierten

Geliebten, sondern dem »wirklichen Geschlecht«, das sich hinter der Verkleidung verbirgt.

Geschlechterüberschneidung allein reicht nicht als Herausforderung des fundamentalen Sexismus der Gesellschaft. Doch die Überschreitung der durch Kleidung und Verhalten gezogenen Geschlechtergrenzen kann dazu beitragen, die Definitionen der »angemessenen« sexuellen Identität zu erschüttern. Eine Neubewertung der Geschlechtssymbole und die Beanstandung einiger, von uns allen zeitweise verwendeter Aspekte von Maskulinität wie auch Femininität müssen nicht notwendigerweise die Anerkennung der prä-feministischen Unterwürfigkeit beinhalten.

Bestenfalls erinnern uns Geschlechterspielereien, daß politischer Kampf, Leidenschaft und Vergnügen gleichgeartet sind. Geschlecht und Sex scheinen zunehmend Bereiche von Stil und Mode statt Biologie und Identität darzustellen. Wenn wir heute von einer Renaissance der geschlechtsspezifischen Erscheinungsweise sprechen können — sowohl was Leder und Metall der Maskulinität als auch Glanz und Glitzer der Femininität angeht —, ist dies kaum ein Hinweis auf die Rückkehr zu den Zeiten, als Männer Männer und Frauen Mädchen waren.

Vor einiger Zeit kaufte ich mir ein Motorrad, eine Lederjacke und Stiefel. Wenn ich auf der Maschine saß, ging eine dramatische Verwandlung mit mir vor. Ich konnte beim besten Willen nicht lächeln, damit fing es schon mal an. Zum erstenmal in meinem netten Mädchen- und gesellschaftlich geschliffenen Frauenleben fühlte ich mich *BÖSE*. Ich sah *BOSHAFT* aus. Ich war zäh, mächtig, maskulin. Das dauerte nur so lange, wie ich in meiner Lederkluft auf meiner Maschine saß. Doch auch das gab sich nach wenigen Wochen.

Dennoch, Leder und Metall verschafften Zugang zu verbotenen Geschlechtssymbolen und -verhaltensweisen. Auf einmal wurde die Erfahrung männlicher Transvestiten verständlicher. Das Tragen hoher Absätze, von Makeup und Frauenkleidern (der gebündelten femininen Attribute, vor denen die Feministinnen immer gewarnt haben) kann für diejenigen, denen sie verweigert wurden, befreiend sein. Vielleicht trägt dies dazu bei, die Renaissance femininer Verspieltheit bei den Feministinnen (sowohl heterosexuellen wie lesbischen) zu erklären. Diese Symbole sind die verbotenen Früchte; wir trauen uns, sie wieder zu versuchen. Das muß doch einfach verrucht-erotisch sein, oder etwa nicht?

Die wichtigste Lektion lesbischer Erfahrungen ist vielleicht, daß es nur dann wirklich möglich ist, sich am — geschlechtsspezifischen und anderen — Erscheinungsbild zu freuen, wenn männliche Privilegien keine Rolle mehr spielen. Femininität wird weiterhin problematisch bleiben, bis die Welt für Frauen ein sicherer und gastlicher Ort ist.

* * *

Es ist Samstagabend. Ich bin, ausstaffiert mit meiner provozierendsten Kleidung, auf Erlebnissuche, unterwegs zur Frauenbar, einer sicheren Insel in der Stadt. Doch bevor ich dort ankomme, muß ich durch die dunklen Straßen, wo »sexuell provozierend« eine Aufforderung zum Angriff bedeutet.

Meine geschlechtsspezifische Aufmachung für diesen Abend macht mich plötzlich zur Zielscheibe. Es ist schwierig, in hohen Absätzen einen »Bums-mich-nicht«-Gang anzunehmen. Es ist schwierig, in engen, dünnen schwarzen Hosen bedrohlich auszusehen.

* * *

Sich kleiden, um sexuelle Absichten zu signalisieren, ist für Frauen in einer Welt männlicher Gewalt ein gefährliches Unterfangen. Und kann es auch verrückt, sexy und spaßig sein, in der Lust femininer Ästhetik zu schwelgen, in einer sexistischen Welt riskiert die »Femme«-Frau, als ausgesprochen frivol angesehen zu werden. Es mag eine Wonne sein, nach all den Jahren, in denen frau sich anzog wie schlechtgekleidete Männer, mit Mode und Femininität zu spielen. Aber Femininität ist auch gefährlich, weil die Welt nach wie vor für Frauen ein gefährlicher Ort ist. Es ist keine leichte Frage, wie frau den Kampf ohne Kriegsneurose fortführen soll.

Ist Geschlecht ein »geladenes« Thema, so ist Sex nicht weniger explosiv. Für eine Frau kann Sex sowohl ein Mittel zur Verführung männlicher Macht als auch ein Zwischenspiel im Kampf mit eben dieser Macht sein. Die überkommene weibliche Weisheit lehrt uns, daß das Gesicht einer Frau ihr Vermögen, ihr Sexappeal der Köder, ihr Körper die versprochene Belohnung ist. Ihre äußere Erscheinung, so erfahren wir, verschafft oder verweigert einer Frau den Zugang zu Begehrlichkeit, Liebe, Anerkennung, Protektion, gesellschaftlicher Stellung und Sicherheit. Wie kann sie da ihren Körper mit unkritischen Augen ansehen oder Vergnügen als einzigen Zweck des Sex betrachten?

»Anziehend« sein mag tatsächlich Macht anziehen, aber eine auf einer dermaßen kurzlebigen Eigenschaft gegründete Position ist kaum verläßlich. Schönheit und ihr weniger hochwertiges Gegenstück Sexappeal sind zerbrechlich. Ein Unfall, das Alter, ein Wechsel der Mode oder des Schicksals, und sie können verschwinden. Und mit ihnen schwinden die verliehenen Privilegien. Diese Abhängigkeit wurde auf dramatische Weise illustriert, als eine junge Schwarze, Vanessa Williams, 1984 zur Miss Amerika gekürt wurde. Sie wurde der Welt präsentiert als Symbol dafür, wie Schönheit und Charme eine Frau über ihre gesellschaftliche Stellung und in diesem Fall ihre Rasse hinausheben können.

Es überrascht nicht, daß der Wettbewerb um den Titel der Miss Amerika nicht das erste Mal war, wo Miss Williams sich ihre Schönheit zunutze machte. Einige Jahre vor der Schönheitskonkurrenz hatte sie als Modell in einem Fotoatelier gearbeitet, wo sie eine Fotoserie machte, die sorgfältig arrangierten lesbischen Sex darstellen sollte. Sobald das Modell Miss Amerika war, fanden diese Fotos ihren Weg in das amerikanische Herrenmagazin *Penthouse*. Miss Williams erklärte der Presse unter Tränen, sie habe geglaubt, die Fotos seien als Kunst gedacht gewesen: »Er (der Fotograf) sagte, er wollte eine neue Silhouettenkonzeption mit zwei Modellen ausprobieren. Ich hatte keine Ahnung, wovon er sprach ... Es war nichts Spontanes. Er hat alles inszeniert.«[9] Eine Freundin von mir bemerkte zu diesen Bildern: »Am meisten hat mich die sichtliche Unbequemlichkeit von Oralsex auf einem Hocker beschäftigt. Das ist vielleicht eine Frage von männlicher Theorie gegen weibliche Praxis.«

Wie dem auch sei, Vanessa Williams' behauptete Naivität war kein Ersatz für die unerläßliche Keuschheit einer amtierenden Miss Amerika. Sechs Monate nach der Krönung wurde Miss Amerika zur Abdankung gezwungen. Welch umwerfende Scheinheiligkeit: zuerst wurde Miss Williams öffentlich gefeiert und belohnt und dann gekränkt und bestraft, weil sie ihren Körper, ihre Schönheit und ihren »Sex-appeal« zu ihrem persönlichen Vorteil ausgenutzt hatte.

Keine Frau, sei sie eine gekrönte Schönheit oder sonst etwas, soll sich in ihrer persönlichen Autorität sicher fühlen. Die schönen haben bloß Glück gehabt, die unschönen sind unwürdig. Eine Frau wird ständig in Unsicherheit über ihre körperliche Erscheinung gehalten und gleichzeitig dermaßen davon abhängig, daß sie nimmt, was ihr gegeben wird und nicht wagt zu fordern, was sie wirklich will. »Ich verdiene Liebe, Respekt und erotisches Vergnügen« ist eine Forderung, die nur wenigen von uns gestattet wird. Dieses lädierte Selbstgefühl ist einer der Schlüssel zu weiblicher Unterwürfigkeit und der Ursprung der Behauptung, es gebe ein »schwaches Geschlecht«.

Lustvolle Bewunderung ist nicht nur unabdingbar für guten Sex, sondern ohne sie ist es schwer, ein starkes Selbstgefühl zu entwickeln. Das Gefühl, keine Bewunderung, nicht die Begierde eines anderen Menschen zu verdienen, ist zum Teil eine Folge der heroischen Kultur, die in Filmen, Romanen, Fernsehen und Werbung gefördert wird. Diese Medien bestärken den Glauben, daß Leidenschaft, Vergnügen, ja sogar Sonnenuntergänge einer »körperlichen« Elite vorbehalten sind. Sollte es uns bei all unserer grellen Unvollkommenheit gelingen, daran teilzuhaben, vermuten wir dennoch, daß dies nicht ganz das Wahre ist. Was immer wir jetzt sind, jetzt haben, jetzt erleben, es »zählt nicht«.

Das wirkliche Leben und die wirkliche Erscheinung genügen nicht, wenn es dein Ziel ist, in einem Reiseposter mit einer schönen Person an deiner Seite zu leben. Wären wir nur modischer, hätten wir nur mehr Geld, hätten wir nur etwas Beachtlicheres erreicht, wären wir nur wirklich schön, dann könnte das Leben beginnen.

Doch so, wie es ist, wissen wir, wir sind zu fehlerhaft, um es zu verdienen — jetzt schon. Unterdessen warten wir, kaufen das Zubehör, sofern wir es uns leisten können, versuchen wir, uns dem Schönen anzunähern. Wir warten und wissen dabei, daß schöne Menschen nicht alt sind.

Politische und psychologische Analysen reichen nicht, um diesem femininen Wartespiel ein Ende zu machen. Bildvorstellungen, die veranlassen, sein Leben aufzuschieben, können am besten mit gegenteiligen Bildern von weiblicher sexueller und persönlicher Autorität bekämpft werden. Der Sinn ist nicht nur, die Mannigfaltigkeit der Bilder von weiblicher Sexualität zu vergrößern, sondern die Passivität der »sexuell *Attraktiven*« zu überwinden.

* * *

Ich stelle mir vor, die Hand, die sich unter meiner Decke schneller und schneller bewegt, spornt einen Penis zum Orgasmus an. Dieses männliche Seximage ist ebenso aufregend wie beunruhigend. Als Kind habe ich mir oft ausführliche Sexszenen ausgemalt, aber der Gegenstand der sexuellen Zuwendung war immer ich, der Körper eindeutig weiblich. Sex war nie Paarung, war nicht einmal fantastisch für die beteiligten Männer. Penisse zählten einfach nicht. Männer waren nur das Mittel zu meinem Vergnügen.

Wie ich mich berühre, kommt mir der Gedanke, daß die Distanz zwischen den frühen Fantasien und diesem eingebildeten Penis mit vielen richtigen Liebhabern ausgefüllt wurde. Die dazwischenliegenden Jahre mit heterosexuellem Sex gaben mir Gelegenheit, die Rolle des Phallus zu bewundern und zu beneiden. Meine Vorstellungen von Sich-Vergnügen-verschaffen, von sexuell aktiv sein, von schamlos geäußerter Begierde, wurden männlich.

Ich halte meine Hand einen Moment still und zwinge mich zurückzudenken, mir in Erinnerung zu rufen, daß Frauensex stark ist. Mit zusammengebissenen Zähnen, das Gesicht »unattraktiv« zu einer sexuellen Grimasse verzogen — einem nicht hübschen, nicht verführerischen, nicht sinnlich-weichen, nicht verlockenden Ausdruck —, höre ich mich beharrlich sagen, Frauensex ist stark. Ich bin hier Mittelpunkt; es ist mein Vergnügen, dem ich hier nachgehe. Meine Klitoris pocht, meine Sexualität stellt Anforderungen. Frauensex ist stark. Frauensex ist stark, stark genug, einen Penis abzulehnen, zu umgehen — oder gar zu erschaffen. Frauensex ist stark.

* * *

Zugegeben, der Versuch, Sex von Sexismus, Femininität von weiblicher Unterdrückung, Erotik von Erniedrigung abzusondern, ist nicht leicht. Aber ohne diese Mühe bleiben die Frauen mit den Vorschriften, die ihnen gesellschaftliche Konventionen, religiöser Kodex und politische Slogans auferlegen, allein: Sex ist unrecht, solange er nicht eheliches Recht ist. Homosexualität ist ein Symptom für fortschreitende kapitalistische Dekadenz. Heterosexueller Geschlechtsverkehr heißt mit dem Feind schlafen. Pornographie ist die Theorie, Vergewaltigung die Praxis.

Über diese Klischees hinausgehen und die Tür zu sexuellem Neuland aufstoßen heißt, sich auf gefährliches Terrain wagen. Aber es lohnt sich, das Risiko auf sich zu nehmen, weil »korrekte Positionen« in der Politik so gefährlich sind wie im Bett, zumal wenn frau von der Politik des Sex spricht.

Es machte vielleicht keinen Spaß, als Sex gleichbedeutend war mit Objektivierung, Gewalt oder Pflicht, aber es verhalf den Frauen zu einer gemeinsamen Sprache, um die Pervertierung des Sex durch den Sexismus zu beschreiben. Die losgelassene Wut gab einer Politik der Gewalttätigkeit und einer beunruhigenden Einheitlichkeit der Schikanierung Gestalt. Eine wichtige Aufgabe der Frauenbewegung war es, diese »privaten Probleme« in politische Kampagnen umzuwandeln. »Opfer« wurden so zu »Überlebenden«, und Wut ersetzte Scham.

Wir waren über ungleiche Arbeitsmöglichkeiten und unterschiedliche Lohntüten empört, und wir waren entsetzt über gemeinsam erlebte männliche Gewalt in Form von Vergewaltigung, Inzest, sexuellen Belästigungen, Tätlichkeiten gegen Ehefrauen. Die romantisierende Darstellung dieser Gewalt in den Medien, vor allem in der Pornographie, empfanden wir als zusätzliche Schmach.

Die sich daraus ergebenden Kampagnen führten dazu, daß zahlreiche Frauen sich zum erstenmal informierten, was in den Sexläden und in den Rote-Laternen-Bezirken verkauft wurde. Das Eindringen in dieses männliche Territorium war alarmierend. Umgeben von zahllosen Reproduktionen des weiblichen Körpers, wurde den Frauen hier das Gefühl vermittelt, unwillkommene Eindringlinge zu sein. Mehr noch, ein Ausflug in »diesen Teil der Stadt« bedeutete Gefahr, nicht sexuelles Vergnügen. Die schlecht beleuchteten Straßen und lauernden Männer erinnerten uns, daß die Nacht nicht uns gehörte.

Die Bedrohung durch sexuelle Überfälle, die uns durch die Straßen jagte, schien uns nach innen zu folgen, sahen wir sie doch reproduziert in der Pornographie, deren wir ansichtig wurden. Dieses Zeug war eindeutig nicht für uns gemacht, ebensowenig wie die dunklen Straßen. »Holt euch die Nacht zurück«, wurde bald nicht nur die Forderung nach Sicherheit auf der Straße, sondern auch der Slogan der Anti-Pornographie-Kampagne. Der Zusammenhang zwischen männlicher sexueller Gewalt und erotischer Bildwelt wurde so zerlegt. Aus einer komplexen wurde eine kausale Beziehung.

Nicht alle verkäuflichen Bilder waren gewaltsam, ebensowenig wie alle Männer. Aber es bestand wohl kaum ein Grund, die Pornographie zu verteidigen, bloß weil ein Teil nicht anstößig war. Dieser Zorn schnitt tatsächlich fast ein Jahrzehnt lang jede Diskussion unter Frauen über Lust und erotische Bildvorstellungen ab. Noch heute ist es für eine Frau schwierig, sexuelle Bilddarstellungen zu befürworten, ohne daß es den Anschein hat, sie verteidige pornographische Schmähungen. Die Erotik zurückzuholen erweist sich als nicht einfacher als das Zurückholen der Nacht.

Wie könnte es auch anders sein? Die Vision einer nicht-sexistischen weiblichen Erotik ist eine enorme Herausforderung, solange sexuelles Vergnügen weiterhin von seinen beiden großen Brüdern Sexismus und Sexualgewalt begleitet wird. Bei der Betrachtung heterosexueller erotischer Bilddarstellungen fordere ich im stillen: »Überzeuge mich, daß sie das will; beweise mir, daß sie eine bereitwillige, ebenbürtige Partnerin ist.« Natürlich macht der größte Teil der kommerziellen Pornographie sich nicht diese Mühe. Vielmehr scheint der männliche Sieg über einen unwilligen weiblichen Körper oft die »große Sache« zu sein. Es ist unmöglich zu glauben, daß, um welche sexuellen Rituale es auch gehen mag, die abgebildete Fantasievorstellung auf der gegenseitigen Achtung unter Gleichrangigen aufgebaut ist.

Die wenigen erotischen Künstler, denen daran gelegen ist, eine nicht-sexistische heterosexuelle Erotik zu schaffen, neigen dazu, den Sex zu verwischen und die Romantik zu betonen, wo sich die Frauen auf weicherem, sichererem Boden befinden. Die daraus entstehenden Bilder sacken zusammen unter der Last der Behaup-

tung, daß, während Männer zuweilen Frauen nehmen, benutzen und sexuell mißbrauchen, dieser eine Mann dieser einen Frau keine Gewalt antut. Ehrlich.

Ironischerweise gehören zu den besten erotischen Bildern für heterosexuelle Frauen diejenigen, die für homosexuelle Männer geschaffen werden. Schwulenkalender zum Beispiel zeigen den männlichen Körper als Lustobjekt. Der in ihren Posen ausgedrückte Sex stellt es den Frauen frei, Urheberin der Fantasie, Jägerin zu sein. Und diese Fantasie wird nicht beeinträchtigt durch die Andeutung — wie sie in heterosexuellen Bilddarstellungen so oft präsent ist —, daß der Mann seine Maskulinität und Sexualität an unwilligen Frauenkörpern unter Beweis stellen muß.

Der Ausschluß von Frauen aus den Bildern beugt der Konfusion zwischen Vergewaltigung und heterosexuellem Sex vor. Aber eine ideale Lösung ist das nicht. Frauen brauchen sexuelle Bilddarstellungen von *Frauen* als Vorbilder für das erotische Ich. Bilder, die eine neugierige, nicht eine verängstigte Sexualität zeigen: der Hüftschwung einer Mae West, deren Sexpose mit einer grellen Parodie der Femininität gekoppelt ist; oder die zuversichtliche Sexualität einer Bette Midler, die Ängste und Frustrationen kennt (sie klopft auf die lose Haut, die dort hängt, wo ihr Trizeps sein könnte), deren Botschaft jedoch unverändert lautet: »Ich mag Sex, und ich verdiene ihn, bei meinem unstereotypen Körper und meinem gräßlichen Ich.«

Die Schaffung statischer Frauendarstellungen mit erotischem Inhalt hat sich als schwieriger erwiesen. Es besteht ein beinahe witziger Gegensatz zwischen Kalendern für Männer (schwule und heterosexuelle) und solchen für Frauen. Statt Sex werden den Frauen Obst und Gemüse geboten, würdige Portraits großer Schriftstellerinnen oder Gemälde von zeitgenössischen Künstlerinnen. Bis vor kurzem neigten selbst lesbische Darstellungen eher zu Erbaulichkeit als zu Erotik. Lesben mußten sich mit Venuslippenmalbüchern und vaginaförmigen Eßtellern begnügen.

Während heterosexuelle Frauen, wenn sie Softpornos wollen, sich *Playgirl* ansehen können, sind die in *Playboy* präsentierten Frauenbilder für Lesben schon problematischer. Der silikongefüllte, wie lackierte Bunny-Körper dient nicht nur als erträumte Andere; sie ist eine Frau, mit der ich mich identifiziere. Ich bin böse auf sie, und ich habe Angst um sie. Ihre Sexualität bietet mir nichts — sie ist eine Leere, die darauf wartet, gefüllt zu werden. Ihr Erscheinungsbild signalisiert Verwundbarkeit und Hilflosigkeit. Ihre Schönheit ist ein sorgsam konstruierter Appell an die jungenhaften Beschützer.

Diese Frauen rufen einem die Opfer-Heldin der Populärkultur in Erinnerung, deren Sexualität lebensgefährlich ist. Im Film ist die Heldin eine junge Frau, deren augenfällige Schönheit ihr die Aufmerksamkeit eines Psychopathen, einer Macht aus dem Jenseits oder gar eines verrücktgewordenen Aufzugs oder Automobils einbringt. Die Opfer-Heldin ist gewöhnlich unfähig, sich wirksam zu verteidigen. Sollte sie überleben, so verdankt sie dies oft dem Eingreifen eines männlichen Helden.

In der fast schon obligatorischen Duschszene werden wir, die Zuschauer, eingeladen, die hübschen Sachen zu besichtigen. Wir sehen, wie sie sich auszieht und wäscht, während der im Schrank versteckte Psychopath uns bei unserem Voyeurismus Gesellschaft leistet. Eine sorgfältig manikürte Hand fährt langsam über ihren Körper, liebkost Brüste und Schenkel. Kaum beginnt sie dies zu genießen, sich an sich selbst zu freuen, schnellt der Mörder hervor und bereitet ihrer unabsichtlichen öffentlichen Zurschaustellung ein blutiges Ende.

Diese Bilder erschweren die Vision einer frau-identifizierten Erotik. Wann immer eine Frau zur Schau gestellt wird, steigt Wut in mir hoch. Sie ist in Gefahr, ihre Nacktheit ist Grund zur Besorgnis. Und ihre Schönheit ist nicht als Einladung an mich gemeint. Eher ist sie eine Straflektion für die Frauen, wie man es richtig macht.

Ich wünsche mir Heldinnen, die mit Psychopathen fertig werden und dabei sexuell bleiben. Die Schaffung unserer eigenen erotischen Bilder ist ein wichtiger Schritt bei der Rückforderung unseres Körpers und unserer Sexualität. Wie sähe so ein frauenerhebender Porno aus? Erst einmal wäre er wesentlicher Bestandteil einer Bewegung, die Sexismus identifiziert und ablehnt, und in deren Befreiungsvision das *Vergnügen* im Mittelpunkt steht. Er würde Lustgefühle und Anziehungskraft der Frauen verschiedener Körperstatur visuell anerkennen — eine radikale Herausforderung der existierenden Bildwelt, die den Eindruck verstärkt, Sex sei für eine »körperliche« Elite da. Helen Curley Brown bemerkte dazu: »*Playboy* verunglimpft die Frauen nicht, nur Frauen, die nicht schön sind.«[10] Leider könnte man dasselbe auch von den Abbildungen in *Cosmopolitan* sagen. Neue erotische Bilder, die die Mannigfaltigkeit weiblicher Schönheit herausstreichen, könnten dazu beitragen, das kommerzielle Sexappeal-Monopol und die Trennung zwischen den angeblich sexuell Begehrenswerten und den Unwürdigen aufzubrechen.

Der endgültige Test jeglicher weiblichen Erotik ist natürlich der, ob sie tatsächlich erotisch ist. Sehe ich mich durch sie mehr sexuell? Hilft sie mir, mich in zuvor verbotenen, gewagten und vergnüglichen Rollen vorzustellen? Kurz gesagt, regt sie meine Schleimhäute an? Erotik sollte Leben in die Szene , die Kreativität und das Abenteuer des Sex bringen. Sex sollte, wie seine Schwester, die äußere Erscheinung, mehr Spaß machen statt mehr zur Last zu werden. Das Spiel mit unserem Aussehen, die Schaffung eines persönlich oder sexuell provozierenden Image haben ihre eigenen Reize. Uns diese Reize zu versagen, weil sie einst gegen uns eingesetzt wurden, ist verständlich, hat aber bei der Befreiung kaum das letzte Wort.

Betty

Betty

Fast jeder hat Mühe, Geschlecht und Sex auseinanderzuhalten. Man hört zum Beispiel oft, wenn wir in einer sehr freien Gesellschaft lebten, könnte eine von männlich in weiblich umgewandelte Transsexuelle wie ich sich auf feminine Art frei entfalten, und damit wäre das Problem erledigt. Doch für Transsexuelle ist es nicht einfach eine Frage des Geschlechts, sondern mehr der Wunsch, ihre Sexualität umzuwandeln. Ein Mann möchte eine Frau werden — vielleicht sogar eine maskuline Frau.

Jedenfalls wollen transsexuelle Frauen ganz bestimmt keine weibischen Männer sein. Dies ist tatsächlich ein Streitpunkt zwischen schwulen Männern und transsexuellen Frauen. Es gibt drei unterschiedliche Gruppen: Transvestiten in Frauenkleidern, die sich aber entschieden als Männer fühlen, Transsexuelle, die zu den Frauen gehören möchten, sowie diejenigen homosexuellen Männer, die effeminiert (weibisch) sein möchten. Es gibt Ähnlichkeiten, dennoch sind die Gruppen ganz verschieden.

Unter transsexuellen Frauen gibt es genauso viele Variationen wie unter den biologisch als Mädchen geborenen. Es gibt transsexuelle Frauen, die traditionelle Hausfrauen sein möchten, und andere — wie ich —, die sich mehr zum Lesbenmilieu hingezogen fühlen. Uns allen gemeinsam ist aber, daß wir als Angehörige der anderen gesellschaftlichen Sexualgruppe anerkannt werden wollen. Wir möchten von der Gesellschaft als zur sozialen Gruppe der Frauen gehörend identifiziert werden.

Der Feminismus hat dazu beigetragen, die biologische Sexualität (männlich/weiblich) vom Geschlecht (Maskulinität, Femininität) abzukoppeln. Doch es gibt noch die Kategorie *soziale* Sexualität — Mann/Frau. Es ist lächerlich, die Frage »Was heißt es, eine Frau zu sein?« in einer Gesellschaft zu stellen, die Sexualität als fundamentale soziale Kategorie behandelt. Die Menschen werden immer in Männer und Frauen eingeteilt. Visuell kann man in 95 % der Fälle bestimmen, ob jemand ein Mann oder eine Frau ist. Und im Zweifelsfall kann man immer fragen. Und jeder kann immer eine Antwort geben.

Als kleiner Junge wußte ich nichts von Transsexualität, aber aus dem einen oder anderen Grund trug ich meine Haare immer ziemlich lang. Ich bekam Bemerkungen zu hören wie »Das ist ein Junge, der Jungens fickt.« Ich wußte vielleicht nichts von Sex, aber die Aggression verstand ich. Es war schrecklich.

Von zehn bis vierzig zog ich in aller Heimlichkeit Frauenkleider an. Ich stand dabei entsetzliche Ängste aus. Wäre meine Frau nach Hause gekommen und hätte mich erwischt, wäre ich lieber tot gewesen. Absolut wahnsinnige Ängste. Als ich aber imstande war, das alles zu durchbrechen, blieben nicht mehr viele Tabus übrig, derentwegen mir bange sein mußte.

Ich bin recht stolz auf meinen Körper, so wie er jetzt ist. Es gibt natürlich Kleinigkeiten ... aber ich bin ja auch neunundvierzig Jahre alt. Manchmal betrachte ich mein Gesicht und meine, ich sehe immer noch etwas zu maskulin aus. Nicht, daß ich aussehen möchte wie eine zuckersüße Barbiepuppe, aber ich hätte nichts dagegen, mehr wie, sagen wir, Liza Minelli auszusehen. Ein bißchen mehr wie ein knabenhaftes Mädchen.

Wenn ich mich nackt im Spiegel betrachte, finde ich mich etwas zu massiv. In mancher Hinsicht mochte ich meinen Körper vor der Operation lieber. Ach, ich meine ja bloß, nach allem, was ich durch die Operation mit meinem Körper angestellt habe. Nach der Operation dauert es schon ein paar Jahre, bis du lernst, deinen Körper zu lieben.

Vor der Operation war es nicht mein Körper an sich, mit dem ich Schwierigkeiten hatte; es war mein *Geschlecht*. Mit meinem männlichen Körper war ich eigentlich ganz zufrieden. Aber dein Leben wird unmöglich, wenn du versuchst, als Frau in einem männlichen Körper zu leben. Glauben Sie, es macht Spaß, sich kastrieren zu lassen? Du ringst unglaublich mit dem Entschluß. Ich hatte eine Menge Spaß mit meinem Penis. Aber bedenken Sie, die meisten meiner Geliebten sind lesbische Frauen ... man stelle sich die Bestürzung vor, wenn ich nicht operiert wäre. Wie würde ich dann dastehen, wenn ich mit ihnen schlafen wollte?

Und dann die praktischen Probleme mit der Kleidung. Trug ich enge Hosen, konnte jeder sehen, daß ich einen Penis hatte. Trug ich knappe Shorts, hatte ich immer Bedenken, daß meine Geschlechtsorgane zu sehen waren. Hätte ich versucht, mit 'nem Schwanz in eine Frauenkneipe zu gehen, hätten sie mich als Mann rausgeschmissen. Die ganze lesbische Welt spuckt auf dich, wenn du einen männlichen Körper hast.

Und mit heterosexuellen Männern ist es dasselbe. Angenommen, du sitzt in einer Bar, und der Mann neben dir flirtet mit dir. Ich war immer sehr geradeheraus, und darum habe ich ihm ziemlich bald gesagt, was mit mir los war. Und manchmal wollten sie trotzdem mit mir nach Hause, weil sie das besonders prickelnd fanden. Aber du gehst immer das Risiko ein, daß du statt dessen einen Schlag ins Gesicht kriegst. Es ist nun mal ungeheuer problematisch, wenn du versuchst, als Frau mit männlichen Geschlechtsorganen zu leben.

Ich will damit nicht sagen, daß alle Leute sich operieren lassen sollten. Ich habe mich vielmehr in Privatgesprächen und veröffentlichten Artikeln dafür ausgesprochen, daß die Leute sich mehr Zeit nehmen, mit einer hermaphroditischen Lösung zu experimentieren. Doch der gesellschaftliche Druck ist so stark, daß dir kaum eine Wahl bleibt. Man kann nie etwas sagen, das für alle Transsexuellen gilt, aber ich glaube, man kann sagen, daß es bei gut der Hälfte von uns der gesellschaftliche Druck ist, der uns von der Notwendigkeit überzeugt, unseren Körper zu verwandeln.

Wenn du tatsächlich einen hermaphroditischen Körper hast — eine Frau mit Penis —, gehörst du zu einer Minderheit innerhalb einer Minderheit. Ich habe es etwa ein halbes Jahr versucht, aber es war zu schwierig. Mit einer besseren Therapie wäre ich vielleicht damit fertiggeworden. Aber Therapie zielt bei uns nicht darauf ab, daß wir uns selbst akzeptieren. Wenn du Zweifel wegen der Operation äußerst, versuchen sie dich zu überzeugen, daß du eben keine Frau bist. Aber das ist nicht der springende Punkt; wir *sind* transsexuelle Frauen.

Das einzige, was sie für dich tun könnten, wäre dir zu helfen, dich in dieser Gesellschaft so stark wie möglich zu fühlen. Und das tun sie nicht. Sie finden es ohnehin verrückt, daß du dich wie eine Frau mit einem männlichen Körper fühlst. Trotzdem, mit dem hermaphroditischen Körper hätte ich es vielleicht geschafft; seit sieben Jahren habe ich jetzt jeden Tag darüber nachgedacht. Es ist ein verdammt ernster Entschluß.

Die physischen Schmerzen, die mit der Operation verbunden sind, sind gar nicht mal so schlimm. Du bist nur etwa zehn Tage im Krankenhaus. Aber wenn du draußen bist, mußt du dich an einen ganz anderen Körper gewöhnen. Zum Beispiel ging ich ungefähr zwei Wochen nach der Operation aufs Klo um zu pinkeln, und da *stand* ich ... »O nein, natürlich nicht ...« Und als ich nach der Operation zum erstenmal mit einer Frau schlief, da dachte ich, als es soweit war, »Und jetzt gleitet mein Penis rein ... o nein, natürlich nicht ...«

Nach der Operation hatte ich mit allen möglichen Sachen Schwierigkeiten, gerade weil ich mich von meiner Vergangenheit distanzieren wollte. Einen Dildo (künstlicher Penis) zu benutzen war zum Beispiel bis vor kurzem absolut tabu. Selbst oben zu liegen beim Liebesspiel war schwierig für mich; es erinnerte mich zu sehr an die männliche Rolle. Aber das ist alles so verrückt; ich meine, warum soll eine Frau nicht imstande sein, ein Godemiché zu benutzen?

Das Schwierigste bei der Operation ist, daß du hinterher mit dem Orgasmus nicht klarkommst. Nach der Operation hast du keinen Penis und keine Klitoris, und du hast keine Ahnung, wo deine empfindlichen Stellen sind. Du unterziehst dich der Operation mit der Vorstellung: »Vielleicht kann ich nie mehr einen Orgasmus haben.« Aber der Entschluß ist so grundlegend, daß er die Orgasmussorgen bei weitem überwiegt. Der Versuch, mit deinem Chirurgen über Orgasmen zu reden, kann sich als völlig unmöglich erweisen. Ich glaube, das hat eine Menge mit deren Auffassung von Frauen zu tun.

Es ist zum Beispiel typisch für Transsexuelle wie mich, sich eine Vagina konstruieren zu lassen, um bumsen zu können. In dieser heterosexuellen Gesellschaft ist alles auf »Eingang« festgelegt — hast du ein Loch, bist du eine Frau. Aber man könnte natürlich dagegenhalten, daß die Klitoris wichtiger ist.

Hätte ich meinen Penis als übergroße Klitoris oder als Godemiché aus Fleisch und Blut ansehen können, hätte ich damit leben können. Aber solange er meine »Männlichkeit« symbolisierte, wollte ich ihn loswerden. Ich habe von manchen Transsexuellen gehört, sie hätten von frühester Kindheit an ihren Penis weg haben wollen; sie sagen: »Ich habe meinen männlichen Körper immer gehaßt.« Aber bei mir war es eindeutig der gesellschaftliche Druck, weswegen ich mich für die Operation entschied. Das führt stets zu diesen schwierigen Gesprächen über Natur gegen Natur — genau wie die Leute sich endlos über die »Ursachen« der Homosexualität auslassen. Man kommt einfach zu keinem Ergebnis.

Was immer der Ursprung sein mag, es ist in dieser Kultur niemals leicht, transsexuell zu sein. Dein Körper macht eine Aussage, dein Sex meldet etwas anderes. Diese Unsicherheit ist der Motor, der deine Transsexualität antreibt. Und dann läßt du dich operieren, und mit einemmal ist es etwas besser. Aber die ursprüngliche Unsicherheit ist nicht weg. Also läßt du dich noch ein bißchen weiter umformen.

Ich hab es auch getan: noch eine kleine Korrektur am Hintern, ein bißchen Silikon in die Brüste. Es gibt sogar welche, die lassen sich etwas Silikon in die Wangen injizieren, um sowas wie ein Puppengesicht hinzukriegen. Du kannst dich mit Operationen tatsächlich laufend beschäftigen — die Nase könnte etwas gerader, die Hüften könnten runder sein und so weiter.

Wenn du erst mal an kosmetischen Operationen Geschmack gefunden hast, kriegst du allmählich das Gefühl, du kannst dich total umkrempeln. Am Anfang machen Operationen noch angst, aber man kann süchtig danach werden.

Als meine Mutter hörte, daß ich mich operieren lassen wollte, sagte sie: »Du willst dich verstümmeln lassen!« Aber was wir machen, ist keine Verstümmelung. Sicher, etwas wird entfernt, aber an seiner Stelle wird etwas Schönes gestaltet. Ich glaube, einer der Gründe, warum die Leute eine Geschlechtsumwandlungsoperation als Verstümmelung bezeichnen (während niemand eine Nasenoperation oder eine Brustverkleinerung so sieht) ist, daß es hier um die Entfernung eines *Penis* geht und dieses Organ in unserer Kultur eine so starke emotionale und symbolische Bedeutung hat.

Julia

Sobald bei mir Brustkrebs diagnostiziert wurde, befand ich mich mitten in einem Krieg derjenigen, die für die Mastektomie waren, gegen jene, die als Erstbehandlung Lumpektomie (teilweise Ausschälung der Brust) und Bestrahlung befürworteten. Der Arzt, der für die Mastektomie war, war überzeugt, daß ich dadurch geheilt würde – »Sie wollen doch nicht mit Ihrem Leben spielen, nicht wahr?« Natürlich wollte ich nicht mit meinem Leben spielen, aber wenn ich überzeugt werden konnte, daß Lumpektomie und Bestrahlung ebenso wirksam waren, wollte ich meine Brust auch nicht verlieren.

Ich entschied mich schließlich für die geringere Prozedur. Auf den kleinen Eingriff folgte eine fünfwöchige Behandlung, fünf Tage in der Woche eine Minute Bestrahlung täglich. Ich war so müde, die Behandlung hat mich total erschöpft. Sie entfernten wirklich eine Menge von mir, darauf hatten sie mich nicht vorbereitet. Sie taten es mit einem fröhlichen «Sie werden schon drüber wegkommen« ab. »Nächste Woche fühlen Sie sich besser.«

Oder aber ich kam hin und kriegte, als der Chef der Röntgenabteilung zu seiner dreiminütigen Untersuchung reingefegt kam, zu hören: »Großartig sehen Sie aus! Einfach fabelhaft! Sieht sie nicht prächtig aus?« Die Ärzte sind dazu da, dir zu sagen, daß es dir prima geht, und nicht um zu fragen, wie du dich fühlst. Also war ich »großartig« und »fabelhaft«, ein Beweis für ihre gute Behandlung.

Ein Jahr später mußte ich dann doch eine Mastektomie machen lassen, weil in derselben Brust noch ein kleiner Herd entdeckt wurde. Ich war nun daran gewöhnt, daß ich Krebs hatte, und wurde viel besser damit fertig. Im Rückblick waren die schlimmste Zeit wohl die zwei Wochen der Entscheidung, als ich zum erstenmal erfuhr, daß ich Brustkrebs hatte. Ganz am Anfang lag ich nachts in ausgesprochener Panik im Bett. Mir ging dauernd ein Bild durch den Kopf, wie ich über den Flur in den Operationssaal geschoben wurde. Meine Brust sollte aus meinem Körper gerissen werden. Ich würde eine klaffende Wunde haben. Ich sah nichts als diese klaffende, blutige Wunde. Ein entsetzliches Bild.

Als ich dann wirklich mit der Notwendigkeit einer Mastektomie konfrontiert war, hatte ich diese Bilder nicht mehr. Die Mastektomie erwies sich als weniger entsetzlich als angenommen. Es ist ein Fehlen, nicht ein Vorhandensein. Meine Freundinnen sagten, auch sie hätten mit so etwas wie einer Brandnarbe gerechnet: eine runzlige Fleischmasse. Aber es ist weiter nichts als eine saubere Hautfalte, glatt wie eine Kinderbrust.

Hinterher erzählte mir mein Geliebter, er sei besorgt gewesen, wie er körperlich zu mir stehen würde. Glücklicherweise machte es ihm nicht viel aus. Er sagte bloß: »Na und, das bist doch du, oder nicht?« Ich finde das erstaunlich; viele Männer haben damit mehr Schwierigkeiten.

Mein bewegendstes Gefühl ist Trauer. Du trauerst um einen Teil deines Körpers. Ich habe mich nie wie ein schreckliches Opfer gefühlt, ich empfand nur eine tiefe Traurigkeit. Ich hatte meinen Körper wirklich gern, ich mag mich nicht an einen neuen gewöhnen. Es ist ein schmerzlicher Prozeß, aber ich glaube, allmählich werde ich stärker.

Ein Hilfsmittel für die Erhaltung meines Selbstbildes war meine starke visuelle Vorstellung von meinem Körper als Rahmen oder Schale. Außen an dieser Schale waren Dinge wie Brüste oder Haare, alles was außerhalb von mir war. Von diesen äußeren Dingen etwas wegnehmen war wie Obst von einem Baum pflücken. Der Baum wurde nicht beschädigt. So würde innerlich nichts beschädigt werden. Ich wußte, es würde hart sein, aber am Ende würde es keine Rolle spielen.

Es ist seltsam und schmerzlich, aber nach der Operation willst du unbedingt die Beste sein. Du willst allen zeigen, daß du stark bist, daß du es bewältigen kannst, daß es dich nicht berührt. Du hörst andere tapfere Mastektomiegeschichten und fragst dich: »Bin ich auch so gut?«

Ich habe von einer Frau gelesen, in deren Familie es eine Menge Fälle von Brustkrebs gab. Sie hatte sich für Lumpektomie und Bestrahlung entschieden, ihre Schwestern dagegen entschieden sich für Mastektomie. Ihre Schwestern trugen ihre Narben wie eine Art Verdienstorden. Es war ihr zehntes Jahr, und sie wollte es richtig feiern. Die Zehnjahresmarke ist wichtig — der Krebs war nicht wiedergekommen, sie hatte ihre Brust noch. Sie hatte Lust auszugehen und ein tief ausgeschnittenes Kleid anzuziehen. Aber sie feierte mit ihren Schwestern und brachte es einfach nicht fertig. Sie zog statt dessen ein hochgeschlossenes Kleid an.

Was tun die Menschen sich doch alles gegenseitig an. Statt einfach zu akzeptieren, daß es unzählige Formen von Reaktionen gibt, strafen wir uns selbst. Die Frauenbewegung ist dazu da herauszufinden, was für dich angenehm ist. Sie ist nicht dazu da, neue strenge Regeln aufzustellen. Ich wünsche keinen Druck, ich will mir nicht sagen lassen, daß ich es anders machen soll. Ich fürchte, keine Prothese zu tragen wird wieder eine neue Regel.

Es ist erst sechs Monate her. Ich fühle mich mit meinem Körper noch nicht richtig wohl. Es wird allmählich besser, aber ich kann nicht ohne Prothese zur Arbeit gehen. Und ich habe das Gefühl, daß ich es auch in Zukunft nicht will. Der Arbeitsplatz ist nicht der richtige Ort für eine politische Aussage über dieses Thema. Ich will nicht auffallen.

Tanya Neiman Foto: Patricia Pacheco

Ich habe festgestellt, wenn ich eine weite Bluse trage, merkt niemand was. Vielleicht kommt es mal soweit, daß ich meine Kleidung einfach sorgsam auswähle und keine Prothese trage. Aber vorerst gehört sie einfach zu meiner Ausstattung; ich ziehe Strümpfe und Schuhe an, trage schicke Kleider und Makeup — und eine Prothese.

Ich habe immer noch Zeiten, da ich mir deformiert vorkomme und ich ganz durcheinander bin. Neulich ging ich in der Nähe meines Arbeitsplatzes zum YWCA, um die Sportmöglichkeiten auszuprobieren. Es war schrecklich eng, überfüllt, es wimmelte förmlich von Brüsten. Zwei Brüsten pro Person. Alle Formen und Größen. Es gab keine Körper in Zusammenhang mit Gesichtern, nur Brüste. Es gab keinen Platz zum Umziehen. Ich mußte mich auf der Toilette umziehen.

Ich fühle nicht so sehr Selbstmitleid, eher Zorn. Warum muß ich mich so beschissen fühlen? Warum müssen alle voraussetzen, daß Körper vollständig sind? Und manchmal denke ich wütend: »Verdammt, warum mußte das passieren? Ich will mich nicht damit abfinden.«

Die Mastektomie hat meine Einstellung zum Sex berührt. Am Anfang war ich ganz erschöpft und dachte, ich dürfte im Bett nicht die Initiative ergreifen, weil mein Freund es vielleicht nicht wollte. Er war gehemmt, weil *ich* vielleicht nicht wollte, und er wollte es nicht erzwingen. So endeten wir damit, daß wir umeinander herumtänzelten, wir waren ja so einfühlsam. Ich kam mir sehr entblößt vor, wenn ich nackt war. Ich kam mir sogar unter der Decke entblößt vor, weil wir im Bett waren, was auf Sex hindeutete.

Vor einiger Zeit hatten mein Freund und ich uns auf eine Art Monogamie festgelegt, nicht aus starrem Prinzip, sondern weil alles andere einfach zu kompliziert und zu unbefriedigend war, außer wenn wir wegen unserer Arbeit im Ausland auf Reisen waren. Da wollten wir frei sein zu tun, worauf wir Lust hatten.

Dann kam die Mastektomie und damit das Gefühl, daß es mit Gelegenheitssex vorbei war. Ich dachte, damit könnten die Männer nicht fertigwerden. Ich konnte es mir nicht mal ausmalen. Ich hatte das Gefühl, sollte meine Beziehung jemals enden und ich mich intensiv auf einen Neuen einlassen wollen, dann würde ich natürlich damit fertig. Es würde immer etwas geben, womit man *fertigwerden* mußte ...

Etwa drei Monate nach der Mastektomie wurde ich auf eine internationale Konferenz eingeladen. Ein Freund, mit dem ich vor vielen Jahren eine intensive Beziehung hatte, war auch eingeladen. Wir waren über die Jahre freundschaftlich verbunden geblieben. Ich glaube, wir dachten beide, daß wir uns irgendwann wieder begegnen würden. Wir reisten beide viel und wußten, daß wir uns irgendwann in unserem Leben wiedersehen würden.

Er rief an, als er von der Mastektomie erfuhr, und ich erzählte ihm, daß ich an der Konferenz teilnehmen würde. Er hatte es ebenfalls vor. Ach, dachte ich, es ist ein Jammer. Es war die reinste Ironie. Wir trafen uns auf der Konferenz und unterhielten uns großartig.

Je mehr Alkohol ich konsumierte, umso morbider war mir zumute. Ich saß da und machte ein verzweifeltes Gesicht. »Was ist los?« »Gib mir eine Zigarette, dann sag ich's dir.« Dabei rauchte ich gar nicht mehr. Im wesentlichen sagte ich, ich hätte mir lange Zeit ausgemalt, daß wir eines Tages wieder zusammensein würden, bei einer Gelegenheit, wenn wir beide außer Landes seien, und nun seien wir hier, und mein Körper habe sich verändert. Er sagte: »Ich glaube nicht, daß sich dadurch für mich etwas ändern würde, aber ich weiß es nicht. Ich weiß nur, daß es viel Spannung in etwas bringt, das mal einfach war.«

Am nächsten Abend gingen wir wieder aus, und hinterher gingen wir auf einen Drink in sein Zimmer. Wir tändelten lässig herum, dann brach ich abrupt ab. »Warte mal. Ich muß wissen, was hier vorgeht.« Also redeten wir noch ein bißchen. Als klar wurde, wo wir hinsteuerten, sagte ich: »Ich möchte zwei Dinge klarstellen, falls wir wirklich miteinander schlafen: Erstens, ich zieh mein Oberteil nicht aus, und zweitens, die rechte Brust ist in Ordnung.« Er lachte. »Herrgott, bist du kraß!« Und wir landeten tatsächlich im Bett, und ich konnte mein Oberteil nicht ausziehen. Da hätte ich mich zu entblößt gefühlt. Aber es klappte trotzdem. Die nächsten zwei Nächte verbrachten wir zusammen. Später wurde mir klar, daß die Tatsache, daß ich mit ihm schlief, einen unglaublichen Einfluß auf meinen Umgang mit mir selbst hatte. Weil er mich noch attraktiv fand, fühlte ich mich mit meinem Körper viel wohler. Diese von außen kommende Bestätigung hatte ich gebraucht.

Kathay

Als Heranwachsende hielt ich mich nicht für hübsch. Ich war bloß dick. Und als dickes Mädchen mußte ich auf alles verzichten: Ich gehörte zu keiner Clique, ich hatte keinen festen Freund, ich habe nicht geheiratet, ich hatte keine Geschirrspülmaschine ...

Eigentlich war es regelrecht widersprüchlich. Ich wollte diese Dinge gar nicht, wenn das bedeutete, ich müßte »mädchenhaft« sein. Wie so viele Mädchen, war ich wirklich klug. Und doch mußtest du in diese andere alberne Persönlichkeit schlüpfen, wenn Jungen in der Nähe waren. Die beliebten Mädchen, hinter denen sie herliefen, um ihnen den Krempel zu tragen, benahmen sich immer so dämlich.

Das Zusammenwirken des Hasses auf die Rolle »dämliches Mädchen« und der Erkenntnis, daß ich als dickes Mädchen beim Illustrierten-Schönheitsquiz versagen würde, brachte mich dazu, meine Sexualität »abzuschalten«. Ich flirtete nicht, weil ich nicht scheitern wollte und wußte, es war mein Schicksal zu scheitern. Ich wollte mich nicht bloßstellen. Aber als ich abgenommen hatte, hatte ich zum erstenmal den Eindruck, daß das Ganze eine Frage der Entscheidung war.

Daraufhin lautete die Frage, welche Aspekte der femininen Rolle wollte ich weiterhin verwerfen, und mit welchen wollte ich mein Spiel treiben? Flirten ist zum Beispiel etwas wirklich Neues für mich. Ob ich ausgehe und flirte, hängt davon ab, wie ich aussehe. Ich tu es nur, wenn ich schlank bin. Wenn ich dick bin, erwarte ich nicht, daß man mich attraktiv oder hübsch findet. Ich rechne nicht mit einem Flirt — ich ziehe mich aus dem Verkehr. Ich will keinen Sex, das versteht sich von selbst, und ich rechne damit, daß mein Fett für mich spricht.

Aber die Kehrseite — schlank sein — hieß, daß ich eine Schlampe wurde. Ich war absolut unkritisch. Es war eine so neue Erfahrung, ich hatte keinerlei Kontrolle darüber. Ich lief herum auf der Suche nach etwas, war aber nicht sicher, was es war oder wie ich es bekommen sollte. Und ich war völlig verblüfft, daß ich überhaupt etwas bekam.

Wenn ich heute flirte, bin ich immer noch ganz verwirrt. In mancher Hinsicht komme ich mir vor wie ein Baby, ich habe das Üben in den Jugendjahren verpaßt. Wenn die Flirterei anfängt, ist mir, als marschierte ich auf den Altar zu. Das kommt davon, daß ich nicht weiß, wie man nein sagt. Wenn einer mit mir flirtet, muß ich mit ihm ins Bett. Ich habe die Situation nicht unter Kontrolle. Ich habe noch nicht gelernt, wie man mit Flirt umgeht. Es kommt mir immer noch vor wie eine unvermeidliche Kette von Ereignissen, die im Bett enden. Ich weiß, Sex ist für die meisten Frauen kompliziert, aber für dicke Frauen ist er ein besonderes Problem.

Neulich nahm ich an einem Workshop für dicke Frauen teil. Es war einer der bedeutendsten Momente, als eine sagte: »Ja, wir als dicke Menschen sind unterdrückt, und ja, einige unserer besten Freundinnen waren fett, aber habt ihr euch je zu einem dicken Menschen hingezogen gefühlt?« Und plötzlich hörte die Diskussion mittendrin auf. Für mich ist das der Kern der Sache. Wenn wir uns weiterhin zu Illustriertentypen hingezogen fühlen und ihnen nacheifern, finden wir Menschen, die anders sind, untragbar — uns selbst inbegriffen.

Offenbar möchten wir alle Gegenstand von jemandes Begierde sein. Aber die Bilder, die man uns zeigt — zumal die erotischen — stellen eine körperliche Elite dar. Sie werden uns vors Gesicht gehalten und sagen uns andauernd, wie eine sexy Frau auszusehen hat. Und doch ist sie nichts anderes als eine Gummipuppe, die darauf wartet, daß jemand sie grapscht und ihr an den Titten rumfummelt. Ich habe tatsächlich eine Reklame für eine Gummipuppe gesehen — »Lovely Lisa« oder so — Mund offen, Unterschrift: »Sie ist schön, sie ist willig, sie ist fügsam und gibt keine frechen Antworten.«

Wenn ich schlank bin, trage ich mit Vorliebe sexy Unterwäsche — Korsagen, Strumpfhalter und Strümpfe. Ich habe dabei immer ein leichtes Schuldgefühl, aber ich ziehe die Sachen zu gerne an. Ich komme mir unglaublich sexy vor und habe doch Gewissensbisse, von wegen aussehen wie »Lovely Lisa«. Aber für mich ist es ein großer Unterschied, ob ich die Sachen für weibliche oder männliche Geliebte anziehe.

Ich glaube nicht, daß die Männer imstande sind, da durchzublicken. Meine Freundinnen wissen, es ist ein Witz. Doch gleichzeitig wissen sogar wir, daß es kein Witz ist. Immer ist *Penthouse* da, um uns zu sagen: »Diese Frauen machen es die ganze Zeit, und seht, wie weit sie es damit gebracht haben; sie sind attraktiv, begehrt und reich.« Nein, ein rechter Witz ist das nicht.

Die Kehrseite ist, als dicke Frau existierst du einfach nicht als Frau. Wenn ich dick bin, lebe ich nicht in meinem Körper. In meinem Kopf geht es rum: »He, das bin ich nicht.« Wie ein Tonband, das in meinem Kopf abläuft und sich einmischt: »Das zählt nicht, weil ich dick bin. Ich bin nicht wirklich hier, weil ich dick bin. Das zählt einfach nicht ...«

Ich hasse das, aber ich kann es nicht stoppen; denn das Schlimmste am Dicksein ist, daß nicht nur deine Einbildung dir sagt, du zählst nicht. In mancher Hinsicht zählst du tatsächlich nicht. Es ist eine mutige Tat für eine dicke Frau, sich in der Öffentlichkeit zu zeigen. Jeden Tag wird dir gesagt: »Geh nach Hause, das hier ist nicht für dich. Die Welt ist nicht für dich.«

Als ich in die Welt der Schlanken eintrat, hatte ich plötzlich das Gefühl, ich hätte ein Recht zu existieren. Ich war eine neue Frau. Im Berufsleben hatte ich Erfolg – als Schauspielerin war ich in der Welt des Theaters zu Hause. Für eine Schauspielerin ist schlank sein lebenswichtig. Es gibt Rollen für Frauen, und es gibt *eine* Rolle für dicke Frauen. Außerdem, wenn du im Rampenlicht stehst, auf der Bühne oder im Film, bleibt dir nichts erspart.

Joan Rivers hat ihre Karriere auf den zehn Pfund Übergewicht aufgebaut, die Elizabeth Taylor mit sich rumschleppt. Liz Taylor ist unendlichem Spott ausgesetzt. Wir sind empört. Wie kann sie es wagen! Sie muß bestraft werden, weil sie, einst der Stolz der Nation, sich hat »gehenlassen«.

Ich war ungefähr zwei Jahre lang schlank, führte ein flottes Leben, trank, nahm eine Menge Drogen, schwelgte in der Theaterwelt. Ich hatte Größe 36 und sah fantastisch aus. Ich hatte es geschafft. Und fühlte mich miserabel. Ich konnte es nicht verstehen. Mein Leben lang war schlank sein das Größte. Wenn du schlank bist, ist das Leben vollkommen. Schlanke Menschen sind nie ganz unten.

Als ich schlank wurde, bekam ich ständig Streicheleinheiten von allen Leuten, sogar von meinen feministischen Freundinnen: »Gut siehst du aus. Wie schlank du bist!« Nach einer Weile stellte sich heraus, daß ich trotz meines sagenhaften Körpers doch nicht so gut vorankam. Jetzt machten die Leute besorgte Gesichter, wenn sie sagten: »Gott, bist du dünn ...« Aber es gefiel mir. Ich war dünn, aber hektisch wie eine unter einem Glas gefangene Motte.

Als ich 118 Pfund wog, guckte ich immer noch in den Spiegel und sah eine dicke Person. Ich meine, ich wußte, ich sah gut aus, und ich besaß alle Kleider der Welt, die bewiesen, für wie gutaussehend ich mich hielt. Aber ich machte wirklich verrückte Sachen, wenn ich neue Leute kennenlernte. Sie durften auf keinen Fall erfahren, daß ich mal dick war.

Wenn ich in einer Gruppe von Leuten war und sie anfingen, über jemanden zu reden, der oder die dick war, erstarrte ich. Ich dachte, wenn ich mich ganz still verhielt, würden sie mich nicht angucken und merken, daß auch ich dick war. Erst kürzlich wurde mir klar, daß die anderen Leute mich nicht für dick hielten, weil sie sonst nicht in meiner Gegenwart so geredet hätten. Aber ich erstarrte einfach, wie ein Tier, das einen Jäger wittert.

Während dieser Zeit ging ich einmal mit einer Gruppe Frauen aus, von denen ich annahm, daß sie mich nicht aus meinen früheren dicken Zeiten kannten. Eine von ihnen – später erfuhr ich, daß sie sich aktiv mit den Anliegen der Dicken befaßte – fragte mich: »Du warst früher mal dick, nicht? Was ist das jetzt für ein Gefühl?«

In meinem Kopf klingelte eine Alarmglocke. Woher wußte sie das? Wer hatte es ihr gesagt? Ich war nicht mehr passabel; jemand wußte Bescheid. Vielleicht bin ich immer noch dick? Vielleicht verhalte ich mich dick? Das erste, was mir entfuhr, war: »Findest du mich dick?« Sie sagte natürlich: »Wo denkst du hin?« Sie wollte nicht mein Spiegel sein.

Janice

Als Kind und als Teenager war ich nicht im Rollstuhl. Ich bewegte mich sehr langsam und schmerzhaft auf Krücken, aber ich wollte nichts tun, wodurch ich auffiel. Im Theater oder Restaurant sagten die Leute immer: »Warum gehst du nicht rein, bevor die Masse kommt?« Lieber stand ich in der Schlange, bis ich umfiel. Die wöchentliche Schulversammlung war ein Alptraum. Ich durfte erst rein, wenn alle schon saßen ... Gott, wie ich das haßte; ich haßte es, mich zum »Schauspiel« zu machen.

Trotz des Gefühls, manchmal ein Schauspiel zu sein, kam ich mir wegen meiner Behinderung eigentlich nicht häßlich vor. Ich wußte natürlich, daß ich mit den Krücken nicht gerade attraktiv aussah. Irgendwann sagten alle Leute zu mir: »Du hast ein wunderschönes Gesicht.« Eine Weile gefiel mir das. Bis mir klar wurde: »Sie sagen, ich hab ein hübsches Gesicht und vom Hals an abwärts ist nichts.« Da fing ich an, mich zu wehren, ich gab ihnen zu verstehen: »Liebt mich, liebt meinen ganzen Körper.« Es tat gut, mich endlich davon zu befreien.

Meine Liebhaber sagen selten, sie lieben mich wegen meines Aussehens. Der typische Mann ist, glaube ich, ganz auf physische Vollkommenheit versessen. Ich habe das Gefühl, ich darf mich über meine Vorlieben nicht ehrlich äußern. Wenn ein Mann mich erwischt, bin ich sehr verlegen. Einmal sagte mir einer, er liebe mich, und ich vergaß meine Vorsicht und sagte: »Ich liebe dich auch.« »Ja, ich weiß«, sagte er. Ich wäre fast gestorben — ich hätte meinen sollen, klar, er weiß es, ich hab's ihm ja gesagt, oder? Statt dessen war mir gräßlich zumute, weil ich mich verraten hatte. Da waren wir und sagten uns, daß wir uns liebten. Es hätte wundervoll sein sollen, aber ich fühlte mich nur bloßgestellt.

Es ist zum Teil generationsbedingt. Aber durch meine Behinderung ist mir immer bewußter gewesen als den meisten Frauen meines Alters, daß man mich zurückweisen würde. Einige von den Kerlen, die mir gefielen, waren dieselben, die mir sagten, ich hätte ein schönes Gesicht, aber ...

In den 60er Jahren gehörte ich einer Gruppe an, die sich »Sexual Freedom League« (Liga für sexuelle Freiheit) nannte. Das war im Grunde eine Ausflucht für Paare im mittleren Alter, die ihre Ehe langweilte und die mal frei bumsen wollten. Ich bin da eingetreten, weil mein Mann sich dafür interessierte, und weil ich irgendwas zwischen uns am Laufen halten wollte. Ich dachte, dies wäre vielleicht ein Weg.

Als ich da eintrat, merkte ich, was ich wert war. Wir waren fünf oder sechs Jahre dabei, und dann starb die Gruppe eines natürlichen Todes wie viele andere Erscheinungen der 60er Jahre. Sie konnte sich in den 70ern einfach nicht halten. Heute sehe ich sie als notwendige Erfahrung an; es hing mit meiner Sexualität und Attraktivität zusammen.

Zu diesen Zusammenkünften kamen nette Frauen mittleren Alters; sie waren einfach die »Ehefrauen von irgendwelchen Männern«. Ich war eine von ihnen. Wir saßen alle im Zimmer herum, sozusagen die »Preise«. Immer war eine statuenhafte Blonde dabei, und jeder Mann im Raum wollte sie. Es spielte keine Rolle, wie der Mann aussah; er konnte dickwanstig und kahlköpfig und alt und klapprig sein, ein regelrechtes körperliches Wrack. Er wollte sie trotzdem. Und ich saß da und wurde wahnsinnig. Da waren diese richtig netten Frauen, jede von ihnen wäre genau so gefällig gewesen, aber alle wollten nur die eine.

Ich erlitt etliche schlimme Schocks, gewann aber auch Anerkennung. Ich sah in der »Sexual Freedom League« einen Mikrokosmos der Welt. Sagen wir, von hundert Männern übergingen mich fünfzig gleich, weil ich behindert war oder ihren Kriterien von gutem Aussehen nicht entsprach. Und von den übrigen fünfzig sagten fünfundzwanzig: »Ich schätze dich als Freundin, aber sexuell ist nichts drin.« Und von den fünfundzwanzig, die übrigblieben, sagten vielleicht fünfzehn, »Ich schlaf mit dir, weil es prickelnd sein könnte, es mit 'ner behinderten Frau zu machen«; solche perversen Typen gibt's ja. Und dann blieben vielleicht zehn, die sagten: »Du bist sexy und alles, was eine Frau für mich sein muß. Legen wir los.« Ja, so ist das Leben.

Es war wichtig für mich, das zu entdecken. Ich hatte oft das Gefühl, behinderte Frauen, die sich mit einem Mann einlassen wollen, sind schrecklich benachteiligt, weil die Männer so großen Wert auf gutes Aussehen legen. Frauen viel weniger. Ich suche mir einen Mann nicht nach seinem Aussehen aus. Ein behinderter Mann hat auf dieser Welt viel bessere Chancen, Partnerinnen zu finden.

Das Alter einer Frau ist auch ein Hindernis für die Männer. Ich werde diese Woche fünfundfünfzig. Meine Bekannten können nicht glauben, daß ich fünfundfünfzig bin, deshalb denke ich allmählich, ich dürfte nicht fünfundfünfzig sein. Ich gebe zu, mir ist ein bißchen mulmig zumute, weil ich älter werde. Die Leute verübeln dir das. Warum tun meine Bekannten immer so schockiert, wenn ich sage, ich bin fünfundfünfzig? Warum sagen sie immer »O nein, das kann doch nicht wahr sein!« Als ob das was Schreckliches wäre. So was nimmt dich ganz schön mit.

Oft zögere ich, den Leuten mein Alter zu verraten. Ich muß zugeben, als Heterosexuelle mag ich nicht, wenn die Männer wissen, wie alt ich bin. Ab einem bestimmten Alter sinkt dein »Marktwert« beträchtlich. Es wäre einfach netter, für fünfundvierzig statt für fünfundfünfzig gehalten zu werden. Ein Mann wird geschätzt, einfach weil er ein Mann ist. Eine Frau muß ihren Wert beständig beweisen, indem sie sich pflegt und »erhält«.

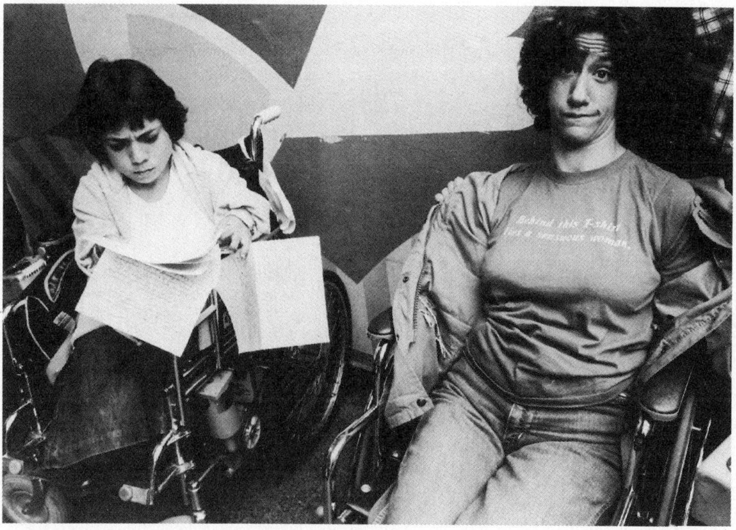

Ann und Corbett Foto: Jane Scherr

Aurora

Ich bin in einer sehr armen Landgemeinde in den Bergen von Puerto Rico aufgewachsen. Meine Mutter wuchs in Spanisch-Harlem und anderen Stadtteilen New Yorks auf. Mein Vater ist nordamerikanischer Jude russischer Herkunft. Ich hatte es also immer mit mehr als einer kulturellen Tradition zu tun.

Die Mutter und die Schwester meiner Mutter halten sich ganz an die feminine lateinamerikanische Tradition: jede Menge Schminke und tiefausgeschnittene sexy Kleider. Meine Mutter rebellierte dagegen, sie trug T-Shirts und Hosen und weite Hauskleider. In ihrem Badezimmer ist ein Fläschchen Pflanzenöl und eins mit Maisstärke, die als Puder dient. Ein ganz zweckmäßiges Bad. Das Badezimmer meiner Großmutter ist wie ein Tabernakel der Kosmetikindustrie, mit Hunderten von Flaschen und Töpfchen mit goldfarbenen Deckeln.

Die Rebellion meiner Mutter hatte zum Teil mit der Hinwendung von der traditionellen Femininität zum Feminismus zu tun und mit der Ablehnung der Art und Weise, wie ihre Mutter mit ihrer Sexualität umging. Aber zum Teil hatte sie auch mit dem Fortgang aus ihrer Kultur und Klasse zu tun, als sie meinen Vater heiratete. Sie trat in eine Gesellschaftsschicht der USA ein, wo sie, um mitzuhalten, sich etwas zurückhalten mußte. Als wir in die USA zogen, erwartete man von meiner Mutter, daß sie eine respektable, tüchtige Ehefrau sei, aber sie redete zu laut, gestikulierte zuviel. Später knüpfte sie an ihre kulturelle Herkunft an und wählte lebhafte Farben, sie trug lose, bunte Gewänder und auffallende Ohrringe. Aber mit dem Rest konnte sie nichts anfangen.

Eine Zeitlang spürte ich einen schrecklichen Druck, mich anzupassen. Als ich merkte, daß es die Leute gar nicht so aufregend fanden, daß ich aus Puerto Rico kam, fing ich an, meinen Spitznamen Lori zu benutzen. Eine Zeitlang wollte ich unbedingt wie die aussehen, die dazugehörten, die weißen Mädchen der Mittelschicht. Ich dachte, vielleicht kann ich auch so ein jüdisches Vorstadtkind sein. Aber was ich auch tat, ich konnte meine Puerto-Rico-Herkunft nicht ganz ablegen.

Als Teenager kultivierte ich einen »exotischen Stil«, indem ich bunte, tiefausgeschnittene, unter den Brüsten zusammengehaltene Kleider trug. Ich glaube, das war teils ein Versuch, an Puerto Rico festzuhalten. Ich galt allgemein als sehr sexy. Ich war Partnerin eines der »Starpaare« in meinem Freundeskreis und bekam oft zu hören, ich sei schön. Aber zugleich kam es mir immer wie eine Zurschaustellung vor. Ich hatte das Gefühl, Puertoricanerin zu sein bedeutete, ich müsse besonders sexy sein. Der einzige Weg, meine kulturelle Identität zu bewahren, schien zu sein, der Klischeevorstellung von der heißblütigen Lateinamerikanerin zu entsprechen.

Aber ich war auch die Tochter meiner Mutter und wuchs während des Aufschwungs des Feminismus Ende der 60er und Anfang der 70er Jahre auf. Ich trug oft Bluejeans und T-Shirts oder weite Hemden. Teils weil sie bequem waren, teils weil ich fand, es sei die richtige Kleidung für mich als Feministin und als Tochter einer Feministin. Vielleicht trug ich sie auch, weil ich mit meinem Körper nicht zufrieden war und die Sachen mir halfen, mich zu verstecken. Trotzdem hatte ich gleichzeitig große Lust, mich richtig schick zu machen. Das Tragen femininer Kleider führte zu Streit mit meiner Mutter und Auseinandersetzungen mit meinen feministischen Freundinnen.

Letztes Jahr bin ich losgegangen, um Geld für Kleider auszugeben, und ich kaufte mir einen Spitzen-BH. Als ich es meiner Mutter erzählte, ist sie ausgeflippt. Sie ist richtig erschrocken. Sie dachte, ich hätte es getan, um für Männer attraktiv zu sein, sie meinte, ich würde mich verkaufen. Es war ihr offensichtlich gegen den Strich gegangen, wie ihre eigene Mutter ihre Sexualität benutzt hatte, um Situationen in den Griff zu bekommen. Ich brauchte eine ganze Weile, bis ich den BH anziehen konnte, ohne mir wie eine Hure vorzukommen.

Neulich wohnte ich bei einem Heimatbesuch bei meiner Großmutter in Puerto Rico. Ich hatte mich richtig darauf gefreut, teils weil ich wußte, daß sie mich in alle möglichen hautengen Kleider stecken würde. Und weil ich sie besuchte, hatte ich die uneingeschränkte Erlaubnis, die Sachen anzuziehen. Wenn ich ihr Haus betrete, konfisziert sie als erstes meine Bluejeans. Sie tut sie weg, »für die Wäsche«, und ich sehe sie bis zu meiner Abreise nicht wieder. Dann holt sie einen ganzen Haufen Negligés hervor und will wissen, in welchem ich schlafen möchte. Und ich genieße es einfach, statt daß es mir peinlich wäre. In ihrem Badezimmer gibt es parfümierte Seife, fünfzehn Shampoos und zehn Körperpuder. Ich sehe das eher als sinnliches Erlebnis statt als ein Ritual, mit dem frau einen Kotau vor den Männern macht.

Allerdings bat meine Großmutter mich während des Besuchs, ja sie flehte mich regelrecht an, mir die Beine zu rasieren, bevor wir an den Strand gingen. Sie sagte, sie könne nie mehr erhobenen Hauptes gehen, wenn die Nachbarn mich mit diesen behaarten Beinen sähen. Als ich nachgab, heulte sie wahrhaftig. Ich bin unentwegt dabei, die Besorgnis meiner Großmutter, daß ein bestimmtes Aussehen der einzige Weg sei, sich durchzusetzen, sowie die strikte Ablehnung meiner Mutter der darin enthaltenen Unterdrückung abzuwägen gegen die Sinnlichkeit, die ich wirklich mag. Mir die positiven Seiten der Ansichten sowohl meiner Großmutter als auch meiner Mutter zunutze zu machen, ist sehr kompliziert.

Der erste Schritt war eine Neubewertung meiner Garderobe. Als ich aus Puerto Rico zurückkam, räumte ich alles aus meinem Kleiderschrank, was ich »haben mußte«, aber nicht mehr anzog, meine alte blaue Malerhose zum Beispiel. Ich wollte farbiger und experimentierfreudiger werden. Ich wollte nur Kleider tragen, die ich liebte.

Ich fühle mich tatsächlich immer anders, wenn ich verschiedene Sachen trage. Ich bin mir bewußt, daß die Entscheidung, ob ich Hosen und Hemd oder einen Rock mit Bluse anziehe, das Bild widerspiegelt, das ich der Welt vermitteln will. Ich fühle mich in Hosen besser geschützt. Aber manchmal fühle ich mich in einem Kleid stärker. In einem Kleid hat frau eine Bewegungsfreiheit und Sinnlichkeit, die ich mit meiner Kindheit assoziiere.

Ich glaube, Sinnlichkeit ist in der lateinamerikanischen Kultur selbstverständlich, hier dagegen nicht. Sinnlichkeit und Sexualität haben in den zwei Kulturen verschiedene Bezüge. In Puerto Rico ist es einer Frau eher möglich, sich sinnlich zu bewegen, ohne daß es unbedingt sexuell wäre. Ich habe viel Zeit damit zugebracht, Frauen beim Gehen zu beobachten, weil ich mit Lateinamerikanern groß geworden bin, die sagten: »Du kannst eine von 'unseren' Frauen immer daran erkennen, wie sie auf der Straße geht.« Ich habe mich immer gefragt: Habe ich es hingekriegt? Oder gehe ich wie eine Nordamerikanerin? Wenn ich mir vorstelle, ich bin eine Lateinamerikanerin und gehe auf der Straße wie die, denke ich, daß ich stark belästigt werde. Wenn ich mich im puertoricanischen Milieu sehe, erscheint es mir sicherer, langsam zu gehen und die Hüften zu schwingen. Dann stelle ich mir keine solchen Belästigungen vor.

Auch das Thema dick sein wird in den beiden Kulturen unterschiedlich behandelt. Als ich zum erstenmal nach zehn Jahren nach Puerto Rico zurückkam, sagten alle zu mir: »Du hast dich verändert. Du bist dicker geworden.« Zuerst dachte ich, die Leute wollten mir damit sagen, es gefiele ihnen nicht, wie ich aussah, zumal ich so ziemlich dasselbe Gewicht hatte wie damals, als ich wegging. Doch schließlich wurde mir klar, daß es als Kompliment gemeint war: »Du bist hübsch rundlich.« Ich hatte es vergessen: Für Menschen, die von ihrem Boden leben und oft vor dem Verhungern stehen, ist dünn sein ein Zeichen von Versagen, Krankheit oder Unglück. Ich glaube, Frauenkörper werden auch mehr gewürdigt wegen unserer Fähigkeit, Kinder zu gebären. Deshalb werden auch große Brüste und breite Hüften mehr geschätzt. In diesem einen Monat haben die Leute mir die ganze Zeit was zu essen vorgesetzt, und ich habe es genossen. Ich aß mit Freuden und wurde mit Freuden dick. Ich habe mir nie viel Gedanken über mein Gewicht gemacht, aber es war befreiend zu essen, ohne daß jemand mir sagte, ich würde häßlich davon.

Leider wandelt sich diese Auffassung allmählich. Wenn die Menschen in der Gesellschaft aufsteigen oder vom Land in die Städte ziehen, ändert sich die Vorstellung, was akzeptabel und attraktiv ist. In wohlhabenderen Kreisen und in den Städten gewinnt »reizvoll schlank« die Oberhand. Als ich in Puerto Rico war, war die Tochter einer anderen Familie, mit der ich aufgewachsen war, zu Hause zu Besuch. Sie war vor Jahren in die Stadt gezogen, hatte einen Ingenieur geheiratet und war auf der Klassenleiter aufgestiegen. Während ihres Besuches zu Hause bekam sie einen Riesenkrach mit ihrer Cousine, weil sie ihr dauernd sagte, wie fett sie sei: »Du mußt abnehmen, du siehst aus wie eine Kuh.«

Die Hautfarbe ist in Puerto Rico ein weiterer schmerzlicher Punkt. Hellhäutige sind etwas ganz Besonderes, und man bekommt viel Negatives zu hören, wenn man »dunkel« ist. Nach puertoricanischen Maßstäben bin ich hellhäutig. Die Hautfarbe war für mich immer ein heikles Thema. In Puerto Rico gelten sogar Leute als »weiß«, die dunkler sind als ich. Aber dann kommen wir in die Staaten, und plötzlich gehörst du zu den »Kaffeebraunen.«

In Puerto Rico hatte niemand Zweifel, daß ich Lateinamerikanerin war. Aber ich galt eindeutig als weiß. Und hier in den USA komme ich mir brauner vor, als ich wirklich bin.

Als ich nach Kalifornien zog, engagierte ich mich stark in der Politik der Frauen der »Dritten Welt« – eine Bewegung, zu der zu gehören ich im tiefsten Innern kein Recht zu haben glaubte. Anfangs wurde ich oft herausgefordert: »Wast tust du hier? Dies ist nur für farbige Frauen ...«

Gott, das war hart. Doch in den letzten paar Jahren hat sich das geändert. Den Frauen wird allmählich klar, daß die Vorstellung, wie Farbige »auszusehen haben«, rassistischen Klischees entstammt, die wir in mancher Hinsicht akzeptiert haben.

Eine meiner besten Antworten auf die Bemerkung »Du siehst gar nicht puertoricanisch aus« ist: »Was meinst du damit, ich sehe nicht puertoricanisch aus? Ich bin Puertoricanerin, du siehst mich an, also sieht eine Puertoricanerin so aus.« Es hat mich gelehrt, wie falsch das Schablonendenken ist, das anderen Leuten so selbstverständlich zu sein scheint.

Rassismus ist ein Problem für Leute, die als passabel gelten können; du mußt deine Identität aufgeben, um akzeptabel zu sein, und du läufst dauernd mit dem Bewußtsein herum, daß du einen »heimlichen Makel« hast. Wenn jemand herausbekommt, daß du Lateinamerikanerin bist, fühlt er sich genarrt, irgendwie hintergangen. Als ob du versuchen würdest, dich durchzumogeln ... Eine, die weiß, sie ist weiß, auch wenn sie womöglich dunkler ist als ich, muß das nicht mit sich herumschleppen.

Auch was deine eigene Kultur aussagt, ist sehr gemischt. Hellhäutige schwarze Frauen erzählen mir oft, sie werden von der schwarzen Frauenbewegung abgelehnt, weil sie zu hell aussehen. Gleichzeitig erhalten sie von ihrem Kulturkreis Komplimente, weil sie eben ihrer hellen Haut wegen so schön sind. Du hörst den verinnerlichten Rassismus sagen: »Fein, du kannst abhauen, du kannst es schaffen.« Aber er sagt auch: »Hau ab.«

Ich habe jetzt erst angefangen, mich nicht nur damit abzufinden, daß ich Puertoricanerin bin, sondern auch damit, daß ich ein Mischling bin. Endlich beginne ich mich wohlzufühlen, wenn ich in den Spiegel schaue, weil mir gefällt, was ich sehe. Meine Haare sind hell wegen der ukrainischen Juden und blonden Spanier. Ich bin eine Mischung aus alledem. Statt mir zwischen zwei Welten verloren vorzukommen, fühle ich mich als Angehörige eines neuen Volkes, das aus der Mischung geschaffen wurde.

Daß mir bei der Mischung, die ich im Spiegel sehe, nun wohler zumute ist, hat mir geholfen, meine äußere Erscheinung spielerischer zu gestalten. Meine Kleider sind immer bunter geworden. Ich rasiere mir jetzt die Beine, und zwar nur des Rituals und der sinnlichen Empfindung von glatter Haut wegen. Aber mit meinen Haaren habe ich mehr Probleme. Sie sind symbolisch für meine gemischte Identität. Wenn ich sie dunkler oder heller färbte, würde ich die Balance zugunsten einer meiner Identitäten verschieben. Ebenso, wenn ich mir Locken machen würde. Meine Haare sind ein Symbol, ich habe darum gekämpft, daß sie genau so sind, wie sie sind.

Nach dem Streit mit meiner Mutter wegen meines BHs hatte ich eine Zeit, ein Monat oder so, wo ich jeden Tag über eine Stunde zum Anziehen brauchte, weil alles, was ich aus meinem Schrank nahm, irgendeine Aussage darstellte, und ich wollte überhaupt keine Aussage machen. Ich wollte einfach losgehen, ohne daran zu denken, wie ich aussah.

»Saucy and Champaign«

5 Aufbruch zu einer farbigeren Revolution

Der Feminismus hat dazu beigetragen, uns von den Fesseln der Playboy-Bunny-Schönheit zu befreien, doch erst jetzt beginnen die Frauen, wirklich befreiende, das heißt spielerische und persönlich befriedigende Alternativen auszuprobieren. Dies verspricht ein ebenso aufregendes wie schwieriges Unterfangen zu werden. Die einzige Möglichkeit, wie vorteilhafteres Aussehen zu einer Quelle der Freude statt der Befangenheit werden kann, ist die feste Verwurzelung in unserem, von der äußeren Erscheinung unabhängigen Selbstwertgefühl. Schicke Kleidung kann nur Spaß machen, wenn sie mit der Zuversicht einhergeht, daß wir auch ohne Ausstattung und Kostüme Achtung, Zuneigung, Bewunderung und Begierde verdienen.

Doch trotz nahezu zweier Jahrzehnte persönlicher und politischer Resolutionen fürchten die meisten von uns immer noch, wir seien einfach nicht gut genug. Die konventionellen weiblichen Schönheitsnormen bestehen nach wie vor, und ironischerweise hat der Feminismus sogar neue Normen hinzugefügt, an denen wir uns messen können und denen wir entsprechen möchten: die »Musterfeministin«. Die Musterfeministin besticht uns mit der Achtlosigkeit, die sie attraktivem Aussehen entgegenbringt. Ihr Selbstvertrauen verleiht ihr Schönheit, nicht umgekehrt. Vor allem aber will sie niemals einfach nur passabel sein, unbemerkt bleiben, sich anpassen. Sie verspürt nie das glühende Verlangen, nicht dauernd mit ihrer Erscheinung eine Aussage über ihre Positionen (Sexualität, Klassenzugehörigkeit, Religion, ethnische Zugehörigkeit) zu machen.

Was diese Superfrau zu einem totalen Fantasiegebilde macht, ist ihre Fähigkeit, sich über die täglichen Kränkungen des Sexismus zu erheben. Dieser Traum der perfekten Verkörperung der Frauenbefreiung, die aus einem Meer von Sexismus hervorgeht, ist eine feministische Variation des »Sozialismus in einem einzigen Land« — und ebenso schwierig zu verwirklichen. Irgendwo auf dem Weg dorthin scheinen wir vergessen zu haben, daß die Musterfeministin ein Geschöpf unserer Träume war, und fingen an, uns an ihr zu messen. Dem anhaltenden Gefühl femininer Unzulänglichkeit fügten wir somit die Scham über unser angebliches Versagen als Feministinnen hinzu.

Die Frauen, die in der realen Welt leben, können jedoch selten mit ihrer äußeren

Erscheinung machen, was sie wollen; auch ist angepaßtes Äußeres kein Anzeichen für individuelle Schwäche, sondern die normale Reaktion auf einen immensen Druck. Obwohl wir dies wissen, klammern wir uns an die Vision von der Musterfeministin als Symbol des Widerstandes und der Hoffnung, daß individueller Wagemut schließlich doch Schutz in einer feindseligen Welt bietet. Manchmal ist es leichter zu träumen, eine Superfrau zu sein, als sich den langsamen Fortschritt auf dem Weg zur Beseitigung der Ungleichheit einzugestehen.

Der Traum vom Superhelden ist ein Zeichen individueller Frustration angesichts einer überwältigenden Übermacht. Der ungeheuer populäre Eddie Murphey als Axel Foley in *Beverly Hills Cop* verkörpert einen solchen Helden, eine vollendete Fantasievorstellung des persönlichen Triumphs über die Erniedrigungen von Stil, Klasse und Rasse. Während des ganzen Films tritt er ausschließlich in Jeans, Sweatshirt und Turnschuhen auf — und bringt es fertig, daß alle anderen in der imagebewußten Welt von Beverly Hills übertrieben angezogen wirken.

Foley, ein Schwarzer der Arbeiterklasse, scheint niemals »fehl am Platz«, noch fürchtet er »an seinen Platz verwiesen« zu werden. Es scheint ihm tatsächlich nicht bewußt zu sein, daß ihm überhaupt ein Platz zukäme. Er bleibt er selbst, überzeugt, die Welt werde ihn zu diesen Bedingungen akzeptieren. Und in der Fantasiewelt des Films tut sie es selbstverständlich. Rassismus und Klassenvorurteile werden durch Foleys unerschütterliche Freundlichkeit und ungetrübtes Selbstvertrauen abgewehrt. Sein stilloser Stil ist eine Aufforderung, ohne den Kompromiß der »richtigen« Kleidung, der »richtigen« Sprache, des »richtigen« Verhaltens ernstgenommen zu werden.

Diese kühne Selbstsicherheit ist ein berauschendes Seherlebnis für jeden, der im realen Leben Demütigungen erfahren hat. Leider ist Unverschämtheit leichter, wenn sie im Drehbuch steht. Jenseits der Leinwand haben aufsässige Schwarze, aggressive Frauen, anmaßende Homosexuelle und alles andere widerspenstige Gesindel mit größeren Widerständen zu kämpfen. Wer etwas anderes behauptet, nährt entweder eine Fantasie oder setzt zu großes Vertrauen in die »Macht« der Gleichsetzung.

In ihrem Buch *The Sceptical Feminist* (Die skeptische Feministin) übersieht Janet Radcliffe Richards in ihrem Wunsch, den Feminismus vor seinen radikalen Tendenzen zu bewahren, die Verbindung zwischen persönlichem Widerstand und politischer Unabhängigkeit. Sie behauptet, die Frauen, die es absichtlich unterlassen, den »Männern gefällig« auszusehen, seien schuld an dem Glauben, daß Feministinnen häßlich sind, und schreckten jene Frauen ab, die ansonsten feministische Ziele unterstützen würden:

»... Viele andere Frauen, deren Ansichten durchaus feministisch sind, weigern sich, sich mit dieser Unattraktivität zu verbünden ... Das Image der Bewegung entsteht durch die Individuen, die ihr angehören; wenn eine große Zahl von ihnen unattraktiv ist, wird die Bewegung als Ganzes als unattraktiv verurteilt ...«[1]

»Unattraktivität« ist nach Janet Radcliffe Richards' Meinung besonders unentschuldbar, weil wirkungslos:

»... die Weigerung, den Männern zu gefallen, kann kein Mittel zur Verringerung der Abhängigkeit der Frauen von ihnen sein, denn wenn sie es sich leisten können zu ignorieren, was die Männer von ihnen denken, bedeutet das, daß sie bereits unabhängig sind; es kann sich dabei höchstens um eine Geste des Widerstandes handeln.« (ebd.)

Janet Radcliffe Richards verneint damit einen möglichen Zusammenhang des Widerstandes mit der schließlichen Befreiung und behauptet, die Weigerung, konventionell-attraktiv zu sein hieße, sich ins eigene Fleisch schneiden.

Es ist zweifellos wahr, daß die »gefällige Frau« Schönheit und Sex als Mittel zur Macht einsetzen kann. Leider sind die Frauen, die ihre körperliche Schönheit gezielt einsetzen, um den Männern Macht zu entwinden, besonders anfällig für »das Problem« in Gestalt jüngerer, schönerer Rivalinnen.

Andererseits sind die »unauffälligen« Frauen, die nicht versuchen, die Macht abzulenken, sondern sie unmittelbar selbst anstreben, sich ziemlich sicher, daß sie für ihre »Unattraktivität« bestraft werden. Ungeachtet Janet Radcliffe Richards' Beurteilung ist dies weniger eine Sache der äußeren Erscheinung als des »schlechten Benehmens«.

Das eigentliche Versagen der rebellischen Frau ist nicht, daß sie sich nicht eifrig genug um den Titel der »gekrönten Schönheit« bemüht, sondern daß sie offenbar nicht an dem Wettbewerb um »Miss Kongenialität« interessiert ist. Ob eine Frau sich tatsächlich »leisten kann zu ignorieren, was die Männer denken« oder nicht: Wenn sie einmal diese Erwartungen verletzt, wird »Unabhängigkeit« zur Notwendigkeit. Nicht nur Männer, auch andere Frauen können gegen sie kämpfen, sie füllen den sicheren Platz aus, den sie freigemacht hat, und verkörpern die »braven Mädchen« im Gegensatz zu ihrem verwerflichen Ehrgeiz.

Aber jeder auf dem direkten rebellischen Weg erzielte Erfolg vergrößert die Unabhängigkeit einer Frau, ebnet anderen Frauen die — nicht von Männern gesäumten — Wege zur Macht und befreit die weibliche Sexualität. Wenn frau ihre Vorzüge nicht gegen etwas anderes »einhandelt«, hat sie allen Grund, Freude zu erwarten.

In einem Aufsatz, der sich an »dicke Frauen« wandte, sich jedoch auf uns alle in unserer Unvollkommenheit übertragen läßt, behauptet die Psychologin Jean Sarris, daß die Frauen ihre Selbstachtung nicht in dem Versuch zu gefallen schützen, sondern in dem trotzigen Widerstand gegen feindselige Verurteilung. Jean Sarris bedrängt die Frauen, ein für allemal und mit aller Kraft, Energie und Wut, die sie aufbringen können, die Rolle des sanktionierten Opfers abzulegen ... »Lernt, euch Beleidigungen zu widersetzen ... Gebt euch selbstbewußt ... Besteht auf eurer Würde.«[2]

Bis die Frauen, ungeachtet ihrer äußeren Erscheinung, als vollwertige und gleichberechtigte Menschen anerkannt werden, wird jede von uns weiterhin gegen beängstigende Hürden anrennen, die vor Selbstachtung und Selbstanerkennung aufgebaut sind. Um über individuelle Akte des Widerstands hinauszugehen, müssen wir die sozialen Unterminierungen unseres Unzulänglichkeitsgefühls identifizieren und abwehren. Wir müssen zum Beispiel erkennen, daß in einer wirtschaftlich geteilten Gesellschaft Kleidung und Erscheinungsbild als Einschüchterung *beabsichtigt* sind, indem sie auf die relative Macht der gesellschaftlichen Position hinweisen. Über 40 Millionen Amerikaner leben in Familien, deren Jahreseinkommen unter 10.000 Dollar liegt. Jedes vierte Kind in den USA lebt in Armut. Fast die Hälfte der schwarzen Männer im arbeitsfähigen Alter ist arbeitslos.[3] Aber die Reagans haben Pomp und großen Stil ins weiße Haus zurückgebracht. Die Realität dieser Kluft macht das Spiel mit der äußeren Erscheinung zu einer bitterernsten Angelegenheit.

Es ist schwer, sich seines »Klasse«-Aussehens zu erfreuen, wenn man sich dadurch von denen distanziert, die sich diesen Stil nicht leisten können, denen, die nach wie vor »in ihrer sozioökonomischen Herkunft gefangen« sind. So wie der Sexismus die Vergnügungen des Sexappeal verdirbt, so wird ökonomische Ungleichheit weiterhin mögliche Freuden an Stil und Lebensart unterbinden. Und solange weibliche Schönheit eines bestimmten Typs von unverhältnismäßig mächtigen Männern belohnt wird, solange wird die äußere Erscheinung keine Quelle reiner Freude sein.

Die schöne Frau wird dem Mann, der sie begehrt, weiterhin als Symbol des femininen Geheimnisses dienen, und dem, der Anspruch auf sie erheben darf, als Symbol von Potenz und Erfolg. Und für die anderen Frauen bleibt sie ein Symbol des Ideals, an dem sie gemessen werden. Das kann sich erst ändern, wenn die Schönheit ihre verzerrte Machtposition bei der Einschätzung des »Wertes einer Frau« verliert, das heißt, wenn die Abhängigkeit in der Beziehung zwischen Frauen und Männern abgebaut ist. Die Einstellung zum Erscheinungsbild ist mit den Strukturen der sozialen, politischen und wirtschaftlichen Ungleichheit untrennbar verbunden.

Mögen individuelle Akte des Widerstandes auch nicht gleichbedeutend sein mit der Aufgabe, die strukturellen Ungleichheiten von Rassismus und Sexismus zu überwinden, so sind sie doch keineswegs unwichtig. Der Kampf gegen den Druck, sich anzupassen, das Bemühen, sich gegen die kommerziellen und kulturellen Vorstellungen dessen, was akzeptabel ist, zu behaupten, ist ein entscheidender erster Akt des Widerstandes. Der Versuch, uns anzupassen, verbirgt uns tatsächlich vor denen, denen wir gleichen. Am Ende berauben wir uns gegenseitig unserer authentischen Spiegelbilder. Statt dessen fürchten wir, da teilweise Unsichtbarkeit nun mal die konforme Mode ist, einander in die Augen zu sehen ... »He, was guckst du so?«

Wir schauen rasch weg. Vielleicht bringt diese Frau es besser und betont dadurch meine Unvollkommenheiten. Vielleicht hat sie dieselben Mängel wie ich und stellt bloß, was ich behutsam zu verbergen trachte. Wenn ich nicht hinsehe, sieht sie vielleicht auch nicht hin. Nicht sehen wird der Preis, den frau entrichten muß, um nicht gesehen zu werden, keine Aufmerksamkeit zu erregen. Und doch, vieles von dem, was wir als »monströs« und schockierend zu entblößen fürchten, ist nur aufgrund der fabrizierten, vollkommen künstlichen Uniformität ungewöhnlich.

Wahre Vielfalt kann nur dann eine Quelle der Kraft werden, wenn wir lernen, dazu zu stehen, statt sie zu verhüllen. Nur dann können wir uns gegenseitig als verschieden und *daher aufregend*, unvollkommen *und in sich genügend* anerkennen.

* * *

Auf einem Solidaritätsmarsch von Landarbeiter/innen gegen nicht organisierte Weinbauern marschieren wir zu mehreren Hundert eine ganze Woche durch Mittelkalifornien. Bei diesem langsamen, gleichmäßigen Tempo hast du Zeit, zu sehen und über das Gesehene nachzudenken. Meine Augen lernen zu verweilen, da ein Gegenstand lange Zeit im Blickfeld bleibt — ganz anders als die vertrauten verwischten Eindrücke aus dem Autofenster.

Am Abend des letzten Marschtages sehe ich mich in Muße in dem Lieferwagen um, wo ich mit acht bis zehn anderen Frauen zusammengedrängt sitze. Nach buchstäblich auf der Straße verbrachten Tagen sind wir schmutzig, wettergegerbt und still — es ist die seltene Ruhe, die von der Erschöpfung und einer Woche ohne das Geschwätz der Medien kommt. Nicht eine von uns hat die Energie, »nett zu gucken«, nett zu handeln, überhaupt was zu tun. Und doch spricht aus unseren Gesichtern eine selbstbewußte weibliche Schönheit, die sich in jedem Augenpaar, das meinem Blick begegnet und ihn festhält, widerspiegelt.

* * *

Indem wir lernen, einander mit reflektiertem Stolz anstatt Angst anzusehen, machen wir uns gegenseitig sichtbar. Nur dann werden wir ermutigt, unseren Fantasien ungehemmt Ausdruck zu verleihen, nur dann finden wir die Courage, das Ungewöhnliche zu tun, statt in das gefahrlose »Angemessene« zurückzufallen. Das Spiel mit der äußeren Erscheinung ist nur möglich, wenn das »Pauschalpaket« aus Geschlecht und Garderobe, Identität und Erscheinungsbild, Schönheit und Status aufgebrochen wird. Die trotzige Beharrlichkeit des Feminismus hat diese starken Verknüpfungen erschüttert. Praktische, funktionelle, bequeme Sachen haben endlich ihren rechtmäßigen Platz im Kleiderschrank der Frau. Bluejeans, vernünftige Schuhe und ein ungeschminktes Gesicht sind der bleibende Beweis früher gewonnener Kämpfe. Vielleicht kann unsere Garderobe erst jetzt, da unsere Kultur allmählich Platz schafft für die Bedürfnisse und Wünsche der Frauen, neben der Kämpferinnenkluft auch modische Elemente enthalten. Es ist ein Anzeichen für unsere wachsende Macht, daß die feministische Mode es sich zunehmend wohl sein läßt mit Straßohrringen und Metallnieten, Lederkrawatten, silbernen Schuhen, umgeschnalltem Dildo oder Spitzen-BH, sinnlich leuchtendem Lippenstift auf von einem flaumigen Bart umrahmten Mund, buntem Rock, bequem über den behaarten Beinen beider Geschlechter getragen. Derartige Schritte hin zu einer farbigeren Revolution schärfen unser Bewußtsein, daß Befreiung mehr ist als ein Bündel Beschwerden, und erinnern uns daran, daß Vergnügen und Kreativität zu den Zielen unseres langfristigen politischen Vorhabens gehören.

Bibo

Ich stamme aus einer altmodischen neuenglischen Familie. Meine Mutter, die wirklich schön war, hat sich nie geschminkt. Das war nichts Ungewöhnliches. Gebildete, »anständige« Frauen schminkten sich nicht. Frauen, die sich schminkten, gehörten zur Arbeiterklasse oder waren Prostituierte. Außerdem: »Wenn du es nicht nötig hast, sollst du es auch nicht tun.« Und das Komische war, wenn sie sich doch mal schminkten, sah es aus, als hätten sie aufgesetzte Münder, weil ihr einziges Makeup aus einem knallroten Lippenstift bestand. Als sich der Makeupstil später änderte, schminkten sich die Frauen viel öfter, um so auszusehen, als wären sie ungeschminkt — um natürlich auszusehen.

Ich bekam oft Streit in der Frauenbewegung, weil ich nie aufgehört habe, mich zu schminken. Außerdem hatte ich das alles schon vor ewigen Zeiten gehört: Wir haben es nicht nötig, also tun wir's auch nicht ... »Anständige« (heute heißt das »politisch korrekt denkende«) Frauen schminken sich nicht — dieses Argument war mir bekannt. Ich fand das Thema albern, und sofern es für mich interessant war, war es lediglich ein simples Problem.

Die Einstellung der Bewegung zum Thema Schönheit war immer von Grund auf radikal, simplizistisch und puritanisch. Die Menschen, die dieser Periode entwachsen sind, sich aber weiterhin für diese Themen interessieren, versuchen sie in eine Art Synthese aufzulösen, die erst noch erfolgen muß.

Das wichtigste von allem, es erfordert Selbstvertrauen.

Ich habe mächtige Selbstzweifel, aber nie habe ich mich nicht leiden können. Manchmal vergesse ich, daß es einfach zu viele Frauen gibt, die sich selbst nicht mögen, Frauen, die den Haß und den Weiberhaß der Kultur verinnerlicht haben. Das ist ein grundlegendes, echtes Problem: Wie kann es einem Spaß machen, etwas zu tun — sich schick anziehen —, bei dem die Grundlage dieses Vergnügens — die Selbstachtung — nicht ganz funktioniert?

Jean

Die wohl radikalste Aussage über meinen Zustand ist, daß wir alle brutal unterdrückt werden von denen, die unsere Ängste bündeln und sie uns dann wieder verkaufen. Die Kultur ist davon so durchdrungen, daß es schwierig ist, Abstand zu gewinnen und das zu erkennnen.

Meine Welt besteht aus Therapeuten, die angeblich aufgeklärte Menschen sind. Doch wenn ich versuche ihnen klarzumachen, das Wichtigste an der Arbeit mit dicken Menschen ist, ihnen zu helfen, sich zu akzeptieren, antworten die Therapeuten unweigerlich: »Ja; denn wenn sie sich akzeptieren, fühlen sie sich vielleicht besser und nehmen ab.« Es ist ihnen nur schwer begreiflich zu machen, daß das nicht der springende Punkt ist.

Wenn frau sich je von dem Spezialthema, etwa Gewicht, lösen könnte, würde sie entdecken, daß Minderwertigkeitsgefühle eine ganz universelle Erfahrung sind. Denn irgendwas muß ja da sein. Frauen ist nämlich nicht gestattet zu sagen »Ich bin großartig.« Was mich ärgert, ist die Frau mit durchschnittlichem Gewicht, die jammert, wenn sie mal ein Kilo zugenommen hat. Ich habe darauf tatsächlich Dinge geäußert wie: »Also, ich bin großartig — was bist dann du?« Sie wollen unbedingt dieses ganze Zeug von wegen »so gräßlich häßlich« durchkauen, aber mit mir im selben Zimmer dürfte das etwas schwierig sein.

Interessant an der ganzen Sache mit dem Gewicht ist, daß es im allgemeinen nicht erlaubt ist, Menschen beschissen zu behandeln. Aber unter gewissen Umständen ist es erlaubt — und Übergewicht ist so eine Situation. Es ist selbstverständlich, daß die Leute dir zustimmen, wenn du ekelhaft zu ihnen bist: »Himmel, guck dich an, du bist fett und schlampig.« »Ach ja, ich weiß, das ist nicht recht von mir ...« Wenn sie so anfangen und du siehst ihnen in die Augen und sagst »Schluß damit«, dann hören sie auf. Denn solche Sachen nimmt man sich nur bei einem Opfer heraus.

Was mich erschreckt, entsetzt, erschüttert ist, daß Frauen so leichte Opfer sind. Statt zu sagen »Leck mich, du kannst mir mit deinem Scheißgewicht gestohlen bleiben«, lassen Frauen sich darauf ein. Es fällt ihnen schwer zu erkennen, daß dieses ganze Zeug Feindseligkeit ausdrückt. Nicht Besorgnis, kein soziales Angebot, sondern Feindseligkeit. Weil die Frauen nicht sagen können »Hör mal, du Miststück, ich will so was nie wieder hören.«

Es ist wirklich ein trauriger Zug der Gesellschaft, daß eine Menge Leute mit einer Menge feindseliger Neigungen herumlaufen und nach jemandem Ausschau halten, die oder der wie ein Opfer aussieht. Und Gewicht ist eine wunderbare Gelegenheit.

Neulich war ich draußen im Uni-Schwimmbad, als eine Gruppe Teenager über Gewicht zu quatschen anfing. Ich habe denen gesagt, »Fein, ich bin vielleicht zu dick, aber ihr werdet ein Leben lang grausam und gehässig sein. Es wird ein Fluch sein, ich wünsche euch viel Spaß dabei.« Aber frau denke, wie dieses Erlebnis für die meisten anderen dicken Frauen gewesen wäre. Ich meine, ich muß mich ganz schön zusammennehmen, mich öffentlich im Badeanzug zu zeigen, und dann machen diese Gören ihre gemeinen Bemerkungen, und die Frau zieht sich unter Tränen zurück und bekommt die nächsten fünfzehn Jahre keine Sonnenbräune ab.

Ich stamme aus einer Familie ziemlich dicker Frauen, aber ich bin wohl die einzige, die sich wegen ihres Gewichts nicht von Grund auf verachtet. Meine Mutter ist größer als ich und eine ganze Portion dicker als ich jetzt. Meine beiden Großmütter waren dick, und meine Großtante war sehr korpulent.

Die Rituale und das Verhalten rund ums Essen, wenn meine Familie zusammenkam, waren peinlich; diese ganzen Frauen, die überredet werden mußten, ein zweitesmal zuzugreifen — »O nein, nein, wirklich nicht, nein, nein ...« Sie redeten und redeten und nahmen schließlich doch. Und hinterher saßen alle da und klopften sich leicht auf den Brustkasten, um einen Rülpser rauszulassen, mit hängenden Mündern, angeekelt und wütend auf sich. »Ich hab's wieder falsch gemacht.« Nicht imstande, sich ganz der Ferienstimmung zu überlassen, weil die Zwiespältigkeit in bezug auf das Essen so tiefgründig war. Einerseits hatten sie Unmengen gekocht, und es war gutes Essen. Andererseits dieses »Aber eigentlich dürfte ich gar nicht.«

Meine Großmutter mütterlicherseits bekam einen Heiratsantrag, als sie schon über sechzig war. Meine Großtante war in eine Dreierbeziehung verwickelt, bis sie die fünfzig überschritten hatte. Bei all diesem Gerede, wie gräßlich und häßlich und abstoßend Übergewicht dich macht, haben sie es recht gut getroffen. Aber sie konnten es nicht erkennen. Attraktivität hatte sich von ihrem Zweck gelöst. Wenn es der Zweck der Attraktivität ist, Angehörige des anderen Geschlechts — oder in einigen Fällen desselben Geschlechts — anzuziehen, dann kommt es gar nicht so sehr auf das Gewicht an.

Ich wurde heftig bedrängt, ich sollte abnehmen, mit der Begründung, ich wäre dann schöner, attraktiver. Eine wichtige Aussage zur Dokumentierung meiner Unabhängigkeit wurde: »Nehmt mich wie ich bin.« Und ich hatte Erfolg damit, zum großen Teil deswegen, weil das, was die Menschen in anderen Menschen suchen, längst nicht so viel mit der äußeren Erscheinung zu tun hat wie man vielleicht denkt. Du kannst dich bei einem gesellschaftlichen Anlaß darauf verlassen, daß alle anderen furchtbar nervös sind. Wenn du deine eigene Nervosität überwinden und mit ihnen reden kannst, hast du gewonnen. Dicke Frauen ziehen hierbei meistens den kürzeren, weil sie sich selbst so sehr verachten, daß sie die nervösesten unter den Anwesenden sind.

Ich glaube, in dieser Gesellschaft kannst du nicht aufwachsen, ohne, falls du dick bist, ein zwiespältiges Verhältnis zu deinem Körper zu haben. Natürlich verneh-me auch ich die selbstkritische Stimme, aber ich höre nur bis zu einem gewissen Punkt zu, dann schalte ich ab. Aber ich spüre den Druck. Wenn ich in ein Kaufhaus gehe und in so einen dreiteiligen Spiegel sehe, dann denke ich, »Ach du lieber Himmel ...« Aber neuerdings hat Macy's eine Abteilung für dicke Frauen, und ich kann dort zum erstenmal Kleider anprobieren, die mir zu groß sind. Es ist ein herrliches Gefühl, vor dem Spiegel zu stehen und zu sagen: »Oje, das sitzt überhaupt nicht. Ich brauche eine kleinere Größe.«

Wenn ich also sage, »Ich bin großartig«, so ist das teils ein Trick, und teils meine ich es wirklich. Ich habe Mut genug, es zu äußern — aber natürlich habe ich auch meine Unsicherheiten. Ja, auf ziemlich abstrakter Ebene meine ich es ernst. Ich bin ein guter Mensch, klug, tüchtig, eine gute Arbeitskraft, freundlich, geduldig, ausdauernd. Was könnte all das aufheben und bewirken, daß jemand in mir keine tolle Person sehen mag? Aber das Selbstvertrauen der meisten dicken Frauen ist dermaßen untergraben, daß sie diese Frage nicht stellen können. Warum erwartet man bei alledem auch noch von mir, daß ich steppen kann?

Keetje

Ich bin neunundsiebzig Jahre alt; mir scheint, mir bleibt kaum noch eine Wahl, ob ich meinen Körper mag oder nicht. Manchmal betrachte ich meine Altersgenossinnen und finde, ich habe besonders viele Falten. Aber dann sagt meine Tochter, meine Sehkraft sei einfach nicht mehr so gut wie früher, so daß ich die Falten bei anderen nicht so deutlich sehe wie bei mir. Jedenfalls kann ich ohnehin nichts daran ändern, also bekümmert es mich auch nicht sehr.

Älterwerden war für mich relativ leicht. Ich nehme an, wenn man als junger Mensch wirklich schön und daran gewöhnt war, sich mittels seines Aussehens zu verschaffen, was man brauchte, dann kann älterwerden ziemlich bedrückend sein. Aber ich war nie besonders schön, deshalb hatte ich nie das Gefühl, dem Alter etwas opfern zu müssen.

Meine ältere Schwester war die hübschere, mit blonden Haaren, blauen Augen und regelmäßigen Zügen. Meine Großmutter sagte immer zu mir, »Es kommt nicht darauf an, ob du hübsch bist oder nicht, solange du nur reizend bist.« Aber ich kam schon frühzeitig dahinter, daß ich auch nicht gerade reizend war und beschloß, stattdessen unerhört zu sein.

Ich war mein ganzes Leben lang modebewußt. Ich wollte immer unbedingt auffallen, denn es gab für mich nichts Schlimmeres, als nicht beachtet zu werden. Sollten die Leute ruhig sagen »So eine Ziege« oder »So ein gräßlicher Aufzug«, aber es durfte nicht passieren, daß ich irgendwo war und die Leute hinterher sagten, »Ach, Keetje war auch da? Sie ist mir gar nicht aufgefallen.«

Wie man sich anzieht, wirkt sich stark darauf aus, wie die Leute auf einen reagieren. Ich glaube, das gilt umso mehr, je älter man wird. Ich habe es tatsächlich ausprobiert. Zuerst gehe ich wie eine alte Dame in unauffälliger Alte-Damen-Kleidung in ein Geschäft. Anschließend gehe ich als alte Dame (das läßt sich kaum vermeiden, nicht?), aber modisch gekleidet, in dasselbe Geschäft.

Als ich das altmodische Zeug anhatte, wollten die Verkäuferinnen mir absolut keine modischen Sachen zeigen, selbst als ich nachdrücklich darauf bestand. »Leider haben wir sehr wenig in Ihrer Größe da, gnädige Frau, und was wir haben, wäre wohl kaum das Richtige für Sie.«

Aber als ich so ähnlich angezogen hinkam wie jetzt in meiner pinkfarbenen Pullover-Rock-Kombination, war ihre Haltung total verändert. »Ich habe eine bildschöne Jacke da, Größe 46, aber sie fällt groß aus — probieren Sie sie mal an.« Es war eine leuchtend rote Jacke, nicht teuer und wirklich hübsch.

Neulich sah ich in einem Schaufenster ein Paar kurze weiße Lederstiefel mit flachen Absätzen. Ich dachte, die würden fabelhaft unter langen Hosen aussehen, also ging ich hinein und bat, sie mir zu zeigen. Die Verkäuferin nahm sie aus dem Fenster und gab sie mir. Aber als ich sagte, ich wolle sie anprobieren, stammelte sie: »Aber die sind doch wohl nicht für Sie!« »Nein«, erwiderte ich, »sie sind für meine Großmutter, aber keine Bange, wir haben dieselbe Größe.«

Es sollte auch für ältere Leute modische Sachen geben. Warum erwartet man immer von uns, daß wir uns »klassisch«, konservativ und langweilig kleiden? Wenn ich zu einer Gruppe Seniorinnen gehe, die es wirklich nötig haben, ein bißchen aufgemöbelt zu werden, ziehe ich meine »Provokationskluft« an: leuchtend roter Rock, schwarze Stiefel und großer roter Hut. Ich tu das, um sie wachzurütteln. Es gibt überhaupt keinen Grund, warum wir in unserem Alter keinen Spaß daran haben sollten, uns schick anzuziehen. Manchmal müssen an einem Kleidungsstück kleine Änderungen für die ältere Kundin vorgenommen werden — vielleicht sollte man es in größeren Größen herstellen oder auch etwas kürzer, weil ältere Menschen ein bißchen schrumpfen. Aber der Stil muß nicht anders sein. Eine modische Hose kann für jedes Alter passend sein, wenn man das Reißverschlußende für manche von uns ein bißchen größer macht, damit wir es besser greifen können.

Ein großes Kaufhaus hat einmal eine eigene Kollektion für ältere und behinderte Menschen hergestellt. Sie haben extra eine Abteilung dafür eingerichtet — und die blieb total leer. Niemand wollte als alt identifiziert werden. Daraufhin hängten sie die Spezialkleidung zu den anderen Sachen in die normalen Herren- und Damenabteilungen. Da gingen sie weg wie warme Semmeln.

Doch die Hersteller zögern, wirklich modische Sachen für ältere Leute zu machen. Modische Kleidung ist für die »Jungen und Schönen« gedacht, zwei Begriffe, die Kleiderfabrikanten anscheinend nicht auseinanderhalten können. Ich habe einmal mit dem Public-Relation-Mann einer großen Warenhauskette darüber gesprochen. Seine Antwort? »Ältere Menschen interessieren sich nicht wirklich für Mode. Sie finden praktische Erwägungen wie Qualität und Haltbarkeit wichtiger.«

Als ich ihm erzählte, daß ich soeben ein knall-grünes Cape gekauft hatte, das sowohl modisch als auch bequem war, erwiderte er: »Ja, aber Sie sprechen nur für sich selbst. Sie sind einfach nicht die durchschnittliche ältere Kundin. Wenn ich unserem Einkäufer erzählen würde, daß eine neunundsiebzig Jahre alte Frau dieses Cape gekauft hat, würde er sich kaputtlachen. Er würde es einfach nicht glauben.«

Es ist so wichtig, gut auszusehen und sich als Teil der heutigen Gesellschaft zu fühlen. Es ist absolut lächerlich zu behaupten, ältere Menschen interessierten sich mehr für Qualität als für modischen Stil. Ich bin neunundsiebzig Jahre alt, ich werde sicher keine hundert. Und ich soll Wert auf Haltbarkeit legen?

Keetje

Annelies

Als Kind habe ich nie daran gezweifelt, daß ich schön war. Ich betrachtete die Menschen auf der Straße, bemerkte die indonesischen Kinder und später die wenigen surinamesischen, immer in der Hoffnung, wirklich dunkle Kinder zu sehen, sogar dunkler als ich. Sie waren für mich die allerschönsten. Und ich liebte es, wenn meine Haut im Sommer noch dunkler wurde und ich für eindeutig schwarz gelten konnte. Dann war es noch alberner zu versuchen, sich anzupassen, sich so »weiß« wie möglich zu benehmen. Wenn ich merklich dunkler war, war ich besser imstande, mich abzugrenzen und den Unterschied als meinen ureigenen zu reklamieren.

Und der Unterschied war ausschlaggebend. Ich war nicht nur eine Schwarze in einer überwiegend weißen Gesellschaft, ich war eine Schwarze in einer weißen Familie. Natürlich habe ich von Anfang an gewußt, daß ich adoptiert war, was an sich nichts Besonderes ist. Ich bin ungeheuer stolz auf meine beiden Mütter, meine leibliche und meine Adoptivmutter, beides sehr couragierte Frauen. Meine leibliche Mutter war eine weiße Holländerin, die von einem Mann aus Ghana geschwängert wurde. Sie hatte große Pläne, und schwanger werden gehörte nicht dazu. Sie lief neun Monate mit einem dicken Bauch herum und wollte dann ihr geplantes Leben wieder aufnehmen. Ich glaube, ich habe diese Entscheidung immer instinktiv respektiert, wenngleich ich erst in den letzten Jahren über das Wesen der Adoption nachgedacht habe.

Die Adoption ist auch eine von diesen Einrichtungen, die die Frauen in »schlechte Frauen« und »gute Frauen« unterteilen. Mütter, die ihre Kinder im Stich lassen, sind *schlecht*, von ihnen darf man nicht sprechen. Adoptivmütter dagegen sind erstaunliche Superfrauen, die auf ein Podest gestellt gehören.

Das größte Problem beim Aufwachsen in meiner Adoptivfamilie war für mich, mit dem Rassismus zurechtzukommen. Weiße Eltern können dir einfach nicht als lebendes Beispiel dienen. Meine Eltern bemühten sich, mich als ein Kind aufzuziehen, das den Rassismus überstand, indem sie mir eine Taktik an die Hand gaben, die sie für angebracht hielten. Ihre Lösung bestand darin mir beizubringen, mich anzupassen und »drüber zu stehen«. Immerhin hatte ich den Vorzug, einen Kopf größer zu sein als alle anderen in meiner Umgebung.

Aber mit zwölf oder dreizehn hatte ich erkannt, daß Überleben mit Identität zu tun hatte, und begann bewußt nach Verhaltensmustern für Schwarze zu suchen. Ich las James Baldwin, hörte Soulmusik, studierte jede einzelne Bewegung von Tina Turner. Ich mußte eine Kultur finden, die mir glich. Ich hatte keinen schwarzen Rückhalt, nicht wie die surinamesischen Mädchen, die ihre Mütter, Schwestern und Tanten hatten, ihre heimische Kultur und ihre Sprache, die ihnen halfen zu erkennen, was es hieß, eine Schwarze zu sein.

Ich schloß mich manchmal an Surinamesinnen an, aber auch da war ich eine Außenseiterin. Ich verwirrte alle; die Leute nahmen allgemein an, ich sei auch Surinamesin und sprachen mich oft auf Sarlangtongo an. Dann mußte ich erklären, daß ich nicht aus Surinam war — aber ich gab keine weiteren Informationen über meine wirkliche Herkunft. Ich war stolz auf meine Hautfarbe, aber nicht auf meine ungewisse Abstammung. Wenn man mich wirklich bedrängte, gab ich eine ziemlich vage Antwort, etwa, ich hätte eine sehr komplizierte Familie mit holländischen, deutschen, jüdischen, asiatischen und afrikanischen Ursprüngen.

Die Rasse war nicht der einzige verwirrende Teil meiner Identität. Ich war weiblichen Geschlechts, konnte mich aber nicht mit den anderen kleinen Mädchen identifizieren. Die Mädchen in der Volksschule fand ich einfach langweilig. Sie trugen Kleider und durften keine wilden Spiele spielen, weil sie sich sonst schmutzig machten. Meine Eltern waren großartig, ich durfte herumlaufen, wie ich wollte. Ich durfte sogar dauernd lange Hosen tragen.

Aber als ich auf die Mittelschule kam, machten meine Eltern mir klar, es sei Zeit, mich wie ein Mädchen zu benehmen. Wie ein Mädchen benehmen? Aber ich war doch ein Mädchen. War nie was anderes gewesen. Doch auf einmal war es Zeit, daß ich mich wie ein Mädchen benahm. Ich kam rasch dahinter, was das bedeutete, als wir neue Schulkleidung für mich kaufen gingen. Ein Mädchen sein hieß offenbar, Röcke tragen. Von jetzt an hatte ich »Wert auf mein Aussehen zu legen«.

Dies war auch die Zeit, da die Mädchen anfingen, miteinander um die Beachtung der Jungen zu wetteifern — auch darin konnte ich keinen Sinn sehen. Und die Jungen, die immer gute Kumpel gewesen waren, redeten auf einmal Zeug wie »He Baby, wie wär's mit uns?« Ich entdeckte bald, daß schwarz und ein Mädchen sein noch eine ganze Menge weitere Bedeutungen enthielt, etwa »Die muß gut im Bett sein«. Eine schwarze Frau sein hieß zur Verfügung stehen. Ich dachte damals, »Verdammt, von wem sprechen die? Mich können sie nicht meinen.«

In meinen neuen Röcken fühlte ich mich sehr ungemütlich. Mir war klar, für die Jungen sah ich aus wie eine, die ich nicht war, und es gelang mir ohnehin nicht, so auszusehen, wie ich als Mädchen hätte aussehen müssen. Obendrein galt das meiste, was man als wesentliche Attribute der Weiblichkeit betrachtete, nur für *weiße* Mädchen.

In Illustrierten für Mädchen, auf Reklamebildern oder bei »Mode- und Makeuptips für Teenager« waren selbstverständlich alle blond und blauäugig. Das traf auf mich nicht zu. In gewisser Weise half mir das, dem Druck zur Anpassung zu entgehen. Ich konnte mich nicht anpassen. Dennoch glaubten meine Eltern unbeirrt, anpas-

Annelies

sen sei das Beste, was ich tun könnte. Sie hatten ihre eigenen Vorstellungen, wie ich passabel sein könnte. Zum Beispiel trug ich, den Vorstellungen meiner Eltern von angemessener Weiblichkeit entsprechend, meine Haare glatt und lang. Dabei habe ich natürlich irre krause Haare; von meinem sechsten oder siebten Lebensjahr an wurden sie glattgezogen. Das war schlimm genug, aber noch erträglich. Das wirklich Schreckliche daran war, daß mir immer, wenn ich im Freien war, die Feuchtigkeit zu schaffen machte. Sobald meine Haare feucht wurden, waren sie sofort wieder kraus.

In unserem Wohnviertel gab es keine anderen Schwarzen. Sonst hätten meine Eltern vielleicht nicht so eine abwegige Vorstellung gehabt, wie ich aussehen sollte. Mit sechzehn durfte ich endlich zu einem sehr teuren Friseur gehen; ein Foto von Angela Davis in der Hand, ließ ich mir denselben Haarschnitt wie sie machen. Ich werde nie das Gefühl vergessen, wie ich da vor dem Spiegel saß und mir der Kopf so viel leichter wurde.

Weil ich als Schwarze so wenig lebensechte Vorbilder hatte, schuf ich mir Fantasiebilder. Ich zeichnete Bildergeschichten von zwei schwarzen Mädchen, Anne und Lies, die alle möglichen Abenteuer erlebten. Ich fertigte Anziehpuppen von ihnen und schnitt Kostüme für sie aus. Ich zeichnete Unmengen von diesen Anziehpuppen, alle mit brauner Haut, und zog ihnen alle erdenklichen Sachen an, die ich gern getragen hätte.

Als ich mit achtzehn zu Hause wegging, konnte ich die Vorstellungen, die ich von mir selbst hatte, endlich verwirklichen. Ich zog alle möglichen Sachen zusammen an, die absolut nicht zusammenpaßten. Die Klamotten aus dieser Zeit besitze ich noch. Ich weiß nicht, warum ich daran hänge; ich vermute, sie verkörperten die Freiheit.

Schließlich legte ich mich auf einen Stil fest: Hose, Hemd und Krawatte, Weste und Sportsakko, alles in Erdfarben. Ich habe keine Ahnung, wie die Leute damals auf die Art, wie ich mich anzog, reagierten. Ich denke, ich habe es absichtlich nicht bemerkt. Ich setzte lieber ein arrogantes Gesicht auf, zog mir die Kappe über die Augen und schenkte dem Rest keine Beachtung.

Ganz allmählich begann ich, mit Schmuck, leuchtenden Farben und Makeup herumzuspielen. Ich wußte eigentlich gar nicht, wie frau sich schminkte, aber ich dachte, wenn ich zeichnen konnte, könnte ich ebensogut mein Gesicht anmalen.

Um diese Zeit machte ich mir mehrere ganz kurze Röcke, aber ich traute mich nicht damit auf die Straße aus Furcht, die Klischeevorstellung von der scharfen schwarzen Frau, die gut im Bett ist, zu bestätigen. Ich ließ mich lieber wegen meiner Kappe, Krawatte und derben Manieren belästigen, statt mir Zurufe und Pfiffe anhören zu müssen. Es machte mir nichts aus, wenn ich die Leute im Hinblick auf mein Geschlecht verwirrte — »Bitte mein Herr, was darf es sein?« Wie wenig Fantasie die meisten Leute doch haben! Ihre Vorstellungen von männlich und weiblich sind so schrecklich beschränkt. Die Entschuldigung »O Verzeihung, meine Dame« war genauso lächerlich. Ich bin weder eine Dame noch ein Herr.

Solche Erlebnisse machten wieder einmal deutlich, daß sich alles danach richtete, ob du ein Mädchen oder ein Junge warst. Und dabei hatte ich das Gefühl, daß diese Einteilung auf mich nicht zutraf. Als ich jünger war, fand ich Mädchen lästig, aber als ich älter wurde, merkte ich, daß dies nur eine vorübergehende Phase war, während Jungen grundsätzlich lästig zu sein schienen. Ich war von der Mittelschule abgegangen in der Hoffnung, daß Jungen wieder gute Kumpel werden würden, zumal ich die Mädchen schon längst abgeschrieben hatte. Aber als ich achtzehn, neunzehn war, wurde mir klar, daß die Jungen unentwegt übergeschnappt waren.

Zur selben Zeit stellte ich fest, daß es tatsächlich Mädchen wie mich gab, mit denen ich was unternehmen konnte, die gerne Schach spielten und nicht ununterbrochen über David Cassidy quatschten. Und ich entdeckte, es gab Worte für meine Empfindungen. Ich war so oft in Frauen verliebt gewesen — Mädchen der höheren Klassen, meine Deutschlehrerin — aber ich hatte nie einen Namen dafür. Und nun gab es endlich einen: lesbisch. Es war eine wunderbare Erkenntnis; das war *ich*, wo doch die meisten Dinge nichts mit mir zu tun hatten.

Schön an der lesbischen Welt war auch, daß da mit Kleidung experimentiert wurde. Eine Menge Mädchen liefen mit Sportsakkos und Krawatten herum. Das bedeutete allerdings auch, daß Sakkos und Krawatten unglaublich langweilig wurden. Als ich so viele in *meiner* Rebellionskluft sah, wollte ich etwas ganz anderes ausprobieren.

Ich durchstöberte die Kaufhäuser nach außergewöhnlichen Farben und Mustern. Aber wenn dergleichen nicht gerade modern war, war es nicht zu haben. Ich sah schließlich ein, daß ich das Gesuchte in den Regalen nicht finden würde und es selbst machen mußte. Von da an war ich in bezug auf meine Wünsche immer weniger kompromißbereit.

Ich übertrug meine Zeichnungen auf Muster und die Muster auf Kleidungsstücke, und wagte mich zunehmend an Farben, Formen und Motive. Ich nähte mir etwas Ausgefallenes, trug es etwa einen Monat zu Hause, und dann, wenn ich mal wütend war oder mich besonders stark fühlte, zog ich es zum erstenmal auf der Straße an.

Die letzten Sachen, die ich aus meinem Kleiderschrank holte, waren die kurzen Röcke. Aber schließlich zog ich sie doch an, auch auf der Straße. Die Reaktionen der anderen Leute, einschließlich »Schwarze Frauen sind gut im Bett«, machten mir nicht mehr so viel aus. Ich war endlich dahintergekommen, daß die Unterscheidung in »gutes Mädchen/schlechtes Mädchen« nicht dadurch aufgehoben wurde, daß ich es ablehnte, Kleider für »schlechte Mädchen« zu tragen.

Eine Menge Frauen strengen sich mächtig an, gut zu sein, statt ihrer Fantasie freien Lauf zu lassen. Vor allem für schwarze Frauen ist das ein nicht endendes Rennen, denn du bist nie gut genug. Du kannst wirklich schön sein, du kannst sexuell attraktiv sein, doch im nächsten Moment kann dir jemand ins Gesicht spucken. Und wenn du erst dahintergekommen bist, kannst du aufhören, dir Mühe zu geben. Dann bleibt dir nichts als deine Fantasie.

Ich glaube, meine Fantasie war mein wichtigstes Mittel zum Überleben; Fantasie und ein ordentliches Quantum Mumm. Mit einem Stück Stoff und einer Nähmaschine kann ich sichtbar machen, was in meinem Kopf ist, und hinterher rede ich mir jedesmal zu, es mir über den Hintern zu ziehen und zur Türe rauszugehen.

Nachwort

Einiges von dem, was in diesem Buch steht, hatte ich vorher in mein Tagebuch geschrieben. Darin konnte ich auf Ausfälligkeiten so antworten, wie es mir auf der Straße nicht möglich war. Ich konnte mein Selbstvertrauen zurückgewinnen, indem ich durch die Niederschrift Scham in Wut verwandelte. Doch mit der Zeit reichten Selbstgespräche nicht mehr aus, sie linderten meine Verwundbarkeit durch Belästigungen nicht; mein scheinbares Schweigen ließ den Schluß zu, daß ich Kränkungen hinnahm.

Der Entschluß, das Schweigen in Form eines Buches zu brechen, hing eng mit meiner Arbeit im Transnational Institute (TNI, das ist das europäische Zentrum der in Washington ansässigen progressiven »Denkfabrik« IPS, Institute for Policy Studies) zusammen. Vor meiner sechsjährigen Arbeit am TNI waren Bücher für mich magische Dinge, die von mysteriösen, wunderbaren Lebewesen, Schriftstellerinnen und Schriftstellern, geschaffen wurden. Die Arbeit mit Menschen, deren Beruf es war, Bücher zu schreiben, überzeugte mich bald, daß weder das Erzeugnis noch die Erzeuger unbedingt fehlerlos waren. Und allmählich nahm der Gedanke Gestalt an: Vielleicht könnte *ich* das auch ...

Doch die Distanz zwischen denen, die Bücher schrieben, und den übrigen Institutsangehörigen war deutlich abgegrenzt. Innerhalb des TNI/IPS ist man entweder Student oder gehört zum Personal. Die Intellektuellen sind überwiegend männlich und werden treffend »Fellows« genannt. Ich wurde ursprünglich als Verwaltungsangestellte mit dem Zusatzetikett »Assistentin« eingestellt. Was gab es für eine Assistentin Besseres, um diese Hierarchie herauszufordern und der Funktion eines Anhängsels am Gehirn von jemand anders zu entkommen, als selbst ein Buch zu schreiben?

Indem ich beschloß, meine Ansichten zwischen zwei Buchdeckel zu packen, hoffte ich deutlich zu machen, wie wichtig das Thema äußere Erscheinung für mich ist. Ich wollte meinen Kolleginnen in einer ihnen vertrauten Form erklären, daß die Bevorzugung attraktiver und zuvorkommender Sekretärinnen oder die Wahl junger, schöner »Zweitfrauen« eine politische Dimension hat. Durch schriftliche Niederlegung konnte ich vielleicht den institutstypischen Hörfehler umgehen, nämlich das

Problem, daß zu schrille Stimmen und Botschaften mit einem zu vertrauten Inhalt übergangen wurden.

Ich glaubte damals und glaube es noch heute, daß diese absichtliche Taubheit bekämpft werden muß, weil das Institut eine wertvolle Quelle für Frauen ist, zu wertvoll, um ignoriert zu werden. Es galt dort Verbündete zu finden. Trotz aller möglichen abfälligen Bemerkungen (»Sex ist doch kein politisches Thema«, »Schönheit geht nur die weiße Mittelschicht etwas an«, »Nein, im Ernst, was glaubst du, wo man die schönsten Frauen der Welt findet?«) bekam ich ernstzunehmende Kritik und Unterstützung geboten: Mark Hertsgaard hörte wirklich zu, als ich sagte, »Ich möchte ein Buch schreiben«, und zeigte mir, wie man eine Buchgliederung macht. Susan George sagte einfach, »Es ist wichtig, und du kannst es.« John Berger besprach alles mit mir, was ich ihm zeigte, und ermunterte mich mit seiner charakteristischen Nettigkeit »Weiter so, nur Mut, ignorier die Dummen.« Jan Joost Teunissen und Peter Weiss vergaßen nie, sich nach meinen Fortschritten zu erkundigen und wünschten mir ehrlich Erfolg; Barbara Ehrenreich und Isabel Letelier versorgten mich mit »Realitätsforschung« über Sexismus innerhalb und außerhalb des TNI. John Cavanagh und Debbie Smith halfen mir, das Thema über die Grenzen individueller Erfahrung auszudehnen, indem sie mir Material über die globalen »Image-Macher« und multinationalen Konzerne besorgten, und Diana de Vegh gab mir, indem sie mich nie allein kämpfen ließ, das Gefühl, daß meine Arbeit — sowohl am Buch als auch im Institut — wichtig war.

Doch weder die Ermutigung derjenigen Institutskolleginnen und -kollegen, die mich unterstützten, noch mein Wunsch, mich denen zu beweisen, die mich nicht unterstützten, können dieses Buch erklären. Im Laufe der Jahre, die ich brauchte, um es zu schreiben, führte ich hunderte von Diskussionen, Interviews und Zufallsgespräche, die mit meinem Schönheitsgeheimnis »eröffnet« wurden. Allmählich verlor es seinen Stachel und war tatsächlich bald weder schamhaft noch geheimnisvoll. Die wachsende Stärke ist sowohl für das Entstehen des Buches verantwortlich als auch dem Schreiben des Buches zu verdanken und lieferte die stärkste Motivation, es zu Ende zu führen.

Ganz besonders wichtig waren für mich die Frauen, die einwilligten, interviewt zu werden. Geheimnisse teilen ist nicht leicht. Und ihre Courage half mir, mir bei Preisgabe meiner eigenen Geheimnisse weniger entblößt vorzukommen. Obwohl unmöglich alle Interviews wiedergegeben werden konnten, findet jedes Gespräch in diesem Buch seinen Niederschlag. Viele meiner »originellsten« Ideen nahmen während dieser Gespräche Gestalt an.

Trotz der zahllosen Gespräche war das Schreiben an sich eine unvermeidbar einsame Arbeit. Allzu leicht kommt einem ohne die kleinen, aber regelmäßigen Leistungen einer normaleren Tätigkeit das Gefühl abhanden, Fortschritte zu machen. Und ohne den täglichen Beweis der Tüchtigkeit, ohne den stärkenden Respekt der Mitarbeiterinnen und Mitarbeiter, kann es ein regelrechter Kampf sein, sich sein Selbstvertrauen zu bewahren. Meine Freundinnen und Freunde — Abbie Mitchell, Cynthia

Enloe, Kathryn Johnson, Lisa Kokin, Janet Rodenburg, John O'Brien, Ans Sarianamual, Aafke Steenhuis, Stephanie Urdang, Leah Warn — halfen mir mit ihrer unentbehrlichen Ermutigung und Kritik, »Verbindung« zu halten. Cynthia Saffir, meine beste Freundin und fabelhafte Verlegerin, und Kathy Glimn, die fabelhafte Kritikerin, widmeten mir besonders großzügig Zeit und verlegerische Fähigkeiten.

Ohne die den Text begleitenden ausdrucksstarken Fotografien wäre dies ein ganz anderes Buch geworden. Ich danke den Fotografinnen und den fotografierten Frauen, weil sie das Thema belebt haben. Besonders verpflichtet bin ich Gon Buurman, der Monate mit mir auf der Suche nach den perfekten Bildern verbrachte, um den gewagtesten Ideen Ausdruck zu verleihen.

Die mir am nächsten stehen, der Freundeskreis, durch den ich in Amsterdam heimisch wurde, geleiteten mich durch wechselnde Anfälle von Panik und Zaudern und hörten sich geduldig meine Befürchtungen an: »Dieser Absatz ist viel zu gefühlvoll, nicht? Und der nächste ist zu trocken. Das Buch ist einfach nicht ernst genug. Glaubst du, ich verliere meinen Sinn für Humor? Vielleicht sollte ich ganz von vorne anfangen. Ich kriege es nie fertig. Es wird nie veröffentlicht. Jemand anders wird mir zuvorkommen ...« Ich danke Piet Rodenburg, der mich stützte, wenn die Gemeinheiten auf der Straße zu viel wurden, und mich als erster bedrängte, dieses Buch zu schreiben, und Martha Mc Devitt und Pattie Slegers, die den Text Zug um Zug lasen und mit mir besprachen; mein Dank gilt Mary Wings, die mich mit Schreibheften, Tragetaschen und witzigen Bemerkungen versorgte und die andere Hälfte des unschätzbaren »Anhangs einer Schriftstellerin« bildete, sowie Liliane Maesen, die mir meine Schönheit bewußt machte, indem sie mich lange und liebevoll ansah.

Der Entschluß, eine dermaßen persönliche Arbeit zu veröffentlichen, birgt ein bedeutendes Risiko: daß man anderen unabsichtlich wehtut. Daß ich meine ehemals geheimen Angelegenheiten nun öffentlich gemacht habe, wird bestimmt nicht nur mein Leben, sondern auch das meiner Familie ändern. Ich bin stolz auf die persönliche Courage meiner Eltern und dankbar für ihr Vertrauen.

Wenn ich andere Bücher las, wunderte ich mich immer über die scheinbar obligatorischen Verlautbarungen, mit denen alle Personen, denen zuvor Dank ausgesprochen wurde, von der Verantwortung für den endgültigen Text freigesprochen wurden. Jetzt aber, mit einem eigenen Buch in der Hand, verstehe ich den Zweck einer solchen Befreiungsklausel nur zu gut. Ich nehme nicht nur alle Irrtümer in dieser Arbeit ganz allein auf mich, sondern erkläre auch, daß ich allein die Verantwortung für besonders gewagte und womöglich anstößige Ansichten (»Eine Frau befürwortet Pornographie?«) übernehme. Weder die interviewten Frauen noch meine Freunde oder Angehörigen stimmen unbedingt allem zu, was auf diesen Seiten geschrieben steht.

Schließlich möchte ich den Frauen danken, deren Aufsätze über diese Themen meinem Buch vorausgingen. Einige von ihnen sind in diesem Buch ausführlich zitiert, während andere mich eher still beeinflußten. Die Lektüre ihrer Werke und die Verfolgung der dadurch ausgelösten Diskussionen halfen mir, in meiner eigenen

Erfahrung einen Sinn zu erkennen und das zu verallgemeinern, von dem ich fürchtete, es sei etwas ganz Besonderes. Ihre Kämpfe schufen Raum für meinen Kampf, ihre Theorien boten mir eine Grundlage, auf der ich aufbauen konnte. Meine gelegentlichen — und zuweilen scharfen — Widersprüche zu ihren Schlußfolgerungen vermindern meine Wertschätzung ihrer Werke keineswegs. Diese Differenzen halfen mir vielmehr, meine eigenen Fragen zu formulieren. Da ich meine Arbeit nun beende, weiß ich, wie schwer es jeder einzelnen dieser Frauen gefallen sein muß, einen Punkt hinter ihre Gedanken zu setzen und sie zu veröffentlichen. Denn intellektuelle Ermittlungen — ebenso wie lebendige Schönheit — können am ehrlichsten mit ständig wechselnden Begriffen beschrieben werden.

Was mich beim Schreiben eines Buches besonders beunruhigt, ist der Gedanke, daß nach der Veröffentlichung alles, was ich geschrieben habe, im Druck verewigt ist. Und wenn ich meine Meinung ändere? Und ich *werde* meine Meinung ändern, sobald die Leserinnen auf die Schwächen in der Beweisführung hinweisen oder auf ihre Kraft bauen. Das Risiko, sich zu irren, wiegt leicht im Vergleich zu der alarmierenden Aussicht, sich auf immer auf diese Ideen in ihrer augenblicklichen Form festzulegen. Dieses Buch soll als Beitrag zu einem Gespräch gesehen werden, das uns alle noch sehr lange beschäftigen wird.

Wendy Chapkis

Anmerkungen

1 Landschaftsveränderung

1. Goodman, Ellen, *The Beauty Sales Pitch,* Boston Globe, 11. Oktober 1984
2. Janos, L., *Jane Fonda, Finding her Golden Pond,* US Cosmopolitan, Januar 1985, S. 170
3. Greco, Stephen, *Strong Bodies Gay Ways,* The Advocate, 7. Juli 1983, S. 22
4. Spalding, Jill, *Let's Get Physical,* Vogue (engl. Ausgabe), April 1983, S. 20
5. Mann, Roderick, *The Other Hemingway. Star of »Star«,* Los Angeles Times, 8. November 1983, S. 1
6. Loew Myers, Edith, *Real Life Fitness,* US Vogue, April 1983, S. 372
7. Seligson, Tom, *Billy Jean at 40, the Challenge of her Life,* Parade Magazine, 8. Januar 1984
8. Norman, Rose, *Top Czech Runner Falls Victim to Harassment of the Unpretty,* The Globe and Mail (Kanada), City Living, 25. August 1983, S. 11
9. Pattullo, Polly, *Self Made Woman,* The Observer, 2. Dezember 1984, S. 10
10. Wooley, Susan und Wayne, *Feeling Fat in a Thin Society,* Glamour Magazine, Februar 1984, S. 198
11. Janos, ebd., S. 170
12. Bruch, Hilda, *Der goldene Käfig. Das Rätsel der Magersucht,* Frankfurt/M. 1984
13. Hamilton, Edith und Cairns (Hg.), Huntington, *The Collected Dialogues of Plato,* Pantheon, New York 1963
14. Spellman, Elizabeth V., *Woman as Body: Ancient and Contemporary Views,* Feminist Studies, Vol. 8, Nr. 1, Frühjahr 1982, S. 109

2 Weißer Markt

1. Advertising Age, *Toiletries and Beauty Aids Supplement,* 28. Februar 1983
2. Business Week, 16. Dezember 1985, S. 64
3. Bodinetz, Tony, Interview, 23. November 1984, London
4. Saatchi and Saatchi *Annual Report,* 1982, S. 19
5. Cavanagh, John und Selvaggio, Kathy, *Who's Behind the Media Blitz?* Multinational Monitor, August 1983, S. 20 -21 und

Clairmonte, Frederick und Cavanagh, John, *Transnational Corporations and Services: The Final Frontier,* Trade and Development: an UNCTAD Review, Nr. 5, 1985, S. 262
6. Advertising Age, 28. Februar 1983
7. Gay, Jill, *Sweet Darlings in the Media,* Multinational Monitor, August 1983, S. 20, und Gallagher, Margaret, *Unequal Opportunities, the case of women and the media,* UNESCO, 1981, S. 25
8. Bagdikian, Ben, *The Media Monopoly,* Beacon Press, Boston 1983, S. 12, und Gay, Jill, ebd.
Die USA dringen erst seit relativ kurzer Zeit in die »Dritte Welt« ein und sind nicht die einzige westliche »Stimme«, die dort ihre Produkte und Ideale verkauft. Das koloniale Verhältnis ist bestimmend. In ihrer UNESCO-Studie erwähnt Margaret Gallagher (S. 25), daß die Zeitschrift *Amina,* herausgegeben und gedruckt in Frankreich, im ganzen ehemals von Frankreich kolonialisierten Afrika verkauft wird. Ihre Werbung konzentriert sich fast ausschließlich auf Mode- und Kosmetikartikel französischer Versandfirmen
9. Srebèrny-Mohammadi, Annabelle, *At the periphery,* zit. nach Gallagher, ebd., S. 58
10. Obbò, Christine, *African women: their struggle for economic independence,* zit. nach Gallagher, ebd., S. 60
11. Glazer Schuste, Ilse, *New women of Lusaka,* zit. nach Gallagher, ebd., S. 59
12. Es ist schwierig eine Bezeichnung für »nicht-weiße« Frauen zu finden, zumal die politischen Bedeutungen von Land zu Land unterschiedlich sind. Die Begriffe »Women of color« (nicht zu verwechseln mit »Colored women«, einem rassistisch geprägten Begriff) oder »Dritte-Welt-Frauen« werden in den USA gebraucht, während z.B. in den Niederlanden oder in England »Schwarz« eine politische Bedeutung hat und von Frauen unterschiedlicher ethnischer Herkunft benutzt wird. (In Deutschland findet eine Diskussion darüber erst seit kurzem statt, nachzulesen etwa in: Oguntoye, Opitz, Schultz (Hg.), *Farbe bekennen — Afro-deutsche Frauen auf den Spuren ihrer Geschichte,* Berlin 1986)
13. Leving Morales, Aurora, Interview, 21. Februar 1983
14. Root, Deborah, *Exotism and Power,* Al-Fateh-Universität, Tripolis, unveröffentlicht, 1984
15. Conrad, Joseph, *Das Herz der Finsternis,* Zürich 1977

3 Kleider machen Frauen

1. Veblen, Thorstein, *The Theory of the Leisure Class,* New York 1899
2. International Herald Tribune, 20. Oktober 1984
3. Syfers, Judy, *I want a Wife,* The first Ms. Reader, Klagsburn, Francine (Hg.), New York 1973, S. 23
4. Molloy, John, *The Woman's Dress for Success Book,* New York 1979
5. Gurley Brown, Helen, *Having it All,* New York 1982
6. Molloy, John T., ebd.
7. Brownmiller, Susan, *Weiblichkeit*, Frankfurt/M. 1984
8. Advertising Age, *Toiletries and Beauty Aids Supplement,* 28. Februar 1983
9. Business Week, *Still Trying to Regain a Healthy Glow,*, 9. Januar 1984
10. Advertising Age, ebd.
11. Advertising Age, 21. Juni 1971
12. Conry, Tom, *Cashing in on Cosmetics,* Environmental Action, Dezember 1979, S. 9

13. Adams, Richard, *Das Mädchen auf der Schaukel,* Bergisch Gladbach 1983
14. Krantz, Judith, *Skrupel,* München 1985
15. In *Beauty as Status* (Schönheit als Status) stellen die Autoren fest: »Aus den Untersuchungsergebnissen kann ganz allgemein geschlossen werden, daß die Welt für attraktive Menschen ein angenehmerer und befriedigenderer Ort sein muß, da sie fast über alle Arten meßbarer sozialer Vorteile verfügen.« Murray Webster und James Driskell, *American Journal of Sociology*, Nr. 1, Juli 1983

4 Sündhaft häßlich

1. Ehrenreich, Barbara, *Die Herzen der Männer,* Reinbek 1984
2. Baskina, Ada, *Preparing Young People for Married Life,* Soviet Life, Februar 1983, S. 62
3. *Pravada moet niets hebben van mannen achter het fornuis,* (UPI / ANP), 2. September 1982
4. Dowd, Maureen, *Reagan's John Wayne Image Creating Macho Gap in Race with Mondale,* International Herald Tribune, 18. September 1984
5. Lorde, Audre, *Zami: Eine Mythobiografie,* Berlin 1986
6. Brownmiller, Susan, *Weiblichkeit,* Frankfurt / M. 1984
7. Califia, Pat, *Playing with Roles and Reversals;* Gender Bending, The Advocate, 15. September 1983, S. 24
8. Altman, Dennis, *The Homosexualization of America,* Boston 1982, S. 211
9. Fein, Esther, *Miss America Denies Giving Consent to Run Nude Photos,* New York Times, 22. Juli 1984, S. A 16
10. Gurley Brown, Helen, *Having It All,* New York 1982

5 Aufbruch zu einer farbigeren Revolution

1. Radcliffe Richards, Janet, *The Sceptical Feminist,* London 1982, S. 339
2. Sarris, Jean A., *Insults: How to Avoid Being a Victim,* Big Beautiful Woman, Juni 1981, S. 35
3. Kaiser, Robert, *The Invisible 40 Million: America's Poor,* International Herald Tribune, 13. November 1984

Literatur

Allgemein

Nancy C. Baker, *The Beauty Trap; Exploring Woman's Greatest Obsession.* Franklin Watts. New York 1984

Lois W. Banner, *American Beauty.* Alfred Knopf, New York 1983

John Berger, *Das Leben der Bilder oder die Kunst des Sehens,* Berlin 1981

Silvia Bovenschen (Hg.), *Die Listen der Moden,* Frankfurt/M. 1986

Heike Brandt (Hg.), *Schönheit ist eine Frage der Beleuchtung — Nicht nur Kleider machen Leute,* Ravensburg 1985

Toril Brekke, Angela Davis, Anita Desai, Buchi Emecheta, Marilyn French, Germaine Greer, Elena Poniatowska, Nawal el Saadawi, Manny Shirazi, Debbie Taylor, Jill Tweedie, Wassy Tesfa, Inge Rowhani, *Frauen — Ein Weltbericht*, Berlin 1986

Kennedy Fraser, *The Fashionable Mind; reflections of fashion 1970-1981.* Alfred Knopf, New York 1981

Erving Goffman, *Stigma. Über Techniken der Bewältigung beschädigter Identität,* Frankfurt/M. 1975

Gloria T. Hull, Patricia Bell Scott und Barbara Smith, *All the Women Are White, All the Blacks Are Men, But Some of Us Are Brave.* The Feminist Press, New York 1984

Marie-Luise Könneker, *Haarproben*, Bilder und Texte, Darmstadt 1983

Anja Meulenbelt, *Feminismus — Aufsätze 1975 bis 1980,* München 1982

Janet Radcliffe Richards, *The Sceptical Feminist, a philosophical enquiry.* Penguin Books, Middlesex 1982

Robin Tolmach Lakoff und Rachel Scherr, *Face Value, the politics of beauty.* Routledge & Kegan Paul, London 1984

Margaret Walters, *The Nude Male.* Penguin Books, Middlesex 1979

Alter

Barbara MacDonald und Cynthia Rich, *Look me in the eye, old women, aging and ageism.* Women's Press, London 1984

Charlotte Painter und Pamela Valois, *Gifts of Age. Portraits and essays of 32 remarkable women.* Chronicle Books. New York 1986

Rosetta Reitz, *Wechseljahre, Ermutigung zu einem neuen Verständnis,* Reinbek bei Hamburg 1980

Körpergewicht

Hilde Bruch, *Der goldene Käfig. Das Rätsel der Magersucht,* Frankfurt/M. 1984
Kim Chernin, *The Obsession, reflections on the tyranny of slenderness.* Harper and Row, New York 1981
Mira Dana und Marilyn Lawrence, *Bulimia, an information sheet for selfhelp groups.* Women's Therapy Center, London
Marcia Millman, *Such a Pretty Face, being fat in America.* Berkley Books, New York 1981
Mara Selvini Palazzoli, *Magersucht*, Stuttgart 1984
Karen Margolis, *Die Knochen zeigen — Über die Sucht zu hungern,* Berlin 1985
Christiane Aliabadi, Wolfgang Lehnig, *Wenn Essen zur Sucht wird,* München 1985
Marilyn Lawrence, *»Ich stimme nicht« — Identitätskrise und Magersucht,* Reinbek bei Hamburg 1986
Susie Orbach, *Anti Diät Buch — Über die Psychologie der Dickleibigkeit,* München 1979
Susie Orbach, *Anti Diät Buch II, Eine praktische Anleitung zur Überwindung der Eßsucht,* München 1984
Lisa Schoenfielder und Barb Wisser, *Shadow on a Tightrope, writing by women on fat oppression.* Aunt Lute Book Compagny, Iowa City 1983

Frauen mit einer Behinderung

Jo Camplin (Hg.) *Images of Ourselves, women with disabilities talking*. Routlegde & Kegan Paul, London 1981
Ann Cupolo Carrillo, Katherine Corbett, Victoria Lewis (Hg.), *No More Stares.* Disability Rights, Education and Defense Fund, Berkeley 1982
Nanci Stern, Debra Connors and Susan Browne (Hg.), *With the Power of Each Breath, a disabled women's anthology.* Pittsburgh, Cleis Press, P.O. Box 89933, Pittsburgh, Pa., 1985

Kleider machen Frauen

Helen Gurley Brown, *Having it All, love, success, sex, money, even if you're starting with nothing.* Simon and Schuster, New York 1982
John T. Molloy, *The Woman's Dress for Success Book.* Warner Books, New York 1977

Sündhaft häßlich

Dennis Altman, *The Homosexualization of America.* Beacon Press, Boston 1983
Susan Brownmiller, *Weiblichkeit*, Frankfurt / /M. 1984
Rosemary Daniell, *Fatal Flowers, on sin, sex and suicide in the deep south.* Avon Books, New York 1980
Barbara Ehrenreich. *Die Herzen der Männer — Auf der Suche nach einer neuen Rolle,* Reinbek bei Hamburg 1984
Shulamith Firestone, *Frauenbefreiung und sexuelle Revolution,* Frankfurt / M. 1981

Deborah Heller Feinbloom, *Transvestites and Transsexuals.* Delta Books, New York 1977
Kris Kirk und Ed Heath, *Men in Frocks.* Gay Man's Press, Box 247, London 1985

Brustamputation

Audre Lorde, *Auf Leben und Tod – Krebstagebuch,* Berlin 1984

Medien

Ben H. Bagdikian, *The Media Monopoly.* Beacon Press, Boston 1983
Abuse of Women in the Media. Penang: Consumer's Association of Penang, Malaysia 1983
Margaret Gallagher, *Unequal Opportunities, the case of women and the media.* UNESCO, Paris 1981
Erving Goffman, *Geschlecht und Werbung,* Frankfurt/M. 1981
Adriana Santa Cruz und Viviana Erazo, *Compropolitan: el orden transnacional y su modela feminino.* Editorial Nueva Imagen, Mexico City 1980

Rassismus

Feminist Review 17, 'Many Voices, One Chant', Black Feminist Perspectives, London, Herbst 1984
Gloria Joseph und Jill Lewis, *Common Differences, conflicts in Black and White Feminist Perspectives.* Garden City, Anchor Books, New York 1981
Audre Lorde, *Zami – Eine Mythobiografie,* Berlin 1986
Katharina Oguntoye, May Opitz, Dagmar Schultz (Hg.) *Farbe bekennen – Afro-deutsche Frauen auf den Spuren ihrer Geschichte,* Berlin 1986
Cherrie Moraga, Gloria Anzaldúa (Hg.), *This Brigde called my back, writings of radical women of color.* Kitchen Table Press, New York 1981
Nawal El Saadawi, *Tschador – Frauen im Islam,* Bremen 1980
Gideon Ben-Tovim, 'The struggle against racism: theoretical and strategic perspectives', in: *Marxism Today.* Juli 1978
Nat Hentoff, James Baldwin, Earl Raab, Rabbi Jay Kaufman, Rabbi Alan W. Miller, Judge William H. Booth, Walter Karp, H.R. Shapiro, Harold Cruse, Albert Vorspan, Julius Lester, *Black Anti-Semitism and Jewish Racism.* Schocken Books, New York 1970
Zora Neale Hurston, Alice Walker (Hg.), *I Love Myself When I Am Laughing ...* Feminist Press, New York
Frauenkongress (Hg.), *Sind wir uns denn so fremd? Ausländische und deutsche Frauen im Gespräch,* Berlin 1985
Dagmar Schultz (Hg.), *Macht und Sinnlichkeit – Ausgewählte Texte von Audre Lorde und Adrienne Rich,* Berlin 1983

Sexualität

Lonnie Barbach (Hg.), *Der einzige Weg, Oliven zu essen und andere intime Geständnisse,* Berlin 1984
Pat Califia, *Sapphistrie — Das Buch der lesbischen Sexualität,* Berlin 1981
Rosalind Coward, *Female Desire, women's sexuality today.* Paladin Books, London 1984
Frigga Haug (Hg.) *Sexualisierung der Körper, Frauenformen,* Berlin 1983
JoAnn Loulan, *Lesbian Sex.* Spinsters Ink, San Francisco 1985
Anja Meulenbelt, *Für uns selbst — Körper und Sexualität aus der Sicht von Frauen,* München 1980
Ann Snitow, Christine Stansell und Sharon Thompson (Hg.), *Powers of Desire, the politics of sexuality.* Monthly Review Press, New York 1983
Carole Vance (Hg.), *Pleasure and Danger, exploring female sexuality.* Routledge & Kegan Paul, New York 1984

Zeitschriften

Bad Attitude, a lesbian sex magazine, Boston: Box 69, Gay Community News, 167 Tremont St., 5th Floor, Boston MA 0211 (Red.: Cindy Patton and Amy Hoffman)
Eidos, erotica for women, Boston: Brush Hill Press, Box 96, Boston, MA 02137 (Red.: Brenda Tatelbaum)
On Our Backs, entertainment for the adventurous lesbian, San Francisco: Box 421 916, San Francisco, CA 94142 (Red.: Susi Bright)
The Power Exchange, a newsletter for women on the sexual fringe, New York: Box 527, Richmond Hill, New York (Red.: Pat Califia)
Yellow Silk, journal of the erotic arts, Albany: Box 6374, Albany, CA 94706 (Red.: Lily Pond)

Adressen

Deutsche Hauptstelle gegen die Suchtgefahren e.V.,
Postfach 109, Westring 2, 4700 Hamm 1, Tel. 023 81 / 258 55 / 252 69
ANAD (Anorexia Nervosa and Associated Disorders)
Ungererstr. 32, 8000 München 40, Tel. 089 / 333 877 / 367 504
Aktionskreis für Eß- und Magersucht »Cinderella« e.V.
Postfach 150 105, 8000 München 2
Deutsche Intergruppe der Overeaters Anonymous
Würzburger Str. 36, 2800 Bremen 1
Deutsche Arbeitsgemeinschaft Selbsthilfegruppen e.V.
Albrecht-Achilles-Str. 65, 1000 Berlin 31, Tel. 030 / 891 40 19

Aus unserem Verlagsprogramm

New Internationalist (Hg.)
FRAUEN — Ein Weltbericht
Zum Ende der UNO-Frauendekade: wissenschaftliche Fakten und literarische Essays, Forschungsergebnisse und Reisebilder, Gespräche und Träume über Frauen in aller Welt — der erste Frauenweltbericht.
ISBN 3-922166-23-7

Katharina Oguntoye, May Opitz, Dagmar Schultz (Hg.)
Farbe bekennen
Afro-deutsche Frauen auf den Spuren ihrer Geschichte
Mit einem Beitrag von Audre Lorde
Sie sind afro-deutsche Frauen. Entweder werden sie als deutsche Weiße behandelt oder als Ausländerinnen. Mit diesem Buch machen sie sich einander und weißen Deutschen sichtbar. Frauen dokumentieren die Geschichte Afro-Deutscher von der Kolonialzeit über den Nationalsozialismus bis heute.
ISBN 3-922166-21-0

Ellen Kuzwayo
Mein Leben
Frauen gegen Apartheid
»Mein Buch ist mein Sieg über die Weißen in Südafrika.«
ISBN 3-922166-18-0

Rina Nissim
Naturheilkunde in der Gynäkologie
Ein Handbuch für Frauen
Ein Handbuch, das Frauen neue Möglichkeiten zur Selbsthilfe und zur Selbstbestimmung bei der ärztlichen Behandlung gibt.
ISBN 3-922166-15-6

Florence Rush
Das bestgehütete Geheimnis: Sexueller Kindesmißbrauch
ISBN 3-922166-11-3

Kathleen Barry
Sexuelle Versklavung von Frauen
»Ein informatives, ein erschütterndes und deshalb notwendiges Buch.« (Der Tagesspiegel)
ISBN 3-922166-12-1

Carlotta Marchand
Wie durch ein Nadelöhr
Erinnerungen einer jüdischen Frau
Mit einem Humor, der nur einer Jüdin zusteht, macht sie Ereignisse nachfühlbar, auf die viele Nichtjuden mit Entsetzen und Abwehr reagieren.
ISBN 3-922166-17-2

Audre Lorde
Zami — Eine Mythobiografie
Zami ist ein Begriff von der karibischen Insel Carriacou und steht für Liebe und Freundschaft unter Frauen. Madivine. Mutter Gottes. Freundschaft. Zami.
ISBN 3-922166-20-2

Orlanda Frauenverlag

Of

Das Buch von der Stadt der Frauen

Christine de Pizan

Die älteste Neuerscheinung:
1405 von Christine de Pizan geschrieben:
Das Buch von der Stadt der Frauen

Aus dem Mittelfranzösischen übersetzt,
eingeleitet und kommentiert
von Margarete Zimmermann
ca. 290 Seiten, Abb.
DM ca. 36,-
ISBN 3-922166-22-9
Erscheint September '86

Orlanda Frauenverlag